L'Autre féminin

Chez le même éditeur

Collection « En question »

Françoise Collin, Pénélope Deutscher (sous la direction de), *Repenser le politique, l'apport du féminisme*
Jacques Félician, *Clinique de la servitude*
Suzanne Ginestet-Delbreil, *Narcissisme et Transfert*
Patrick Lacoste, *Psychanalyser quand même*
Daniel Oppenheim, *Littérature et expérience-limite*
François Pommier, *L'extrême en psychanalyse*
Marta Segarra (sous la direction de), *L'événement comme écriture, Cixous et Derrida se lisant*
Lya Tourn, *Chemin de l'exil, vers une identité ouverte*

Collection « Un parcours »

François Baudry, *Éclats de l'objet*
Anne Levallois, *Une psychanalyste dans l'histoire*
Gisela Pankow, *Les dangers du « non-dit » et autres réflexions. Abord analytique de la parole de l'autre*
Sidney Stewart, *Mémoire de l'inhumain, du trauma à la créativité*
Jean Szpirko, *L'ombre des mots, Dieu croit-il à la psychanalyse ?*

Collection « Recherche »

Patrick Avrane, *Barbey d'Aurevilly, solitaire et singulier*
Patrick Avrane, *Drogues et alcool, un regard psychanalytique*
André Bolzinger, *Arcanes de la psychose, retour au texte de Schreber*
André Bolzinger, *Freud et les Parisiens*
André Bolzinger, *Histoire de la nostalgie*
Isabelle Krier, Jamal Eddine El Hani (sous la direction de), *Le féminin en miroir, entre Orient et Occident*
Hélène Oppenheim Gluckman, *Lire Michael Balint, un clinicien pragmatique*
Philippe Porret, *Joyce McDougall, une écoute lumineuse*
Philippe Porret, *La Chine de la psychanalyse*

Collection « Colloques »

Antigone, enjeux d'une traduction
Invention du féminin
L'Extrême Droit, malaise dans la civilisation
Le malaise adolescent dans la culture
Pour une éthique commune, médecine, psychiatrie et psychanalyse
Présence de Gisela Pankow

Sylvie Sesé-Léger

L'Autre féminin

A Marta
con cariño
Sylvie
le 31/03/18

CampagnePremière/*Un parcours*

Direction des éditions CampagnePremière/ :
Patrick Avrane - Patrick Guyomard
Responsable éditorial : Jean Delaite
Conception graphique : encre jaune,

ISBN : 978-2-915789-39-3

Société de Psychanalyse Freudienne-Campagne Première
23, rue Campagne-Première - 75014 Paris
Téléphone : 01 43 22 73 85
spfcamp-prem@noos.fr

« Le *duende*... Où est le *duende* ? Sous l'arche vide pénètre un air mental qui souffle avec insistance sur les têtes des morts, en quête de nouveaux paysages et d'accents ignorés ; un air à l'odeur de salive d'enfant, d'herbe écrasée et de voile de méduse annonçant le baptême constant des choses nouvellement créées. »

Federico García Lorca, « Théorie et jeu du *duende* », 1930.

à Bernard Sesé

Sommaire

Introduction

J'eus la chance d'entrer dans le milieu psychanalytique et de commencer ma pratique d'analyste à l'époque flamboyante de l'École freudienne de Paris (EFP), sous la bannière glorieuse de Jacques Lacan. En 1972-1973, j'assistai au séminaire *Encore*, qui avait lieu à la faculté de droit, au Panthéon. La psychanalyse prenait des couleurs ébouriffantes, des formes inouïes. Les concepts surannés étaient remisés au grenier. L'inconscient devenait une performance toujours renouvelée, une infinie *poïesis* ! La littérature chère à Freud – le féminin est la demeure des poètes ! –, et la philosophie qu'il ne prisait guère, mais qui m'était familière, s'entrecroisaient avec la topologie et la logique, avec l'extrême mathématique qui me rebutait et rencontrait chez moi tant d'énigmes.

Les formules de la sexuation allaient-elles serrer le féminin, allaient-elles l'embrasser, l'embraser, pour l'encercler ? Entrons dans la valse ! Hallucinante ! J'étais sous hypnose comme les belles de Sigmund Freud qui ont contribué à l'invention de la psychanalyse. Mais le féminin échappe aux rets du *Logos*. Captivant, puisqu'il est l'Autre, il ne saurait être captif.

Devenue membre de l'École freudienne de Paris, en 1976, j'eus le privilège d'être aussitôt publiée dans la prestigieuse revue *Scilicet*[1]. Ce premier texte psychanalytique, écrit avec Chantal Maillet, concernait la sexualité féminine. Il n'était pas signé puisque le seul nom de Lacan valait pour tous. Son nom et sa théorie étaient le commun dénominateur. Une sorte de Bourbaki de la psychanalyse !

Il me fallut quelques décennies pour apercevoir la part de jouissance qui me retenait dans cette École. Ma formation de psychanalyste est assurément freudienne et lacanienne. Dans ma filiation psychanalytique, Jacques Lacan occupa plutôt une place de grand-père qui avait psychanalysé ceux grâce à

1. « Jouissance et division », *Scilicet*, 6/7, Paris, Seuil, 1976, p. 129-141. Le travail de Michèle Montrelay entrepris dans son article de 1970, « Recherches sur la féminité », publié dans *Critique*, n° 278, et repris avec d'autres études dans *L'Ombre et le nom, Sur la féminité*, Paris, Minuit, 1977, eut une influence certaine sur notre réflexion.

qui je suis devenue analyste. Mais pourquoi donc Lacan me restait-il tellement inaccessible ? La porte n'existait pas et encore moins le seuil à franchir pour entreprendre une analyse ou un contrôle avec lui. Il était ce grand chaman qui écoutait les autres, qui les délestait de leur fardeau existentiel. Magie du transfert ! Je lui attribuai l'être de mon père, qui était médecin d'une ville de province et qui sillonnait les routes sans fin, pour soigner et probablement guérir ses malades. L'EFP, aux initiales vertigineuses, représentait cet espace ouvert et clos à la fois : le lieu du père finit par devenir enfermement matriciel.

Mais, enfant immobile, je m'envolais avec mes compagnons, les livres, qui m'ont octroyée pour toujours la liberté des sentiers imaginaires. Engagée dans le travail de transmission de la psychanalyse à l'EFP, j'adhérais à l'édifice théorique et politique construit par Lacan[1]. Cette expérience cruciale m'a rendue sensible à ce qui passe, entre le dit et le non-dit, à ce qui échappe à tout échafaudage, mais qui en est la source. La procédure mise en place par Lacan était la fine pointe de sa théorie, destinée à prendre sens dans sa réalisation politique. Or, la bâtisse s'est effondrée sous le poids des transferts à la dérive, qui clamaient l'excès, qui débordaient le champ délimité, qui outrepassaient les frontières.

Ma génération de psychanalystes a éprouvé ce que fut la fracture généalogique à partir de 1963, date à partir de laquelle Lacan s'est dit « excommunié ». Pendant longtemps, au sein de l'IPA, son nom fut effacé, son œuvre mise à l'index, et lui-même ne reconnaissait pas son appartenance à une lignée de psychanalystes qui lui aurait transmis la psychanalyse[2]. Les faits se répétèrent en 1980 avec la dissolution de l'EFP. Mais l'inconscient ne connaît pas l'esprit de chapelle. Il est rétif lorsqu'on veut l'apprivoiser, le mettre en cage.

J'ai lu Freud et ses disciples, Lacan et ses élèves, en souhaitant redonner vie aux textes, dans un abord actuel, lié à

1. Je me présentai à « la passe », procédure par laquelle un candidat était reconnu et nommé Analyste de l'École. Je devins AE en 1979, un an avant la dissolution de l'EFP.
2. « De nos antécédents » est le titre d'un de ses *Écrits*, Paris, Seuil, 1966, p. 65, où il évoque son parcours : « À produire maintenant, d'un retour en arrière, les travaux de notre entrée dans la psychanalyse, nous rappellerons d'où cette entrée se fit. » Clérambault est reconnu comme son « seul maître en psychiatrie ». Silence sur sa filiation psychanalytique.

l'exercice de la psychanalyse, en les replaçant dans la dynamique singulière et l'ancrage transférentiel de leurs auteurs. Les premières psychanalystes furent abritées sous l'étendard de Freud : Helene Deutsch, Ruth Mack Brunswick, Marie Bonaparte, Jeanne Lampl-De Groot, Karen Horney, Lou Andreas-Salomé, Joan Riviere. La pensée de chacune était cependant d'une profonde originalité, non réductible à l'estampille freudienne[1]. Quelques hommes avaient l'oreille fine pour l'inattendu féminin, parmi lesquels Ernest Jones[2] et Karl Abraham[3]. En particulier, Ernst Jones, qui opta pour la vision de la sexualité féminine archaïque selon Melanie Klein, la

1. Freud leur rend hommage dans son texte de 1931, « De la sexualité féminine » (*Über die weibliche Sexualität*), *OCF. P.*, vol. XIX, p. 24, tout en s'opposant à l'idée que le stade phallique chez la fille est une réaction secondaire plutôt qu'un véritable stade de développement. Pour lui, la fille qui est toujours d'abord un garçon, n'échappe pas à la phase phallique préalable avant d'accéder aux « tendances passives dans la mesure où celles-ci ont échappé au bouleversement ». Jones ralliera Melanie Klein sur sa conception du complexe d'Œdipe précoce chez la fille, situé dès le début de la deuxième année. Dans « La signification du phallus », in *Écrits*, *op. cit.*, p. 687, Lacan évoque ce débat, dans les années 1928-1932, sur la phase phallique « considérée par certains auteurs comme l'effet d'un refoulement, et la fonction qu'y prend l'objet phallique comme un symptôme ». Il salue cet exemple de passion doctrinale : « À seulement en résumer le débat, on ne pourrait qu'altérer la diversité authentique des positions prises par une Helene Deutsch, une Karen Horney, un Ernest Jones, pour nous limiter aux plus éminents. » Lacan ne cite pas Joan Riviere et son texte inspiré, « La féminité comme mascarade » (1929), in *Féminité mascarade, Études psychanalytiques*, réunies par Marie-Christine Hamon, Paris, Seuil, 1994. Cependant, il fait allusion à la fonction du masque dans la sexualité tant féminine que masculine, p. 695.
2. Ses trois textes consacrés à la sexualité féminine, « Le développement précoce de la sexualité fémine » (1927), « Le stade phallique » (1933), « Sexualité féminine primitive » (1935), sont réunis dans *Théorie et pratique de la psychanalyse*, Paris, Payot/Rivages, 1969-1997, p. 399-452.
3. « Examen de l'étape génitale la plus précoce du développement de la libido » (1916), p. 231-254 ; « Manifestations du complexe de castration chez la femme » (1920), p. 101-126, in *Œuvres complètes*, tome 2, Paris, Payot, coll. « PBP », 1977 ; Sigmund Freud-Karl Abraham, *Correspondance complète (1907-1925)*, traduit de l'allemand, présenté et annoté par Fernand Cambon, Paris, Gallimard, 2006. Dans la lettre à Abraham du 3 décembre 1924, p. 640, Freud écrivait : « Enfin votre dernier thème, la part présumée du vagin à la floraison infantile première de la libido, suscite tout mon intérêt. Je ne sais absolument rien à ce sujet. De même que j'avoue en général volontiers que le versant féminin du problème est pour moi extrêmement obscur. » Dans celle du 29 décembre, p. 646, il donnait acte aux hypothèses d'Abraham : « [...] sur la question de la zone directrice féminine, je suis tout à fait désireux de m'instruire, j'attends vos nouveautés avec impatience et sans idée préconçue. » Dans son livre, *Pourquoi les femmes aiment-elles les hommes ? Et non pas plutôt leur mère*, Paris, Seuil, 1992, Marie-Christine Hamon souligne les réserves de Freud à l'égard des élaborations d'Abraham, en particulier dans son « Esquisse d'une histoire du développement de la libido basée sur la psychanalyse des troubles mentaux », la deuxième partie intitulée « Les débuts et développement de l'amour objectal », in *Œuvres complètes*, *op. cit.*, p. 298-313. Jacques André, dans *Aux origines féminines de la sexualité*, Paris, PUF, 1995, p. 25-37, analyse les doutes formulés par Karl Abraham à propos de la sexualité féminine dans les quatre lettres qu'il échange avec Freud en décembre 1924.

rivale d'Anna Freud dans le domaine de la psychanalyse des enfants.

Je choisis dans ce livre de mettre en résonance les écrits dans une temporalité circulaire qui est celle de l'inconscient, d'avancer en pariant sur le généreux après-coup. Pour entendre, dans l'écriture, dans mon transfert à l'écriture de Freud, l'élan de la pensée, le vif de la pulsion, le jaillissement inconscient, l'énonciation. Les textes du début de l'œuvre freudienne, où l'énergie du conquistador était neuve, *L'Interprétation du rêve* (1900), les *Lettres à Wilhelm Fliess*, sont associés aux écrits cliniques et théoriques qui ont le féminin pour foyer lumineux. Ce sont les *Études sur l'hystérie* (1875), « Dora » (1905), *Gradiva* (1907), « l'Homme aux rats » (1909), « Le motif de choix du coffret » (1913), « l'Homme aux loups » (1918), « La jeune homosexuelle » (1920),« Le tabou de la virginité » (1918), « L'inquiétant » (1919), « Sur la sexualité féminine » (1931), « Sur la féminité » (1933). Freud désira, sans relâche, explorer le *continent noir* – « Que veut la femme ? », se serait-il enquis auprès de la princesse Marie Bonaparte – et voulant se saisir du féminin, en fut saisi[1].

Il en fut saisi, notamment, dans le transfert. Il affirmait haut et fort son refus de la position maternelle, avec Hilda Doolitle[2], écrivain américaine qui fit une analyse avec lui en 1938, et avec Georg Groddeck[3], son disciple turbulent, qui se présentait comme un « analyste sauvage ». Pour Freud, il y a une collusion de principe entre une position maternelle et une position féminine. Avec courage, il aperçoit que, côté fille, « tout dans le domaine de cette première liaison à la mère m'est apparu difficile à saisir analytiquement, blanchi par les

1. Sarah Kofman, *L'Énigme de la femme, La femme dans les textes de Freud*, Galilée, 1980, Le Livre de Poche, 1983, 1994. Dans sa lecture perspicace de Freud, elle interprète « l'envie de pénis » féminine comme une idée fixe spéculative de Freud, pour faire face au sexe féminin, au sexe de la mère, qui ne saurait être regardé en face. Les solutions-écran proposées par Freud seraient destinées à fixer la femme dans une position immuable pour contrecarrer son caractère instable et énigmatique.

2. *H.D. Visages de Freud*, Denoël, p. 65 : « Et... il faut que je vous dise (vous avez été franche avec moi, je le serai avec vous), je n'aime pas être la mère dans le transfert. Cela me surprend et me choque toujours un peu. Je me sens tellement masculin. »

3. Dans une lettre de Noël 1922, Freud écrivait à Groddeck, in *Ça et Moi, Lettres à Freud, Ferenczi et quelques autres*, traduit de l'allemand par Roger Lewinter, Paris, Gallimard, 1977, p. 93 : « Votre insertion de ma personne dans la série maternelle – dans laquelle, manifestement, je ne suis pourtant pas à ma place – montre clairement comment vous voulez éviter le transfert paternel. »

ans, pareil à une ombre, à peine susceptible d'être rendu à la vie, comme si cela avait succombé à un refoulement particulièrement inexorable[1] ». La métaphore de la couverture est présente : la civilisation des Grecs recouvre d'un voile la civilisation minoé-mycénienne, ce temps où la fille est toute à la mère. Le petit garçon, lui, promis au destin d'homme, aura toujours affaire à la mère, toute femme n'en étant qu'une pâle copie : Freud le soutient dans son rêve des trois Parques et dans son article « Le motif du choix des coffrets ». Le féminin de la mère est scellé. J'émets l'hypothèse que c'est sur ce point que surgit l'angoisse de Freud, dans le transfert, quand il se sent mis en position maternelle : subrepticement, entre le maternel et le féminin, un jour se devine, quand la proposition s'inverse : la mère serait-elle une femme ? Le maternel recouvre le féminin, lui-même enveloppé dans la féminité, dans une mise en abîme du féminin. Cela explique probablement pourquoi Freud envisage la rébellion masculine contre la position passive ou féminine à l'égard d'un autre homme, non pas à l'égard d'une femme[2] ; de même, son élaboration du masochisme féminin s'appuie-t-elle sur son écoute de patients hommes[3] ?

La question devient éminemment aiguë dans le transfert : le féminin n'est pas la féminité, il n'est pas davantage le maternel. Selon le repérage conceptuel lacanien, je le situe à l'articulation du réel et du symbolique quand la féminité serait à la jointure de l'imaginaire et du symbolique. Autrement dit, le féminin est à la féminité ce que le sens latent d'un rêve est à son sens manifeste ; le féminin crée la métaphore, les métaphores, coffre, coffret, boîte, écran, couvercle, couverture, enclos, masque ; il est inventeur dans la rencontre de l'Autre[4].

À ce titre, il concerne l'homme et la femme. Si, apparemment, pour Freud, la mère est souveraine au royaume du

---

1. « De la sexualité féminine », *op. cit.*, p. 10.
2. « Analyse avec fin et analyse sans fin » (1937), *OCF. P.*, vol. XX ; l'analyse de Ferenczi et ses avatars transférentiels se lisent en filigrane.
3. « Le problème économique du masochisme » (1924), *OCF. P.*, vol. XVII, p. 13-15.
4. *Invention du féminin*, titre du livre publié aux éditions CampagnePremière /, Paris, 2002, dans la suite du colloque de la Société de psychanalyse freudienne qui s'était tenu en octobre 2000, et du séminaire « Le féminin en question, animé à la Société de psychanalyse freudienne par Liliane Gherchanoc, Dominique Guyomard et Sylvie Sesé-Léger.

féminin, il n'élude cependant pas, dans « Le motif du choix des coffrets », où la mère n'est pas protagoniste, le rôle joué par les sœurs et les filles.

Je fais également l'hypothèse que Freud attendait de ses patientes, les jeunes filles, une réponse à la question du féminin qui le taraudait adolescent. L'analyse d'Anna, sa fille, est interprétée dans ce sens. La transmission figée, pour elle, du féminin, eut des conséquences sur sa propre conception de la psychanalyse, et le récit de l'analyse que Peter Heller fit avec elle alors qu'il était enfant ouvre une fenêtre sur sa théorie du transfert.

Au cœur de l'énigme, le père et le féminin[1] sont l'objet du défi de Sidonie, la jeune homosexuelle, et celui de l'errance d'Isabelle Eberhardt, dans un désert sans bornes, sauf celles de la mort.

Le tabou de la virginité semble appartenir à un autre âge. La question est pourtant toujours brûlante dans la clinique psychanalytique actuelle. Avec les transformations de la société et le recul de la religion, les places sont redistribuées autrement : la vierge est devenue l'enfant.

La littérature dialogue en moi avec la psychanalyse ; certains personnages jouent de ce tabou et du féminin qu'il protège : Don Juan et la fille du Commandeur, Mlle Else dans son écrin de fourrure.

La littérature psychanalytique aussi est vivante ; lire ses auteurs et donner écho de cette lecture tissent les liens, par-delà les différences de sensibilité et d'appartenance, dans une communauté psychanalytique fragile, toujours fiévreuse.

Le même mouvement me conduit à interroger l'anthropologie sur le partage du féminin entre les sexes. Les travaux de Margaret Mead et de Françoise Héritier sont traversés par la psychanalyse, à laquelle, en retour, ils offrent des voies de recherche.

Dans le transsexualisme et les problèmes d'identité sexuée, les données sont inversées ; le féminin devient une entité idéale, marmoréenne, qui ne concerne pas la différence

1. Lina Balestriere, dans *Freud et la question des origines*, Bruxelles, De Boeck Université, 2003, p. 150, affirme avec pertinence que la représentation du père a partie liée avec la représentation du sexe féminin et qu'elle exige la représentation non pas de la mère mais de la femme.

des sexes et ses conséquences, la rencontre sexuelle et la procréation.

Le destin et l'œuvre Joë Bousquet furent, pour moi, bouleversants. Il arrive, parfois, que le poète s'invite dans mon écoute et me fasse entendre celui qui parle sur mon divan. Blessé de la Grande Guerre, Joë Bousquet devint « le veilleur de Carcassonne ». La Chambre où il était alité dans la pénombre et la fumée de l'opium, accueillait la peinture de ses amis surréalistes, Max Ernst et Hans Bellmer entre autres, et elle était le lieu de rencontre des poètes Paul Eluard, André Breton, des écrivains Jean Cassou, Carlo Suarès, Jean Paulhan, des philosophes Ferdinand Alquié, Julien Benda, Simone Weil. Elle était surtout le laboratoire où Bousquet le « troubadour », cherchait dans les femmes aimées son double féminin et, dans l'immensité des mots, l'être du langage entier.

Ainsi ce livre témoigne-t-il que le transfert est épreuve et transmission du féminin ; que, dans l'amour, le féminin est rencontre de soi et de l'autre, et que, de l'écriture, le féminin est la sève.

Livre I.
Freud et le féminin

1- L'Autre fraternel

> « [...] Pour être, dans la vie amoureuse, vraiment libre et, par là, heureux, il faut avoir surmonté le respect pour la femme et s'être familiarisé avec la représentation de l'inceste avec la mère ou la sœur. »
>
> Sigmund Freud « Sur le plus général des rabaissements de la vie amoureuse » (1912).

L'invention de la psychanalyse place son auteur en position verticale, en père de la horde sauvage. Cette verticalité rend difficile, conflictuelle, l'horizontalité. Cet embarras se manifeste dans ses relations avec ses semblables, les disciples – les unes moitié sœurs, moitié filles ; les uns moitié frères, moitié fils –, qui ne furent jamais vraiment des pairs pour Sigmund Freud. Cette confusion est au cœur de l'histoire de la psychanalyse. Le complexe d'Œdipe, élément primordial de la création du fondateur, laissa en creux sa modalité horizontale, le complexe fraternel. Néanmoins, la question fraternelle irradie l'ensemble du corpus freudien, les textes autobiographiques, l'abondante correspondance, les écrits cliniques et théoriques.

Toute rencontre fraternelle se réalise de prime abord dans le registre de la pulsion franche, sauvage, qui donne à ce lien de sang – avoir les mêmes parents *adelphos*[1] (consanguins) – sa force inédite. Le lien fraternel est inclus dans la parenta-

1. Paul-Laurent Assoun, *Frères et Sœurs*, Paris, Anthropos, 2003 ; l'auteur analyse avec une grande pertinence le corpus freudien au regard de la relation fraternelle. Pour les anthropologues, la fratrie joue, dans « les structures élémentaires de la parenté », un rôle essentiel. Dans son ouvrage *Masculin/Féminin. La pensée de la différence*, Paris, Odile Jacob, 1996, p. 298, Françoise Héritier affirme que « du point de vue anthropologique, le noyau dur de la parenté et de la valence différentielle des sexes, c'est effectivement la relation frère/sœur,

lité ; il en est le rejeton. Les deux plans, vertical et horizontal, sont inséparables. Cette présence éparse, non articulée et pourtant dominante de la question fraternelle dans l'œuvre de Freud, interroge les paradoxes du fondateur. En français, la fratrie met phonétiquement l'accent sur les frères ; en revanche, la langue allemande souligne le féminin sororal : *Geschwister*. Ce lien condense toute l'énergie libidinale de l'enfant confronté à un petit autre semblable, qu'il soit aîné ou bien cadet.

La jalousie, génératrice de lien social

La jalousie enfièvre la rencontre : « Il n'y a sans doute pas de maisonnée d'enfants (*Kinderstube*) sans conflits violents entre ses membres[1] » ; « Les motifs en sont la concurrence pour l'amour des parents, pour la possession des mêmes objets, pour l'espace habitable[2] ». Cette rencontre, qui tient du corps à corps, met en ébullition les protagonistes ; ainsi adviennent la rencontre du contemporain, la découverte de la différence des sexes. Les perceptions du corps de l'autre semblable, dans la différence, ne recouvrent pas celles du corps de la mère et du père. La proximité, la nudité, entrent dans la danse joyeuse, excitante ; mais aussi l'amour et la haine, le partage de la mémoire, la nostalgie commune du même lait nourricier, de la tendre berceuse maternelle, des caresses enchantées. Freud affirme, dès *L'Interprétation du rêve*, qu'« en général, les enfants donnent expression à ces sentiments de haine beaucoup plus littéralement qu'à ceux qui

en ce qu'elle n'est pas touchée, entre les deux partenaires, par les faits propres à la reproduction : sexualité et parturition. » Dans le seconde volume, *Masculin/féminin II. Dissoudre la hiérarchie*, Paris, Odile Jacob, 2002, p. 125, elle rappelle que, pour Lévi-Strauss, « le rapport frère/sœur commande, d'une certaine manière, la notion de réciprocité et d'échange par le biais de la prohibition de l'inceste. Les hommes, en s'interdisant l'accès à leur sœurs, peuvent les échanger avec d'autres hommes dont ils reçoivent en échange les sœurs. Ainsi, un destin matrimonial lie le frère et la sœur ». Dans *L'un et l'autre sexe* (*Male and Female*, 1948) Paris, Denoël/Gonthier, 1966, p. 185, Margaret Mead affirme à propos du garçon qu'« il sait que ce sont les femmes qui mettent les enfants au monde – il sait que sa sœur en sera capable, et cette idée est comme un aiguillon interne qui le pousse vers une autre forme d'accomplissement ».

1. Sigmund Freud, *Conférences d'introduction à la psychanalyse*, XIII, conférence (1916-1917), traduit de l'allemand par Fernand Cambon, Paris, Gallimard, 1999, p. 262.
2. *Ibid*., p. 262.

naissent du complexe parental[1] ». La jalousie et l'envie, son vorace et destructeur acolyte, mais tout autant la fascination et sa compagne, l'idéalisation, trament le lien social, la coexistence avec l'Autre. « Même si nous l'appelons normale cette jalousie n'est pas pour autant rationnelle [...] car elle s'enracine profondément dans l'inconscient, (elle) perpétue les toutes premières motions de l'affectivité infantile et remonte au complexe d'Œdipe ou au complexe fraternel de la première période sexuelle[2]. »

Dans *L'Interprétation du rêve*, Freud aborde la thématique fraternelle à propos des rêves de la mort des personnes chères : « Envisageons tout d'abord le rapport des enfants à leurs frères et sœurs. Je ne sais pas pourquoi nous présupposons qu'il doit être affectueux, étant donné que pourtant les exemples d'inimitié entre frères et sœurs chez les adultes abondent dans l'expérience de tout un chacun et que nous pouvons bien souvent constater que cette dissension remonte jusqu'à l'enfance ou a existé de tout temps. Mais même de très nombreux adultes qui sont aujourd'hui tendrement attachés à leurs frères et sœurs et les assistent, ont vécu dans l'enfance avec eux dans une inimitié quasi ininterrompue [...]. Le plus âgé des enfants a maltraité le plus jeune, l'a dénigré, lui a dérobé ses jouets ; le plus jeune s'est consumé en une rage impuissante envers le plus âgé, l'a envié et redouté, ou bien les premières motions auxquelles le portaient l'élan vers la liberté et le sens de la justice se sont tournées contre cet oppresseur [...]. L'enfant est absolument égoïste, il ressent intensément ses besoins et aspire sans aucun égard à leur satisfaction, en particulier face à ses rivaux, les autres enfants, et en premier lieu face à ses frères et sœurs[3]. »

À partir de ce tissu primitif où s'entrecroisent les sentiments et les sensations à l'état brut, Freud interprète la nais-

1. Sigmund Freud, *L'Interprétation du rêve, OCF. P.*, vol. IV., p. 289-290.
2. Sigmund Freud « Sur quelques mécanismes névrotiques dans la jalousie, la paranoïa et l'homosexualité » (1922), in *Névrose, psychose et perversion*, traduit de l'allemand par D. Guérineau, Paris, PUF, 1973, p. 271-272.
3. Sigmund Freud, *L'Interprétation du rêve, op. cit.*, p. 218.

sance du lien à l'autre sexué, du lien social. Dans les principaux textes consacrés à l'édification de l'être en société – « La morale sexuelle civilisée » (1908), *Totem et Tabou* (1913), *Sur l'histoire du mouvement analytique* (1914), « Psychologie des foules et analyse du moi » (1921), *Sigmund Freud présenté par lui-même* (1925), « Dostoïevski et le parricide » (1928), *Malaise dans la civilisation* (1929) –, il souligne le pouvoir de la jalousie génératrice du lien.

Chez l'enfant, l'instinct grégaire n'est pas spontané. « Un tel sentiment se forme d'abord dans la nurserie aux nombreux enfants, à partir du rapport des enfants à leurs parents, et il se forme en réaction à la jalousie initiale avec laquelle l'aîné accueille le plus jeune. L'aîné des enfants voudrait, c'est certain, refouler jalousement celui qui vient après lui, le tenir à l'écart des parents et le dépouiller de ses droits, mais en présence du fait que cet enfant aussi – comme tous ceux qui suivront – est aimé par les parents d'une égale façon, et par suite de l'impossibilité de persévérer dans son attitude hostile sans dommage personnel, et il se forme dans la troupe d'enfants un sentiment de foule ou de communauté qui plus tard connaît à l'école la suite de son développement[1]. » Plus tard, l'esprit collectif ne désavouera pas l'envie originaire dont il découle.

La pulsion sauvage devient fraternité obligée dans le nécessaire partage. Dans le premier temps, où l'enfant fait l'expérience de l'intrusion, le pirate, l'intrus fraternel s'empare du territoire et fait main basse sur les biens les plus précieux : la mère, son lait, son amour[2]. Cette épreuve à surmonter est cruciale pour le devenir social du sujet[3]. Le

1. Sigmund Freud, « Psychologie des foules et analyse du moi » (1921), in *Essais de psychanalyse*, Paris, Payot, coll. « PBP », 1981, traduit de l'allemand par Pierre Cotet, André Bourguignon, Janine Altounian, Odile Bourguignon et Alain Rauzy, p. 186.

2. La piraterie est mise en scène dans le souvenir d'enfance de Goethe interprété par Freud dans « Un souvenir d'enfance de poésie et vérité » (1917), traduit de l'allemand par Bertrand Féron, in *L'Inquiétante étrangeté et autres essais*, Paris, Gallimard, 1985, p. 200-201. Souvenir de Goethe envoyant par la fenêtre la vaisselle familiale ; pour Freud, cet acte magique exprime « vigoureusement son vœu d'éliminer l'intrus gênant », c'est-à-dire son frère cadet.

3. Marcianne Blévis, *La Jalousie, délices et tourments*, Paris, Seuil, 2006 ; l'auteur montre à travers le récit de cures psychanalytiques comment la jalousie térébrante malmène l'identité

deuxième temps du complexe fraternel coïncide avec l'épreuve heuristique : d'où sort-il donc cet intrus ? Le surgissement de ce petit autre ouvre le champ de la recherche, la voie de l'inconnu. Nous l'appellerons « aiguillon épistémogène ». Freud le met en évidence avec l'histoire du petit Hans, racontée par son père ; Hans cherche la clef du monde à la naissance de sa petite sœur Hanna, l'intruse détestable, qui chamboule son univers de petit garçon sans souci. Le troisième temps fait advenir la séduction du même et de l'autre dans l'appréhension de la différence des sexes. Ces trois temps, qui sont autant d'épreuves initiatiques – l'intrusion, l'aiguillon, la séduction – constituent le complexe fraternel.

La scène réelle et inconsciente

La famille de Sigmund Freud, entre sa naissance en 1856 à Freiberg et l'installation à Vienne en 1860, ressemble aux familles recomposées d'aujourd'hui. Jacob, le patriarche, est l'époux d'Amalia et son aîné de vingt ans. D'un précédent mariage avec Sally, dont il était veuf, il avait eu deux fils : Emanuel, l'aîné, marié et père de deux enfants, Johann, dit John, d'un an plus âgé que Sigmund, et Pauline, du même âge que lui. Philipp, son second fils, était célibataire ; il avait presque le même âge qu'Amalia. Une autre femme de Jacob, Rebekka, est forclose de l'histoire familiale ; sa trace surgit dans la lettre du 21 septembre 1897 à Wilhelm Fliess, où Freud livre à son ami l'abandon de sa *neurotica*[1].

Cette configuration familiale, née des différentes unions de Jacob, inspire probablement le texte de 1909 que Freud

---

sexuée du sujet. J.-B. Pontalis, dans *Frère du précédent*, Paris, Gallimard, 2006, décrit l'éternelle concurrence entre le frère cadet et le frère aîné. Denise Braunschweig et Michel Fain, *Éros et Antéros, Réflexions psychanalytiques sur la sexualité*, Paris, Payot, coll. « PBP », 1971 ; en particulier, sous la plume de Michel Fain, le premier chapitre intitulé « Réflexions à partir de certains aspects de la sexualité masculine » ; celui-ci décrit avec une grande finesse clinique le glissement de l'axe vertical sur l'axe horizontal, lorsqu'un père est confronté au couple mère-enfant ; le père peut alors ressentir qu'il occupe la place d'un frère aîné à l'égard d'un cadet. À propos « des émules de don Juan », l'auteur développe avec acuité la relation père-fils. Cf. infra III, Virginité promise, 3, « Don Juan et le Nom-du-Père ».

1. « Rebekka, enlève ta robe de noces, tu n'es plus une *kalle* » (mot yiddish signifiant « fiancée »).

intitule « Le roman familial du névrosé[1] ». Lorsqu'elle met au monde son premier fils, Amalia Freud, née Nathanson, est en deuil de son père, Schlomo Nathanson, mort trois mois auparavant ; Amalia donne à son aîné le prénom de son père ; Sigmund Freud ne le portera jamais. Adolescent, celui-ci se plaisait à s'imaginer fils de son frère Philipp, mieux accordé avec Amalia que Jacob[2]. En 1857, Julius, frère cadet de Sigmund, naît et meurt quelques mois plus tard. Anna voit le jour en 1858 ; elle est alors la vraie rivale, la sœur mal-aimée qui, elle, survivra.

Le deuil de Julius suivi de la naissance de la cadette colore désormais l'affectivité de Sigmund de tons coupables et rageurs : « Ou bien voilà que le petit frère ou la petite sœur a effectivement disparu et l'enfant a de nouveau réuni sur lui toute la tendresse de la maison, et puis il en vient un autre, envoyé par la cigogne ; n'est-il pas de bonne logique que notre petit chéri fomente en lui le souhait que le nouveau concurrent puisse avoir le même destin que le précédent, afin que lui-même aille de nouveau aussi bien qu'auparavant et que dans l'intervalle[3] ? »

Anna, la sœur maudite, n'a-t-elle pas supporté le double poids de vœux de mort de la part de Sigmund à l'encontre

1. Sigmund Freud, traduit de l'allemand par Jean Laplanche, *Névrose, psychose et perversion*, *op. cit.*, p. 157-160.
2. L'interprétation du rêve de « ma mère bien-aimée [...] », *L'Interprétation du rêve*, *op. cit.*, p. 637-638 ; *La Psychopathologie de la vie quotidienne* (1901), traduit de l'allemand par S. Jankélévitch, Paris, Payot, 1963, p. 57-59. La scène du coffre dont les protagonistes sont Amalia et Philippe, et hors scène, Nannie « coffrée » et le bébé Anna, se trouve dans le chapitre « Souvenirs d'enfance et de couverture » ; Freud date cette scène avant la fin de sa troisième année : « Je me voyais criant et pleurant devant un coffre dont mon demi-frère, de 20 ans plus âgé que moi, tenait le couvercle relevé, lorsque ma mère, belle et svelte, entra subitement dans la pièce comme venant de la rue. [...] J'ai deux ans et demi de plus que ma sœur qui était née à cette époque-là, et lorsque j'ai atteint ma troisième année, mon demi-frère avait quitté la maison paternelle. » Relevons la série féminine : Amalia la mère, Nannie, la bonne et Anna la sœur, à l'origine du désastre : la bonne congédiée et coffrée parce qu'elle était voleuse et qu'elle avait profité de l'indisponibilité d'Amalia retenue au lit après son accouchement d'Anna. Sigmund était séparé de sa Nannie à cause de Philipp qui l'avait remise à la police, et il était angoissé de ne pas retrouver sa mère intacte. Nous retrouverons le thème de l'ombre de la mort qui navre l'amour de l'Autre féminin, de l'Autre primordial.
3. *L'Interprétation du rêve*, *op. cit.*, p. 291-293 (note ajoutée en 1914) : « Même si de tels décès vécus dans l'enfance ont été vite oubliés dans la famille, l'exploration psychanalytique, elle, montre qu'ils sont devenus très significatifs pour la névrose ultérieure. »

des suivants ? Entre 1860 et 1866, Amalia met au monde quatre filles, Rosa, Marie, Adolphine[1], Pauline, et un fils, Alexander ; le prénom de celui-ci est choisi par Sigmund, admirateur d'Alexandre le Grand. Souvenons-nous de la filiation d'Alexandre, fils de Philippe de Macédoine, et de la filiation imaginaire freudienne : Alexander, fils de Philipp ? L'axe horizontal ne glisserait-il pas à nouveau sur l'axe vertical ? Dans son fantasme, Sigmund n'éjecterait-il pas alors Jacob de sa place de père, géniteur du dernier fils ? Alexander est le compagnon de voyage de Sigmund à Athènes ; de ce voyage naît « Un trouble de mémoire sur l'Acropole » – Lettre à Romain Rolland (1936), texte écrit dans une brûlante ferveur filiale.

Philipp et Alexander sont souvent présents dans les rêves de Sigmund. Alexander apparaît dans le rêve « Autodidasker » : « Alex, abréviation que nous faisons de ce nom, est presque une anagramme de Laske. » Les deux derniers rêves de *L'Interprétation du rêve*, celui de « ma mère bien-aimée » et celui de l'homme à la hache, mettent en scène le glissement des deux axes verticaux et horizontaux. Dans le premier rêve, Freud voit sa « mère bien-aimée avec une expression du visage singulièrement calme et endormie, qui est portée dans la chambre et étendue sur le lit par deux ou trois personnages à bec d'oiseau. Je me réveillai en pleurant et criant et perturbai le sommeil de mes parents ». Les associations de ce rêve sur l'énigme de la jouissance sexuelle de la mère conduisent Freud au signifiant fraternel *Philipp* : les figures à bec d'oiseaux provenaient de la Bible de *Philippson* ; un gredin, fils de concierge mal élevé, connaisseur des choses de la vie, et portant sans nul doute le prénom *Philipp,* lui livra le sens du mot coïter ; en allemand vulgaire, « baiser » se dit *vögeln*, de *Vogel*, oiseau. Ce rêve contenait « un obscur désir

1. « Elle (Dolfi) est la plus gentille et la meilleure de mes sœurs. Sa sensibilité est profonde, elle est même malheureusement bien trop sensible. » Lettre du 9 septembre 1883 à Martha Bernays, in Sigmund Freud, *Correspondance*, 1873-1939, Lettres choisies et présentées par Ernst Freud, traduit de l'allemand par Anne Berman avec la collaboration de Jean-Pierre Grossein, Paris, Gallimard, 1966, p. 68.

manifestement sexuel qui, dans (son) contenu visuel, avait trouvé sa bonne expression[1] ».

Le second rêve raconté à la suite met en scène un homme de vingt-sept ans ayant « rêvé à plusieurs reprises, en proie à une grave angoisse, qu'un homme avec une hache le poursuivait ; il voudrait courir, mais il est comme paralysé et ne peut bouger de sa place ». Le rêveur se souvient qu'il avait coutume de maltraiter son frère cadet et de le jeter à terre. La mère du rêveur s'était exclamée le jour où il blessa son frère à la tête : « Mon angoisse, c'est qu'il finisse un jour par le tuer. » Avec le thème de la violence, le rêveur retrouve un souvenir de sa neuvième année. « Les parents étaient rentrés tard à la maison, ils allèrent au lit tandis qu'il faisait semblant de dormir, il entendit alors un halètement et d'autres bruits qui lui parurent inquiétants, et il put même deviner la position des deux dans le lit. Ses pensées ultérieures montrent qu'il avait établi une analogie entre cette relation des parents et son rapport à son frère cadet. Il subsuma ce qui se produisit avec les parents sous le concept : acte de violence et bagarre. Une preuve à l'appui de cette conception fut pour lui d'avoir souvent remarqué du sang dans le lit de sa mère[2] ».

La méthode freudienne nous conduit à lire les deux rêves dans un enchaînement où le second révèle le sens du premier : l'angoisse et l'excitation liée à la sexualité des parents, forcément traumatique, inexorablement autre. Comment les trois temps du complexe fraternel condensant l'intrusion, l'aiguillon et la séduction vont-ils se dérouler pour Freud, dans la relation au frère et à la sœur ?[3] Comment vont s'enchaîner les trois actes de la dramaturgie fraternelle ?

Le frère, le jumeau, l'alter ego, l'autre semblable

J'ai souligné la différence d'âge marquée entre Sigmund Freud et ses frères. Nés du même père, ils ne l'étaient pas de la même

1. *L'Interprétation du rêve, op. cit.*, p. 638-639.
2. *Ibid.*, p. 630-640.
3. Ces trois temps peuvent être articulés avec le temps logique selon Lacan : l'instant du regard, le temps pour comprendre et le moment de conclure. Jacques Lacan, « Le temps logique et l'assertion de certitude anticipée » (1945), in *Écrits*, Paris, Seuil, 1966, p. 197-213.

mère. Pour Sigmund, tel un héros mythique, Philipp était à moitié frère, à moitié père. Alexander était frère mais aussi fils imaginaire de Sigmund.

À l'âge adulte, Freud rencontra Wilhlem Fliess. Il lui écrit le 21 mai 1894 : « Ce n'est pas précisément une faveur du destin que d'avoir environ cinq heures par an pour un échange de pensées avec toi, alors que je ne peux guère me passer de l'autre et que c'est toi qui es l'unique autre, l'alter[1]. » « J'ai perdu tant d'amis chers, les uns parce qu'ils sont morts, les autres parce que l'amitié s'est défaite ; c'est pourtant une belle chose que j'ai su les remplacer, que j'en ai gagné un qui compte davantage pour moi que ne pouvaient le faire les autres, un ami qu'à présent, à l'âge où l'on ne noue plus aussi facilement de nouvelles amitiés, je garderai pour toujours[2]. » Un autre fragment de la lettre 175 du 26 août 1898 traduit l'exaltation des sentiments de Sigmund Freud à l'égard de Wilhelm Fliess : « [...] je me réjouis une fois de plus d'avoir compris il y a onze ans déjà qu'il était nécessaire de t'aimer pour accroître le contenu de ma propre existence[3]. » Et pourtant, cette passion fraternelle finira mal. La revendication de la paternité de la théorie de la bisexualité fut au cœur de la bataille. Fliess accusa Freud de plagiat. Rappelons que Freud prolongea la théorie biologique de Fliess en mettant la bisexualité au cœur de l'organisation psychique. Longtemps avant la rupture consommée en 1904, Freud écrivait le 1er août 1899 à son ami berlinois : « Reste la bisexualité. Tu as certainement raison à son sujet. Je m'habitue d'ailleurs à concevoir chaque acte sexuel comme un processus entre quatre individus[4]. » Dans la lettre du 7 août, il pose les jalons : « Pour autant que j'y voie clair, mon prochain travail s'intitulera "La bisexualité humaine", il saisira le problème à la racine et dira le dernier mot qu'il pourrait

1. Sigmund Freud, *Lettres à Wilhelm Fliess, 1887-1904*, traduit de l'allemand par Françoise Kahn et François Robert, Paris, PUF, 2006, p. 97.
2. *L'Interprétation du rêve*, *op. cit.*, p. 536-537.
3. Sigmund Freud, *Lettres à Wilhelm Fliess*, *op. cit.*, p. 412.
4. *Ibid.*, p. 462.

bien m'être accordé de dire. Le dernier et le plus profond[1]. » Nous lisons dans *L'Interprétation du rêve* cette confidence qui laissait présager l'issue de la relation avec l'oto-rhino-laryngologiste berlinois, l'expert dans les cycles sexuels masculins et féminins : « Un ami intime et un ennemi haï ont toujours été pour moi des exigences requises par ma vie de sentiment ; je savais comment me les procurer toujours de nouveau l'un et l'autre, et il n'est pas rare que mon idéal d'enfance se soit réalisé au point qu'ami et ennemi aient coïncidé dans la même personne, non plus bien sûr simultanément ni dans une alternance plusieurs fois répétée, comme cela peut avoir été le cas dans les premières années d'enfance[2]. »

C'est à Fliess que Freud offre les avancées de son auto-analyse[3], l'aveu de l'abandon de ses *neurotica*, son renoncement à la théorie de la séduction[4], la naissance du complexe d'Œdipe et du complexe fraternel dans son propre cheminement auto-analytique. « Je peux seulement indiquer que chez moi le vieux ne joue pas un rôle actif[5], mais que j'ai probablement fait une déduction par analogie de moi à lui, que ma "génératrice" était une femme laide et plutôt âgée, mais intelligente, qui m'a beaucoup parlé du bon Dieu et de l'enfer et qui m'a appris à avoir une haute opinion de mes propres capacités ; que plus tard (entre deux ans et deux ans et demi) ma libido s'est éveillée envers *matrem*, et cela à l'occasion du voyage fait avec elle de Leipzig à Vienne, au cours duquel nous avons dû passer une nuit ensemble et où il m'a certainement été donné de la

1. Sigmund Freud, *Lettres à Wilhelm Fliess, op. cit.*, p. 565.
2. *L'Interprétation du rêve, op. cit.*, p. 533-534.
3. Didier Anzieu, *L'Auto-analyse de Freud et la découverte de la psychanalyse*, tomes 1 et 2, Paris, PUF, 1959.
4. Sigmund Freud, *Lettres à Wilhelm Fliess, op. cit.*, p. 334, Lettre 139 du 21 septembre 1897 : « Et maintenant je vais te confier le grand secret qui, au cours des derniers mois, s'est lentement fait jour en moi. Je ne crois plus à mes neurotica. »
5. *Ibid.*, p. 339-340, Lettre 141. Un an avant la mort de son père Jacob, Sigmund Freud confiait à Fliess que son père avait joué un grand rôle dans sa vie. Le nom de la bonne d'enfants était Monika Zajic. Cf. *L'Interprétation du rêve, op. cit.*, p. 287. D'après les informations reçues de sa mère, Amalia Freud, celle que Sigmund désigne comme « la vieille femme de sa préhistoire » ne lui avait pas toujours « réservé le traitement le plus affectueux et (avait) proféré contre (lui) de dures paroles lorsqu'il ne manifestait pas une compréhension suffisante pour l'éducation de la propreté ». Freud en conclut en parlant de lui-même à la troisième personne, comme dans une mise à distance de l'enfant qu'il fut : « On peut supposer que, malgré le mauvais traitement qu'elle lui a infligé, l'enfant a offert son amour à cette éducatrice. »

voir *nudam* […] ; que j'avais salué la venue de mon frère plus jeune d'un an (mort à quelques mois) avec de mauvais souhaits et une véritable jalousie d'enfant et que sa mort a laissé en moi le germe de reproches[1]. Je connais aussi depuis très longtemps le compagnon de mes forfaits entre un an et deux ans, c'est un neveu d'un an mon aîné, maintenant à Manchester, qui nous rendit visite à Vienne lorsque j'avais 14 ans. À l'occasion il semble que nous ayons tous les deux agi cruellement envers ma nièce d'un an ma cadette[2]. Ce neveu et ce frère cadet déterminent donc ce qu'il y a de névrotique mais aussi ce qu'il y a d'intense dans toutes mes amitiés[3]. »

Dans le rêve « *Non vixit*[4] », le revenant est un double de Julius. Freud évoque sa relation presque gémellaire avec John, revu à l'adolescence, donc un revenant, « car avec lui c'était le camarade de jeu de mes premières années qui ressurgissait. Jusqu'à mes trois ans accomplis, nous avions été inséparables, nous nous étions aimés, nous nous étions bagarré, et cette relation d'enfance – comme je l'ai indiqué une fois, a décidé de tous mes sentiments ultérieurs dans le commerce avec les personnes de mon âge. Mon neveu John a trouvé depuis de très nombreuses incarnations qui redonnèrent vie tantôt à tel aspect, tantôt à tel autre, de son être fixé de manière indélébile dans mon souvenir inconscient[5]. » Nous songeons au paradis perdu de Freiberg, à la cohorte adolescente composé d'Emil et de Gisela Fluss[6] – couple fraternel –, d'Eduard Silberstein avec qui Sigmund Freud correspondra dans une langue secrète, l'espagnol[7].

---

1. Il s'agit de Julius, qui n'est pas identifié par son prénom. Le voile de la langue latine, *nudam*, recouvre la nudité maternelle.
2. Pauline. Cf. *L'Interprétation du rêve* et l'article « Des souvenirs-couverture » (1899), *G.W.*, tome I, p. 529-554 ; *OCF. P.*, vol. III, p. 255-276.
3. *Ibid.*, p. 339-340. Le frère, le neveu et la nièce ne sont pas prénommés. Il n'est pas question de sa sœur.
4. *Ibid.*, p. 469.
5. *Ibid.*, p. 473. John quittera la maison familiale à 18 ans et il disparut sans laisser de traces. Cf. « Emanuel Freud » in Élisabeth Roudinesco et Michel Plon, *Dictionnaire de la psychanalyse*, Paris, Fayard, 1997, p. 335.
6. Nous entendons Fluss et Fliess, assonancés.
7. *Lettres de jeunesse de Sigmund Freud à Eduard Silberstein* (1871-1881) et à Emil Fluss (1872-1874), traduites de l'allemand par Cornélius Heim, Paris, Gallimard, 1990 ; cf. infra III, Virginité promise, 2, « Freud et le castillan ».

On jette un voile, on dit la chose avec des fleurs...

Dans son texte sur les « souvenirs-couverture » (1899), contemporain de *L'Interprétation du rêve*, et composé du même matériau inconscient, Freud présente la communication d'un patient fictif[1] atteint d'une petite phobie, et qui a attiré son attention sur certains souvenirs d'enfance. Freud met en scène son double, réalisant une couverture de lui-même, une mise à distance comme celle signalée plus haut à propos de l'enfant et de son éducatrice : « [...] À l'âge de trois ans révolus j'ai en effet quitté la petite localité de ma naissance pour aller résider dans une grande ville ; or mes souvenirs ont tous pour cadre la localité où je suis né, ils datent donc de la deuxième à la troisième année. [...] De la naissance d'une sœur qui est plus jeune que moi de deux ans et demi, je ne sais rien ; le départ, le spectacle du chemin de fer, le long voyage en voiture qui précéda, n'ont laissé aucune trace dans ma mémoire [...][2]. »

La scène suivante paraît au narrateur assez indifférente et sa fixation incompréhensible : « Je vois une prairie rectangulaire, un peu en pente, verte et à l'herbe drue ; dans le vert, énormément de fleurs jaunes, de toute évidence du pissenlit commun[3]. En haut de la prairie, une maison de paysan devant la porte de laquelle deux femmes debout bavardent ensemble avec animation, la paysanne, un foulard sur la tête, et une bonne d'enfants. *Dans la prairie jouent trois enfants, je suis l'un d'entre eux (âgé de deux à trois ans), les deux autres : mon cousin, qui a un an de plus, et sa sœur, ma cousine,*

1. Sigmund Freud, *OCF. P.*, vol. III, *op. cit.*, p. 252-273. En 1927, Freud invente un autre dialogue fictif dans *La Question de l'analyse profane* (1926), *OCF. P.*, vol. XVIII, p. 1-92. Dans un article intitulé « *An Unknown Autiographical Fragment by Freud* », S. Bernfeld affirme que le patient de l'observation clinique est Freud lui-même. Le « cousin » et la « cousine » du souvenir-couverture sont en fait son neveu John et sa nièce Pauline. La bonne d'enfants ou bien la paysanne est probablement « Nannie ». La ville natale dans laquelle Freud retourne à seize ans est sûrement Freiberg, où il est reçu par la famille Fluss. Les deux autres villes seraient Manchester et Vienne, *Amer. Imago*, 1946, 4, n° 1, p. 3-19. Cf. D. Anzieu, *L'Auto-analyse de Freud et la découverte de la psychanalyse, op. cit.*, p. 357-365. Voir également la note de présentation du texte dans l'édition française, *op. cit.*, p. 254.
2. « Des souvenirs-couverture », *op. cit.*, p. 262-263. En italique, les passages soulignés par nous.
3. *Löwenzahn* : dent de lion (note des traducteurs).

qui a presque mon âge. Nous cueillons les fleurs jaunes et tenons chacun à la main un bon nombre de fleurs déjà cueillies. C'est la petite fille qui a le plus beau bouquet ; mais nous, les garçons, nous lui tombons dessus comme d'un commun accord et lui arrachons ses fleurs. Toute en pleurs elle remonte la prairie en courant et en consolation reçoit de la paysanne un grand morceau de pain noir. À peine avons-nous vu cela, nous jetons les fleurs, nous nous précipitons aussi vers la maison et réclamons de même du pain. Nous en recevons à notre tour, la paysanne coupe la miche avec un long couteau. Ce pain a dans mon souvenir un goût absolument délicieux et là-dessus s'interrompt la scène. » Pourquoi cette scène occupe-t-elle cette place dans la mémoire, se demande Freud-narrateur. Serait-ce à cause du mauvais traitement infligé à la petite fille ? Des jeux animés par une curiosité sexuelle, dans lesquels deux garçons jouent contre une fille. Pourquoi le jaune du pissenlit qui lui déplaît tellement à l'âge adulte le charmait-il alors ? « Le jaune des fleurs se détache beaucoup trop fort sur l'ensemble, et le bon goût du pain m'apparaît lui aussi outré comme par hallucination[1]. » Le souvenir revient alors au narrateur de tableaux vus un jour à « une exposition parodique, dans lesquels certains constituants, naturellement les plus inconvenants, par exemple les tournures des dames peintes, étaient rapportés plastiquement au lieu d'être peints ». Le souvenir infantile en convoque un autre, traversé par des images – *unheimlich* – du corps féminin, sensuel, sexuel.

Puis le narrateur évoque la circonstance ultérieure du réveil de ce souvenir, ainsi que d'autres de sa toute première enfance. Il s'agit du retour dans sa ville natale. À cette occasion, il ressentit une puissante excitation qui le plongea dans une rêverie nostalgique. « J'avais dix-sept ans et la famille qui m'accueillait avait une fille de quinze ans dont je tombai aussitôt amoureux[2]. Ce fut mon premier engouement, qui ne manqua pas d'être intense mais fut tenu parfaitement secret. » La

1. « Des souvenirs-couverture », *op. cit.*, p. 265.
2. Gisela Fluss.

rencontre fut brève mais exaltante. « Des heures durant, je m'adonnai à des promenades solitaires à travers les magnifiques forêts retrouvées, occupé à bâtir des châteaux en Espagne, qui étrangement ne tendaient pas vers l'avenir mais cherchaient à améliorer le passé. Si seulement la faillite n'était pas survenue jadis, si seulement j'étais resté au pays natal, si j'avais grandi à la campagne, *si j'étais devenu aussi robuste que les jeunes hommes de la maison, les frères de la bien-aimée*, et si j'avais ensuite repris la profession de mon père et finalement épousé la jeune fille qui bien sûr au cours de toutes ces années serait forcément devenue intime avec moi ![1] » L'identification à l'autre, fraternel et paternel est vécue comme impossible – si seulement ! – ; en fait le narrateur, le patient fictif, va choisir une autre voie, non conforme au désir paternel.

La jeune fille autrefois désirée s'est mariée à un autre et, au narrateur, elle est devenue *extraordinairement indifférente*. « Pourtant je peux me souvenir exactement combien la *couleur jaune de la robe qu'elle portait lors de notre première rencontre m'a fait de l'effet longtemps après, quand je revoyais cette couleur quelque part.* » Alors, la robe jaune de la jeune fille rappellerait-elle le jaune éclatant des fleurs de la scène infantile ? Pas exactement répond le narrateur. « La robe était plutôt d'un brun jaune, comme la giroflée d'or[2]. » Il s'ensuit

1. « Des souvenirs-couverture », *op. cit.*, p. 266 ; passage souligné par nous, en italique.
2. *Der Goldlack* : laque d'or (note des traducteurs). J.-B. Pontalis rappelle malicieusement que Sigmund était, pour Amalia, son « Sigi en or », *Mein goldener Sigi*. Cf. J.-B. Pontalis, *Elles*, Paris, Gallimard, 2007, p. 95. Nous retrouverons la palette dorée dans « Gradiva, ou la rencontre », cf. infra 3. Le jaune, indicatif d'un fort affect lié à l'enfance, est présent dans le rêve de « l'oncle à la barbe jaune » ; celui-ci représente symboliquement l'oncle Josef, le frère escroc de Jacob, faux-monnayeur qui fut condamné à dix ans de travaux forcés pour ce délit ; en quelques jours, sous le poids du chagrin, Jacob était devenu tout gris. La chaîne signifiante du rêve renverrait-elle au méfait infantile de Sigmund dans la verte prairie ? Cf. *L'Interprétation du rêve*, *op. cit.*, p. 173-174. Nous en lisons les mêmes échos dans le rêve du « lion jaune », que Freud interprète comme étant celui d'un médecin d'une trentaine d'années ; dans ce rêve qui apparaît depuis l'enfance, un lion jaune renvoyait à un jouet de porcelaine auquel il était très attaché, selon les dires de sa mère ; ce lion fragile était, donc, comme un doudou. Les associations du rêveur ramènent celui-ci au rêve de la monographie botanique et à la série signifiante cyclamen, fleur favorite, artichaut, plante favorite – planches de couleurs à détruire, confiée par le père, arracher feuille à feuille comme un artichaut, herbier, *Bücherwurm* (ver de livres dont les livres sont les mets favoris). *Ibid.*, p. 227-228. « [...] dans l'analyse du rêve de la monographie sur l'espèce cyclamen, je tombe sur un souvenir de jeunesse qui a été conservé : le père remet au garçon de cinq ans un livre orné de planches en couleurs pour qu'il le détruise. » Nous remarquons, dans ce passage, que le père et le garçon ne sont pas identifiés.

une considération chromatique : « J'ai vu par la suite dans les Alpes que beaucoup de fleurs qui ont des couleurs claires dans la plaine revêtent, sur les hauteurs, des nuances plus foncées. Si je ne me trompe fort, il y a fréquemment dans les montagnes une fleur très semblable au pissenlit, mais qui est d'un jaune foncé et correspondrait donc tout à fait pour la couleur au vêtement de la bien-aimée d'alors[1]. » Freud explique à son interlocuteur ce qu'est un souvenir-couverture, pourquoi la scène infantile revient fréquemment à sa mémoire : c'est un souvenir « dont la valeur consiste en ce qu'il représente dans la mémoire des impressions et des pensées d'une époque ultérieure dont le contenu est connecté au sien propre par des relations symboliques et autres du même genre[2] ». La scène n'est pas anodine ; dans son retour, elle est destinée à illustrer les plus importants tournants de l'histoire du sujet : l'influence des deux plus puissants ressorts, la faim et l'amour. Le pain fait référence à la difficulté matérielle de gagner sa vie – souci de Sigmund Freud – et le jaune symbolise la flamme érotique. Freud interprète : ôter sa fleur à une jeune fille, cela signifier la déflorer. Le fantasme adolescent, la représentation érotique, n'osent venir à la conscience et s'esquivent dans la scène d'enfance. Ainsi l'innocente fantaisie des pissenlits condenserait-elle deux souhaits réprimés : celui de la défloration et celui du bien-être matériel. L'interlocuteur de Freud, autrement dit Freud lui-même, évoque les plans de son père et de son « oncle », c'est-à-dire son frère Emanuel, qui désiraient le voir s'installer à Manchester et épouser sa « cousine » Pauline, qui était en fait sa nièce.

Un pas de plus est franchi : c'est l'expression langagière qui fait le lien entre le souvenir-couverture et le souvenir couvert. En allemand, l'expression *sich einen ausreissen* (s'en arracher un) évoque vulgairement la masturbation, comme en français, affirme Freud, l'expression « casser une branche d'un arbre » aurait le même sens[3]. Le souvenir-couverture, la

1. « Des souvenirs-couverture », *op. cit.*, p. 267.
2. *Ibid.*, p. 269.
3. *Ibid.*, p. 273-274.

scène de l'enfance, sont produits au cours des rêveries adolescentes, des fantasmes masturbatoires, dans la troublante entrevue du corps féminin, du corps sexué.

« *J'ai écrit une monographie sur une certaine plante. Le livre est posé devant moi, en le feuilletant je tombe sur une planche en couleurs pliée. À chaque exemplaire est attaché un spécimen séché de la plante comme venant d'un herbier.* » Dans ce rêve de la monographie botanique, Freud se souvient d'avoir vu dans la vitrine d'une libraire un nouveau livre intitulé : « l'espèce cyclamen ». Celle-ci est la fleur préférée de sa femme Martha ; lui, Sigmund préfère l'artichaut que sa femme pense à lui rapporter du marché. Il se reproche de délaisser Martha, de ne pas penser à lui apporter des fleurs ; son attention se porte davantage sur ses jeunes patientes en fleurs, telle Irma[1]. La monographie renvoie également à la cocaïne ; l'article de Freud avait attiré l'attention de Carl Koller sur la propriété anesthésiante de la cocaïne. Freud a frôlé la gloire avec la cocaïne, il l'a manquée de peu ; elle l'attendait ailleurs. Son ami Fliess lui écrivait justement à propos de *L'Interprétation du rêve* : « Ton livre des rêve m'occupe énormément. Je le vois posé devant moi, achevé, et je le feuillette. » Freud ajoutait : « Comme j'ai envié son don de voyance ! Si seulement je pouvais moi aussi le voir posé devant moi, déjà achevé[2]. »

Revient alors le souvenir du goût pour les monographies, les collections médicales, notamment « les planches en couleurs faisaient mes délices » – écrit Freud – qui était bien en peine pour dessiner les planches pour ses travaux. Et un lointain souvenir d'enfance refait surface : « Mon père trouva un jour plaisant de remettre à ma sœur aînée et à moi-même, pour que nous le détruisions, un livre avec des planches en couleurs (la description d'un voyage en Perse). Voilà qui ne pouvait guère se justifier d'un point de vue éducatif. J'avais alors cinq ans, ma sœur n'avait pas encore trois ans, et

1. *L'Interprétation du rêve, op. cit.*, p. 205. Cf. Didier Anzieu, *L'Auto-analyse de Freud, op. cit.*, p. 379.
2. *L'Interprétation du rêve, op. cit.*, p. 208.

l'image de nous deux, enfants, en train d'arracher, au comble de la joie, les pages de ce livre (feuille à feuille, comme pour un artichaut, je ne puis dire autrement), est à peu près la seule chose qui me soit restée de cette époque de ma vie en un souvenir plastique. » Sigmund se remémore son goût prononcé pour les livres à l'époque où il était étudiant. « Je devins un ver de livres (*Bücherwurm*) » [...]. J'ai toujours ramené cette première passion de ma vie, depuis que je réfléchis sur moi-même, à cette impression d'enfance, ou plutôt j'ai reconnu que cette scène d'enfance est un "souvenir-couverture" pour ma bibliophilie ultérieure[1]. » Deux souvenirs d'enfance se chevauchent : le souvenir de la scène de la prairie avec les fleurs arrachées à Pauline éclaire après-coup le souvenir plus tardif du livre effeuillé avec Anna, qui n'est d'ailleurs pas prénommée dans le rêve de la monographie botanique ; l'érotisation du désir incestueux à travers les jeux sexuels avec la nièce et la sœur émerge dans la mémoire, déguisée dans les deux souvenirs-couverture. La référence au souvenir-couverture invite au rapprochement du contenu des deux souvenirs d'enfance. L'évocation de Jacob étonnamment tolérant à l'égard de ses enfants en train de déchirer un livre d'enfance illustré. Jacob, autodidacte, était passionné de lecture, en particulier de la Bible israélite (*Die israelitische Bibel*) de Ludwig Philippson (1811-1889). Freud se souvient, qu'adolescent, Jacob le réprimandait pour ses achats inconsidérés de livres ; cette attitude paternelle lui apparaissait paradoxale. Les reproches de Jacob concernant les livres venaient à la place de reproches concernant la fréquentation éventuelle de femmes de mauvaise vie (ce thème réapparaîtra dans « L'inquiétant »). À l'âge de dix-sept ans, âge des premières amours de Sigmund, celui-ci avait « un compte débiteur important chez le libraire et aucun moyen de le régler, et [son] père ne considéra guère comme une excuse le fait que [ses] inclinations ne se soient pas portées sur quelque chose de pire[2] ».

1. *L'Interprétation du rêve, op. cit.*, p. 209 et « Des souvenirs-couverture », *op. cit.*, p. 264-265.
2. *L'Interprétation du rêve, op. cit.*, p. 209.

Le rêve de la « monographie botanique » évoque la reviviscence de sa sexualité infantile, de la curiosité sexuelle à l'égard du corps sexué de ses jeunes contemporaines, Pauline et Anna. Les plantes des deux souvenirs-couverture entrent en correspondance, l'artichaut et le cyclamen, puis les pissenlits, les giroflées, les fleurs jaunes des Alpes ; ainsi que la gamme de couleurs des fleurs : le cyclamen a une fleur rouge carminé qui évoquent les profondeurs féminines ; la fleur du pissenlit, jaune comme la robe de Gisela ; les fleurs jaunes des Alpes qui prennent en altitude, un ton jaune ocre, telle la giroflée[1]. L'émoi érotique du rêveur emprunte à la botanique ses images et ses signifiants qui traduisent l'attirance pour la fleur à l'étrange carnation.

Anna-morphoses

Dans *L'Interprétation du rêve*, Anna, la sœur de Sigmund, n'est pas prénommée ; Freud évoque Annerl, la petite Anna, la fille, la descendante, Anna la verticale[2]. Nous soulignons les ombres et les lumières. Comme dans un rêve, précisément, l'intensité du signifiant « Anna » est d'autant plus grande qu'il n'apparaît pas. En revanche, il y a une efflorescence souterraine de ce signifiant qui, par son insistance, devient messager du désir inconscient. Ce signifiant est central dans le nom même de la science conçue par Freud : psych*ana*lyse (psycho-*ana*lyse). Pour quel motif inconscient Sigmund Freud a-t-il prénommé Anna sa troisième fille ? Le choix des prénoms revêt pour lui une grande importance : « Je tenais à ce que leurs noms ne soient pas choisis d'après la mode du jour, mais soient déterminés par la mémoire de personnes chères[3] » ; après Alexander, son frère, (Jean) Martin en hommage à Charcot ; Mathilde pour honorer la femme de Josef Breuer ;

1. Didier Anzieu, *L'Auto-analyse de Freud, op. cit.*, p. 380, se réfère à nouveau à l'analyse que Alexander Grinstein consacre aux rêves de Freud. Entre les deux souvenirs-couverture, le souvenir du lion jaune fait transition, selon Didier Anzieu.
2. *L'Interprétation du rêve, op. cit.*, p. 165, à propos des rêves des enfants, Freud se souvient de sa fille Anna mise à la diète et criant, dans son sommeil : « Anna Freud, f(r)aises, fraises sauvages, (d)essert aux œufs, bouillie », *ibid.*, p. 309 : « cf. le rêve de fraises de ma petite Anna »).
3. *Ibid.*, p. 537.

Sophie en hommage à Sophie Schwab, nièce de son professeur d'hébreu ; Ernst en souvenir de Brücke ; Oliver pour rappeler son admiration à l'égard de Cromwell.

À l'occasion de la naissance de la fille de Fliess, Freud réfléchit sur l'importance des prénoms : « [...] Mon ami a eu, après avoir longuement attendu, une petite fille. Je sais quel deuil fut le sien après la perte précoce de sa sœur et je lui écris qu'il transférerait sur cette enfant l'amour qu'il avait éprouvé pour sa sœur ; cette petite fille finirait par lui faire oublier cette perte irréparable [...]. Nul n'est irremplaçable [...]. Rien que des revenants ; tout ce qu'on a perdu fait retour [...] la petite fille de mon ami porte le même prénom que la petite compagne de jeu de ma propre jeunesse, la sœur – du même âge que moi – de mon plus vieil ami et adversaire. J'ai entendu le nom de "Pauline" avec satisfaction [...][1]. » Freud conclut ainsi sa méditation : « Leurs noms font des enfants des "revenants". Et finalement, avoir des enfants, n'est-ce pas pour nous tous l'unique accès à l'immortalité ?[2] »

De quelle épopée guerrière Anna fut-elle l'héroïne ? Pourquoi lui avoir fait endosser le prénom de la sœur rivale ? Certes, elle aurait dû se prénommer Wilhlem si elle était née garçon ; Wilhlem comme Fliess, le chevalier de la bisexualité. « Si cela avait été un fils, je t'aurais télégraphié la nouvelle, car il... aurait porté ton prénom. Comme c'est devenu une petite fille prénommée Anna, elle vient se présenter chez vous avec retard [...]. J'espère que la bonne nouvelle venant de vous ne tardera pas trop à arriver ici, et alors Anna et Paulinchen, lorsqu'elles se rencontreront, apprendront à très bien s'entendre[3]. »

Anna sera vouée au monde antique ; Antigone juive, elle sera emmurée vivante dans le temple paternel[4]. Anna l'horizontale, la sœur, le sera doublement puisqu'elle deviendra sa belle-sœur en épousant Eli Bernays, le frère de Martha ; entre

1. *L'Interprétation du rêve, op. cit.*, p. 537.
2. *Ibid.*, p. 537-538.
3. Sigmund. Freud, *Lettres à Wilhlem Fliess*, Lettre 83 du 3 décembre 1895, *op. cit.*, p. 198-199.
4. Patrick Guyomard, *La Jouissance du tragique, Antigone, Lacan et le désir de l'analyste*, Paris, Aubier, 1992.

eux, ce ne furent que bagarres, ruptures et réconciliations ; Sigmund n'assista pas à son mariage. Anna Bernays partira s'installer aux États-Unis, ce qui la sauvera des camps de concentration, contrairement aux autres sœurs de Sigmund, Mitzi, Dolfi, Paula et Rosa.

Sigmund a donné à Anna, sa fille, un prénom hébraïque, ce qu'il ne fit ni pour les aînés, ni pour les cadets. Hanna ou Hanina, étymologiquement, c'est la gracieuse, celle qui est pleine de grâce[1]. Hannah est le nom de la mère du prophète Samuel. Hen traduit la grâce. Anna, la sœur, la gracieuse, est celle qui naquit après le petit Julius qui, lui, disparut précocement. Anna aurait donc su trouver grâce aux yeux de Dieu. En hébreu moderne, le prénom Anna symbolise la grâce féminine, le charme. Par ce prénom, la fille de Sigmund Freud était vouée à une destinée résolument féminine. Nous verrons la voie qu'elle choisira[2].

Comment ne pas songer à celle qui n'appartient pas à la tradition hébraïque : la Sainte Anne qui fit éprouver à Sigmund une émotion esthétique inoubliable ; Sainte Anne Meterza, Sainte Anna en tierce, *Heilige Anna selbdritt*. Les trois générations qui forment un triangle : la mère, Sainte Anne, sa fille, Marie, la mère et la fille comme deux sœurs, et l'enfant Jésus[3]. Sigmund Freud n'aurait-il pas été imprégné de la vision des tableaux de madones ? À l'époque de la naissance d'Anna, sa sœur, Sigmund faisait les tournées des églises avec Monica Zajic, sa Nannie, qui était tchèque et catholique ; dans le doux nom de N*ann*ie nous entendons également le signifiant « *ann* ».

Un curieux bouquet signifiant

Avec la floraison du prénom Anna se compose, au fil des cas cliniques, un chatoyant bouquet signifiant. Dans les *Études*

1. Je remercie Betty Rotjman et Tony Lévy pour leurs lumières hébraïques.
2. Cf. infra II, Héritière ou bâtarde ?, 1, « Antigone Freud ».
3. Sigmund Freud, « Un souvenir d'enfance de Léonard de Vinci » (1910), *OCF. P.*, vol. X, Paris, PUF, 1993, p. 79-164. Cf. Anne Minthe, « Portrait caché », in *Sigila*, n° 6, Femme aux secrets, automne 2000.

sur l'hystérie, la cure de *Fräulein Anna O*, conduite par Josef Breuer, inaugure le traitement par l'hypnose. Cette jeune femme, qui portait en réalité le nom de Bertha Papenheim, fut la cause du refroidissement de l'amitié entre Freud et Breuer. Dans cet ouvrage précurseur, Frau Cäcilie M., que Freud nomme sa préceptrice (*meine Lehrmeisterin*), était la baronne Anna von Lieben ; elle était sa « primadonna », sa « principale cliente[1] », et fut son « cas d'hystérie le plus difficile et le plus instructif », conclut Freud[2]. Anna, la « préceptrice » (*meine Lehrmeisterin*), n'entrerait-elle pas en résonance avec Nannie, la « génératrice » (*meine « Urheberin »*) ?

Emmy von N., de sa véritable identité, baronne F*ann*y Moser, exigea de Freud qu'il cessât « de toujours lui demander d'où provient ceci ou cela, mais de la laisser raconter ce qu'elle a à dire ». Grâce à cette patiente qui se rebiffait, il mit au point une thérapeutique psychanalytique « plus judicieuse[3] ». L'origine de la technique de la libre association pourrait donc lui être imputée (l'aiguillon !).

L'Irma du fameux rêve est une *Sammelperson*, une « figure composite ». Freud a emprunté ses traits principaux à *Anna* Lichtheim, la fille de son professeur d'hébreu, Samuel Hammerschlag, et l'une de ses patientes préférées. Par ses liens d'amitié avec la famille Freud et par ses symptômes, elle ressemblait à Emma Eckstein, qui fut victime des mauvais soins de Fliess. Ce rêve de l'injection faite à Irma, femme entre deux hommes médecins, Fliess et Freud, ne serait-il pas une réminiscence de la scène infantile où les deux chenapans maltraitaient la petite fille ?

L'histoire névrotique de Serguei Pankejeff, dit « l'Homme aux loups », met en évidence un immense et accablant complexe fraternel. À trois ans et trois mois, Serguéi fut séduit par *Anna*, sa sœur aînée, jeune fille d'une

1. *Lettres à Wilhelm Fliess*, 8 février 1897, 1er janvier août 1890, 12 juilet 1892, *op. cit.*, p. 292, et citées par Peter Gay, dans *Freud, une vie*, Paris, Hachette, 1991.
2. Sigmund Freud et Joseph Breuer, *Études sur l'hystérie* (1895), Paris, PUF, 1956.
3. Peter Gay, *Freud, une vie*, *op. cit.*, p. 84.

vive intelligence, impétueuse, agitée, qui se suicidera. Son père l'admirait pour ses remarquables qualités intellectuelles. Serguéi était davantage le « fils de sa mère ». Ce « complexe de la sœur » qui pesait sur l'Homme aux loups fut sous-estimé par Freud qui, lui, insistait, dans sa construction, sur le complexe paternel. Le rapport que Serguéi Pankejeff entretenait avec les femmes était pourtant dominé par la tonalité incestueuse et traumatique de son lien à sa sœur[1]. Comme deux jumeaux, Serguéi et Anna s'étaient créé un langage secret ; leur complicité fraternelle inclut les trois temps de l'intrusion, de l'aiguillon et de la séduction. Serguéi et Anna se demandaient comment naissaient les enfants ; ils firent un pacte selon lequel celui qui trouverait la réponse serait obligé de le dire à l'autre. Serguéi trouva la réponse vers l'âge de douze ans ; sa sœur Anna était morte. « *Rote Nase. Esanetor* ». Entre eux deux résonnait cette formule magique : le nez rouge dans le miroir. Anna était obsédée par sa protubérance nasale qu'elle imaginait rouge ; « Es*an*etor ? » interrogeait-elle son frère sans relâche.

« Frères et sœurs »

Dans l'histoire de Dora, en réalité Ida Bauer, l'image du couple frère-sœur est tout juste évoquée par Freud à propos du souvenir d'enfance le plus précoce de Dora avec son frère Otto. Cette scène demeure dans le récit de l'analyse de Dora comme un souvenir-couverture ; Otto faisait couple avec sa mère, qu'il protégeait, cet aspect est peu souligné par Freud ; le couple mère fils échappe à la sagacité freudienne, qui s'exerce surtout sur le lien de Dora à son père, en laissant dans l'ombre les motifs inconscients de la très mauvaise entente de Dora avec sa mère. Ses identifications à celle-ci ne sont pas dépliées dans toute leur ampleur ; seul est mentionné leur commun catarrhe. À nouveau, le complexe

1. Sigmund Freud, « Une névrose infantile » (1918), *OCF. P.*, vol. XIII, p. 2-118, Paris, PUF, 1988 ; Muriel Gardiner, *L'Homme aux loups par ses psychanalystes et par lui-même*, Paris, Gallimard, 1981 ; Karin Obholzer, *Entretiens avec l'Homme aux loups*, Paris, Gallimard, 1981 ; Patrick Mahony, *Les Hurlements de l'Homme aux loups*, Paris, PUF, 1995.

d'Œdipe recouvre le complexe fraternel, maintenu dans l'obscurité[1].

Chez Ernst Lanzer, dit « l'Homme aux rats », le complexe fraternel n'est pas davantage mis en lumière dans l'analyse qu'en donne Freud. Pourtant, la relation d'Ernst avec Robert, son cadet, son rival, est essentielle, de même que la relation avec ses cinq sœurs ; lorsqu'il a trois ans naît une petite sœur, Olga. La sœur de prédilection pour laquelle il ressentait une authentique passion est désignée par Freud comme Katherine ; en vérité, elle se nommait Camila. Ce lien fusionnel oriente la névrose de contrainte de Ernst. Camila meurt alors qu'elle a huit ans ; son frère en avait trois au moment de cette tragédie, dont il se sentira désormais coupable. Comme l'Homme aux loups avec sa sœur Anna, Ernst Lanzer était dans une extrême complicité avec sa sœur Camila, qui partageait avec lui sa curiosité pour la différence des sexes. Camila, sur le pot, déclarait à son frère : « Si tu meurs, je vais me tuer. » Ernst était au désespoir : sa masturbation aurait pu provoquer la mort de sa sœur et le châtiment du père[2].

Le complexe fraternel du petit Hans est abordé plus facilement, car Freud n'est pas directement engagé dans le transfert. C'est le père du garçonnet qui joue le rôle de psychanalyste. La

1. « Les rapports entre la mère et la fille étaient d'une très grande inimitié depuis des années. La fille ignorait la mère, la critiquait durement et s'était complètement soustraite à son influence [...]. L'unique frère de la jeune fille, d'un an et demi son aîné, avait été quelques années auparavant le modèle auquel son ambition avait aspiré [...]. Les relations entre le frère et la sœur s'étaient relâchées dans les dernières années. Le jeune homme cherchait le plus possible à se soustraire aux complications familiales ; quand il lui fallait prendre part, il était du côté de la mère. C'est ainsi que l'attraction sexuelle habituelle avait rapproché d'une part le père et la fille, d'autre part la mère et le fils », « Fragment d'une analyse d'hystérie » (1905), *OCF. P.*, vol. VI, Paris, PUF, 2006, p. 200-201. « Dora elle-même avait clairement en mémoire une image de ses premières années d'enfance : elle était assise par terre dans un coin, suçotant son pouce gauche, tandis qu'elle tiraillait en même temps de la main droite le lobe de l'oreille de son frère tranquillement assis à côté d'elle », *ibid.*, p. 231 ; Jacques Lacan, « Intervention sur le transfert », in *Écrits*, Paris, Seuil, 1966, p. 215-226 ; *Le Séminaire*, Livre IV, *La Relation d'objet* (1956-1957), Paris, Seuil, 1994 ; Monique David-Ménard, *L'Hystérique entre Freud et Lacan*, Éditions universitaires, Paris, 1983, p. 178-179 ; Jacques André, *Aux origines féminines de la sexualité*, chap.1, « La féminité de Dora » Paris, PUF, 1995, p. 11-23 ; Patrick Mahony, *Dora s'en va, violence dans la psychanalyse* (1996), Les Empêcheurs de penser en rond/Le Seuil, 2001.
2. Sigmund Freud, « Remarques sur un cas de névrose de contrainte » (1909), *OCF. P.*, vol. IX, p. 131-214, Paris, PUF, 1998 ; Patrick Mahony, *Freud et l'Homme aux rats* (1986), Paris, PUF, 1991.

naissance de sa petite sœur, Hanna, fut, à trois ans et demi, le grand événement de la jeune existence de Hans ; il ressentit la venue au monde de la créature comme une intrusion, une ouverture sur l'univers et un appel pulsionnel. « Je ris à cause du fait-wiwi de Hanna [...] parce que le fait-wiwi est si beau[1]. » Le père ne croyait pas un mot à la déclaration du fils qui riait trop fort.

La jeune homosexuelle, aujourd'hui connue sous le nom de Sidonie Csillag[2], souffrait d'un virulent complexe fraternel ; l'aîné et le benjamin étaient, selon Freud, les protagonistes du complexe de Sidonie ; celui du milieu, qui naquit alors qu'elle avait cinq ans – n'était-il pas le bébé œdipien ? – n'aurait pas soulevé de tempête pulsionnelle chez la fillette : « La naissance d'un second frère, alors qu'elle avait entre 5 et 6 ans n'exerça aucune influence particulière sur son développement[3]. » Freud l'avait pourtant entendu dire que « la comparaison des organes génitaux du frère avec les siens propres, comparaison qui eut lieu à peu près au début de la période de latence (à 5 ans ou un peu plus tôt), laissa en elle une forte impression et put être suivie très loin dans ses post-effets[4] ». Le troisième frère – celui de la crise adolescente – ne serait-il pas la réplique du second, dans le fantasme maternel de Sidonie ?

La langue du rêve

Dans *L'Interprétation du rêve*, la thématique florale rejaillit de page en page ; elle traduit l'inédit dans l'appréhension de l'autre sexué, du contemporain, semblable et différent. Le corps maternel, lui, est voilé, drapé dans la langue latine ; la

1. Sigmund Freud, « Analyse de la phobie d'un garçon de cinq ans » (1909), *OCF. P.*, vol. IX, p. 18. « Certes, j'ai dirigé le plan du traitement dans son ensemble et je suis même intervenu personnellement, une seule fois, au cours d'une conversation avec le garçon ; mais le traitement lui-même, c'est le père du petit qui l'a conduit [...]. », précise Freud dans l'introduction, p. 5. ; Jacques Lacan, *Le Séminaire*, Livre IV, *op. cit.*, p. 199-389.
2. Sigmund Freud, « De la psychogenèse d'un cas d'homosexualité féminine » (1920), *OCF. P.*, vol. XV, p. 233-268 ; Inès Rieder et Diana Voigt, *Sidonie Csillag, homosexuelle chez Freud, lesbienne dans le siècle*, traduit de l'allemand par Thomas Gindele, Paris, Epel, 2003. Cf. infra II, Héritière ou bâtarde ?, 2, « Sidonie et le défi du nom.
3. Sigmund Freud, « De la psychogenèse... », *op. cit.*, p. 244.
4. *Ibid.*

mère du désir incestueux est nimbée de symbolisme antique ; majestueuse, elle est hiératique, comme dans le rêve « ma mère bien-aimée ».

Le corps féminin de la fillette, de la jeune fille, est métaphorisé dans une autre langue onirique. Freud évoque qu'au cours d'une conversation, « une jeune fille non névrosée, plutôt prude et réservée », lui raconte spontanément un rêve ; à cette occasion, Freud apprend qu'elle est fiancée, mais que son mariage est retardé pour de multiples raisons. La langue de ce rêve est l'anglais, qui est la langue d'adoption de son neveu John et de sa nièce Pauline, ses compagnons de jeu du souvenir-couverture ; en transcrivant le texte de ce rêve, Freud ne relève pas cette particularité linguistique. Il écoute les signifiants du rêve avec la même aisance qu'en allemand, avec un plaisir singulier, à fleur de texte : « *I arrange the centre of a table with flowers for a birthday* » (J'arrange le centre d'une table avec des fleurs pour un anniversaire de naissance)[1]. Dans l'échange avec la jeune fille, comme en proximité avec son intimité psychique, Freud se prend au jeu de l'interprétation. Alors qu'elle n'en possédait pas encore, la rêveuse se voyait dans sa propre maison et elle en éprouvait un sentiment de bonheur[2]. Freud traduit *in petto*, selon la symbolique « populaire », les souhaits de la jeune fille : la table avec sa pièce centrale fleurie est le symbole qui la représente elle-même et son organe génital. Sa pensée est occupée par la naissance d'un enfant ; le mariage a donc été consommé. « J'évitai soigneusement de lui suggérer la signification des symboles et je lui demandai seulement ce qui lui venait à l'esprit à propos de chacune des parties du rêve[3]. Il l'entraîne dans une valse interprétative : quelle sorte de fleurs

1. *L'Interprétation du rêve, op. cit.*, p. 420-424.
2. Dans son éclairante lecture des textes freudiens, Monique Schneider interroge la topographie inconsciente et souligne le rôle du terme *Aufnahme* (accueillir, admettre), « l'un des fils rouges de l'écriture freudienne ». Pénétrer et ouvrir la porte. L'espace creux, l'espace interne ; l'admission et la défense du seuil, métaphores du creux féminin ; « La topographie féminine, offrant cette "fente étroite" qui donne accès à une demeure interne, va donc servir de paradigme pour figurer l'espace psychique, pouvant expulser et accueillir diverses manifestations imprévisibles », *Le Paradigme féminin*, Paris, Aubier, 2004, p. 98-99.
3. *L'Interprétation du rêve, op. cit.*, p. 421.

était-ce ? La rêveuse répond d'abord : « *expensive flowers, one has to pay for them*[1] » (des fleurs chères, pour lesquelles il faut payer) ; elle ajoute que c'étaient des « *lilies of the valley, violets and pinks or carnations* » (muguet, mot à mot : lis de la vallée, violettes et œillets). Freud associe le mot « lis » à la chasteté ; la rêveuse confirme l'hypothèse en liant « lis » à *purity* ; et vallée, *valley*, est un symbole onirique féminin fréquent. Dans le mot anglais signifiant muguet, la conjonction des deux symboles met l'accent, dans la symbolique du rêve, sur sa précieuse virginité : « *expensive flowers, one has to pay for them.* Freud avoue ensuite son audace : « Je cherchais tout à fait hardiment – à mon avis – à m'expliquer le sens secret des « violets », en apparence tout à fait asexuelles, par une relation inconsciente au mot français "viol". À ma vive surprise, la rêveuse associa *violate*, mot anglais, pour "violer"[2]. » Freud relève la similitude phonétique, en anglais, entre violet et *violate*, mots qui ne se distinguent que par une différence d'accent sur la dernière syllabe ; cette homophonie est utilisée par le rêve pour exprimer, « avec des fleurs », la pensée de la violence de la défloration, qui appartient elle-même à la symbolique florale. Freud souligne l'éclosion d'un trait masochiste de la jeune fille. Les *pinks* sont nommés également *carnations* qui résonnent avec incarnation, se faire chair, charnel ; ces fleurs lui étaient fréquemment offertes par son fiancé. Freud entend la signification phallique des associations de la rêveuse : faire cadeau de sa virginité en échange d'une riche vie amoureuse ; les mots *expensive*, *to pay*, associent le lien charnel à la valeur marchande.

Dans l'article sur « les souvenirs-couverture », contemporain de *L'Interprétation du rêve*, Freud insiste également sur ce qu'il désigne comme les deux grands courants de la vie inconsciente : l'amour et le bien-être matériel. La symbolique florale du rêve de la jeune fille exprime le féminin virginal, l'élément phallique et la défloration violente. Freud est encore plus hardi dans son interprétation de l'anniversaire de nais-

1. *L'Interprétation du rêve, op. cit.*, p. 421.
2. *Ibid.*, p. 422.

sance : « Elle s'identifie au fiancé, le présente en train de l'arranger pour une naissance, c'est-à-dire de la coïter[1]. » Il ajoute, s'identifiant à la fiancée supposée s'identifier au fiancé : « La pensée latente pourrait être : si j'étais lui, je n'attendrais pas, mais je déflorerais la fiancée sans rien lui demander, j'userais de violence. » Cette interprétation ne donnerait-t-elle pas son sens au fantasme de défloration du souvenir-couverture et à la composante sadique de la sexualité qui faisait irruption dans ce texte sur le sexuel infantile ? Freud évoque les expressions signifiant l'activité masturbatoire : « s'en arracher une », ou « casser une branche à un arbre ». À propos du rêve floral, il fait émerger une strate plus profonde du rêve, « *I arrange* » qui pourrait comporter une signification auto-érotique.

Les associations de la rêveuse évoquent l'anatomie féminine : « Elle a aussi une connaissance, qui n'est possible que dans le rêve, de sa déficience corporelle ; elle se voit plate comme une table ; ce qu'il y a de précieux dans le « centre », a *centre piece of flowers* (une pièce centrale fleurie), sa virginité en est d'autant plus mis en relief ; l'horizontalité de la table pourrait bien également fournir un élément au symbole[2]. » Freud interprète la virginité, invisible, mais métaphorisée, dans sa dimension phallique : mise en relief, par opposition à l'image plate. S'agirait-il donc d'un rêve mettant en scène la castration féminine ? La virginité semble survalorisée comme une compensation à l'image du préjudice. Freud l'argumentera ultérieurement dans « Le tabou de la virginité », où il définit l'hymen comme un organe qui est détruit lors de la défloration[3]. La rêveuse apporte un supplément au rêve : « *I decorate the flowers with green crinkled* »

1. *L'Interprétation du rêve, op. cit.*, p. 423.
2. *Ibid.*, p. 423.
3. Sigmund Freud, « Le tabou de la virginité » (1918) (Contributions à la psychologie de la vie amoureuse, III), *OCF. P.*, vol. XV, p. 89-90 : « En premier lieu, on pensera ici à la douleur infligée à la pucelle lors de la défloration et l'on sera peut-être enclin à tenir ce facteur pour décisif et à se dispenser d'en rechercher d'autres. Mais on ne peut pas tout simplement attribuer une telle significativité à la douleur, on doit plutôt mettre à sa place l'atteinte narcissique qui émane de la destruction d'un organe et trouve une représentance rationnelle dans la connaissance qu'on a de l'abaissement de la valeur sexuelle de la femme déflorée. »

(Je décore les fleurs avec du papier crépon vert). Elle ajoute que c'est du « *fancy paper* » (papier fantaisie), dont on habille les pots de fleurs ordinaires… – le sens de la castration semble s'affirmer dans la suite des associations : « *to hide untidy things, whatever was to bee seen, which was not pretty to the eye ; there is a gap, a little space in the flowers.* » (Pour cacher des choses malpropres, qui ne sont pas jolies à regarder ; une fente, un petit espace intermédiaire dans les fleurs. » Avec un complément d'anatomie : « *The paper looks like velvet or moss* » (« Le papier ressemble à du velours ou de la mousse »). Les idées de la rêveuse relient le velours et la mousse à la toison pubienne. La couleur verte est synonyme d'espoir de grossesse. Dans la deuxième partie du rêve, Freud signale un changement d'identification : « […] ce n'est pas l'identification à l'homme qui domine, mais ce sont des pensées marquées de pudeur et de franchise qui prévalent. Elle se fait belle pour lui, elle s'avoue des défauts corporels dont elle a honte et qu'elle cherche à corriger[1]. » À la fin du rêve, la rêveuse opterait donc, selon Freud, pour une position féminine.

« *J'appelle un chat un chat* »

La cure de Dora est datée, par Freud, de 1899[2], alors qu'elle eut lieu en 1900. Par ce lapsus, il la rend contemporaine de *L'Interprétation du rêve* et « Des souvenirs-couverture ». Ce récit clinique devait s'intituler « Rêve et hystérie » car la cure de Dora, qui dura trois mois, fut rythmée par l'analyse de deux rêves. Nous retrouvons l'atmosphère du dialogue avec la rêveuse aux fleurs, précédemment analysé, la même communication directe avec le psychisme de la jeune fille. Avec le second rêve de Dora, nous assistons à une nouvelle leçon d'anatomie féminine, ou plutôt de « géographie sexuelle symbolique » ; comme dans le rêve floral, une fantaisie de déflo-

1. *L'Interprétation du rêve*, *op. cit.*, p. 423-424.
2. Sigmund Freud, « Fragment d'une analyse d'hystérie », *OCF. P.*, vol. VI, p. 193 ; il écrit dans la préface une note ajoutée en 1923 : « Le traitement communiqué ici fut interrompu le 31 décembre 1899, son compte-rendu fut rédigé dans les deux semaines qui suivirent, mais publié seulement en 1905 ». L'éditeur rectifie la date erronée. En réalité, la cure s'arrête en décembre 1900.

ration est mise en scène : « comment un homme s'efforce de pénétrer dans l'organe génital féminin[1]. » Prudemment, Freud expose sa méthode : « [...] les affaires sexuelles seront discutées en toute franchise, les organes et les fonctions de la vie sexuée seront désignés par leurs noms exacts, et le lecteur pudibond pourra se convaincre à partir de ma présentation que je n'ai pas craint de traiter ce genre de thèmes en recourant à ce langage avec une toute jeune femme[2]. »

Avec Dora, il s'agit, à proprement parler, de cure psychanalytique ; Dora est une patiente et Freud est en position de psychanalyste. Toute la séduction, inhérente au transfert, se manifeste entre les deux protagonistes. Nous percevons, malgré les dénégations de Freud, que le courant « gynécophile » a bien été mobilisé dans le transfert[3]. Les transports de Dora étaient orientés vers les personnages féminins initiateurs de sexualité, Mme K et les deux gouvernantes, celle de la famille de Dora et celle des K[4]. Dora n'aurait-elle pas mis Freud en position de séductrice, et n'aurait-elle pas induit cette réponse inconsciente chez lui ? Dans sa cure, si brève fût-elle, n'y a-t-il pas retour – côté Freud – du sexuel infantile associé au souvenir-couverture et à l'action séductrice de Monica Zajic, la Nannie, sa « génératrice » (*meine « Urheberin »*) ? L'analyse de Dora a peut-être butté, à l'insu de Freud, sur cette identification. Entre eux deux, le champ du féminin n'a pas pu se

1. *L'Interprétation du rêve, op. cit.*, p. 278-279.
2. *Ibid.*, p. 166.
3. Freud écrit à la note 1 de la Postface, p. 299 : « Plus je m'éloigne dans le temps du terme de cette analyse, plus il devient vraisemblable à mes yeux que ma faute technique a consisté à omettre ce qui suit : Je n'ai pas su deviner à temps ni communiquer à la malade que la motion d'amour homosexuel (gynécophile) pour Mme K était le plus fort des courants inconscients de sa vie d'âme. »
4. *Ibid.*, p. 216. À propos de la gouvernante de Dora : « Cette gouvernante qui lisait tous les livres concernant la vie sexuée, etc., et qui en parlait avec la jeune fille, lui demanda pourtant en toute franchise de tenir secret à ses parents tout ce qui avait trait à ce sujet parce que bien sûr on ne pouvait pas savoir quel point de vue ils adopteraient – c'est chez cette jeune fille que je cherchais pendant un temps la source de toutes les connaissances secrètes de Dora, et je ne me trompais peut-être pas complètement » ; *ibid.*, p. 240, Cette gouvernante « avec laquelle elle vécut au début dans un intime échange de pensées jusqu'au moment où elle s'aperçut qu'elle avait été appréciée et bien traitée par elle non pour sa propre personne, mais à cause de son père. » Séduite, abusée, Dora ne pardonna pas ce qu'elle vécut comme un affront... Ces mouvements de l'âme se sont exprimés dans le transfert avec Freud qui a entendu l'esprit de vengeance de Dora.

déployer. L'esquisse était pourtant prometteuse. Freud ne paraît pas s'aviser, qu'à l'instar des gouvernantes, il professe à Dora la chose sexuelle. Ainsi évoque-t-il la réaction d'un interlocuteur déconcerté « par le fait que j'ose parler avec une jeune fille – ou en général avec une femme ayant l'âge de la maturité sexuée – de choses aussi scabreuses et aussi repoussantes. L'horreur tient sans doute à la possibilité qu'une jeune fille que nul n'a encore touchée ait connaissance de ces sortes de pratiques et en occupe sa fantaisie [...]. On peut parler avec des jeunes filles et des femmes de toutes les choses sexuelles sans leur nuire [...]. La meilleure manière de parler de ces choses est celle qui est sèche et directe ; elle est en même temps la plus éloignée de la concupiscence avec laquelle ces mêmes thèmes sont traités dans la "société" et à laquelle les jeunes filles comme les femmes sont fort bien habituées. Je donne aux organes et aux processus leurs noms techniques et les communique quand ils – ces noms – sont éventuellement inconnus. "*J'appelle un chat un chat*"[1]. » Nous soulignons cette autre particularité linguistique ; les termes sont en français dans le texte. Freud insiste : pour traiter une hystérie, il est inévitable de toucher aux thèmes sexuels. « *Pour faire une omelette, il faut casser des œufs*[2]. » En l'écrivant, Freud a-t-il perçu toute la saveur de l'expression qu'il utilise en français ? Il ajoute une phrase étonnante : « On ne court donc jamais le danger de corrompre une jeune fille inexpérimentée ; là où il n'existe aucune connaissance des processus sexuels, même dans l'inconscient, il ne se produit pas non plus de symptôme hystérique. Là où l'on trouve de l'hystérie, il ne peut plus être question d'une "innocence des pensées", au sens où l'entendent parents et éducateurs[3]. »

Comme avec la rêveuse aux fleurs, Freud se dit prudent : « Avec cette patiente, dès le début, j'ai veillé le plus soigneusement à ne lui apporter aucun nouvel élément de savoir prove-

1. *L'Interprétation du rêve, op. cit.*, p. 208.
2. *Ibid.*, p. 209.
3. *Ibid.*

nant du domaine de la vie sexuée, et cela non pas pour des raisons de scrupulosité, mais parce que je voulais soumettre mes présupposés concernant ce cas à un examen sévère[1]. » Il se garde, tout comme avec la jeune fille aux fleurs, de transmettre à Dora la signification symbolique des images de son rêve.

Cependant, l'incendie pulsionnel s'attise dans le transfert : « Dans une maison ça brûle...[2] » Ainsi débute le récit du premier rêve de Dora. C'est un rêve qu'elle dit récurrent ; il requiert donc d'être interprété. Ah ! Des baisers brûlants pour Dora, la suçoteuse. Papa, M. K, Herr Professor. Tous ces hommes qui fument ! Et Freud proclame comme un leitmotiv : « Il n'y a pas de fumée sans feu » (*Wo Rauch ist, ist auch Feuer*[3]). La maison du moi est en flammes, l'espace intime, féminin, est signifié à nouveau dans le second rêve sur un mode redondant : l'intérieur et l'extérieur sont métaphorisés par la ville ; cet espace extérieur devient contenant des rues, de la place, de la gare ; il est un corps imaginaire. « Puis j'arrive dans une maison où j'habite, je vais dans ma chambre... comme je suis partie de la maison... la gare...[4] Puis je suis à la maison ; j'entre dans la loge du concierge et je m'enquiers auprès de lui de notre appartement. » L'album des vues de la ville sont dans une boîte à images. Dora demanda à maman : « Où est la boîte ? » Énigme ! « Mais où est donc la clé ?[5] » La maison onirique de Dora rejoint la maison bienheureuse de la jeune fiancée ; elles disent l'intérieur, l'accueil vulnérable.

Mais, bien vite, Dora tire sa révérence ; elle se retire de la scène transférentielle. Ah ! La gifle à M. K ! Il a osé me traiter comme la gouvernante qu'il avait séduite en prononçant

1. *L'Interprétation du rêve, op. cit.*, p. 211.
2. *Ibid.*, p. 243.
3. Littéralement, « là où il y a de la fumée, il y a aussi du feu ».
4. *Ibid.*, p. 246, Freud écrit à note 1 : « Je suppose sans le dire encore à Dora, que si elle s'emparait de cet élément, c'était à cause de sa signification symbolique. En rêve, les "chambres" [*Zimmer*] représentent assez souvent les "femmes" [*Frauenzimmer*], et il ne peut naturellement être indifférent qu'une femme [*Frauenzimmer*] soit "ouverte" ou "fermée". On sait bien aussi quelle est la "clé" qui ouvre dans ce cas. »
5. *Ibid.*, p. 276.

la phrase fatidique : « Je n'ai rien à faire de ma femme (*Ich Habe nichts an meiner Frau*)[1]. Alors, M. K a le culot de me dire à moi la même chose que papa à propos de maman. » Freud interprète ; il se met à la place de Dora, il lui souffle ses mots, ses sentiments : « Vous vous êtes dit : Il ose me traiter comme une gouvernante, une domestique ? Cette offense à votre orgueil, s'ajoutant à la jalousie et aux motifs réfléchis conscients : c'en était trop à la fin... Vous me donnez votre congé, comme une gouvernante donne son congé quinze jours à l'avance. » Dora se venge, Freud l'a bien entendu après l'interprétation du second rêve : « [...] j'exprimais ma satisfaction devant le résultat atteint, elle répondit dédaigneusement : qu'est-ce qui est donc sorti là de si important ?[2] » (*Was ist denn da viel herausgekommen ?*) Cette phrase est comme symétrique de la parole masculine : « Je n'ai rien à faire de ma femme » (*Ich Habe nichts an meiner Frau*). Dans cette formulation singulière traduisant « Je n'ai aucune jouissance en cette femme », il est question de la jouissance phallique entre un homme et une femme. À la fin de sa cure, Dora ne fait-elle pas le mari qui déprécie la femme Freud ? Dora met en scène l'instabilité de son identification virile, d'où elle interroge le poids du féminin maternel dans le désir de l'homme. Cinglante, elle met à mal la science freudienne, son efficacité pénétrante. Il n'y a pas grand-chose qui est sorti ! L'intérieur, menacé, a bien résisté. Elle lui dit ce que son père et M. K disent de leurs épouses respectives : la mise phallique est faible ! Freud est humilié ; Dora le quitte. La gouvernante a bel et bien gouverné le transfert !

Le latin, langue ancienne, est apparu, dans le texte freudien, comme la langue de l'interdit œdipien ; il recouvre la nudité maternelle ; il maintient à distance le corps de la mère.

---

1. Selon Fernand Cambon, que je remercie pour ces précisions, la phrase en français, « Ma femme n'est rien pour moi », ne rend pas compte du sens de la préposition « *an* » en allemand équivalente au « *ad* » en latin, qui signifie « près de ». En allemand, l'expression populaire ne contient pas le verbe être mais le verbe avoir.
2. *Ibid.*, p. 288. « C'était de sa part un acte de vengeance indubitable, au moment où mes attentes d'un achèvement heureux de la cure étaient au plus haut, de rompre d'une manière aussi inopinée et d'anéantir ces espoirs. »

Par contre, outre l'allemand, Freud convoque deux autres langues vivantes, l'anglais et le français pour exprimer l'autre sexe. Avec la petite fille ou la jeune fille, le féminin caracole dans la ronde du souvenir-couverture et les trois enfants fraternels tourbillonnent au gré de la découverte.

2- Angoisse du féminin

***Père ou mère de* L'Interprétation du rêve ?**

Le rêve de la préparation anatomique révèle un état affectif marqué par une angoisse singulière : « Le *vieux Brücke* doit m'avoir assigné je ne sais quelle tâche ; ce qui est des plus *étranges*, elle se rapporte à la *préparation anatomique* de la *partie inférieure de mon propre corps, bassin et jambes*, que je vois devant moi comme dans la salle de dissection, *sans toutefois ressentir le manque dans mon corps, sans trace d'horreur non plus. Louise N.* se trouve là et fait le travail avec moi. Le *bassin est éviscéré*, on voit tantôt *l'aspect supérieur*, tantôt *l'aspect inférieur* de celui-ci, *ce qui se mélange.* On peut voir *d'épaisses tubérosités d'un rouge chair* (à propos desquelles je pense dans le rêve à des hémorroïdes.) Il fallait aussi que quelque chose qui était posé dessus et qui ressemblait à du papier d'argent froissé soit extirpé soigneusement. Puis je fus de nouveau en possession de mes jambes et fis un bout de chemin en ville, mais pris (pour cause de fatigue) une voiture. La voiture, à mon grand étonnement, *s'engagea dans une porte cochère* qui s'ouvrit et la laissa *passer par un couloir*, lequel formant un coude à son extrémité *reconduisait finalement en plein air.* Finalement, je me trouvai en train de faire une randonnée avec *un guide alpin* qui portait mes affaires, à travers des paysages changeants. Il me porta sur une certaine distance par égard pour mes jambes fatiguées. *Le sol est marécageux* ; nous longions le bord ; des gens étaient assis sur le sol – parmi eux *une jeune fille* – comme des *Indiens* ou des *Tziganes.* Auparavant je m'étais moi-même avancé sur le sol glissant, ne cessant de *m'étonner* de pouvoir le faire si bien après la préparation anatomique.

Enfin nous arrivâmes à *une petite maison de bois* qui *débouchait sur une fenêtre ouverte.* Le guide m'y déposa et mit sur l'appui de la fenêtre deux planches en bois déjà prêtes pour ainsi jeter *un pont sur l'abîme qu'il fallait franchir* en passant par la fenêtre. À ce moment, je fus réellement pris *d'angoisse* pour mes jambes. Mais au *lieu d'effectuer le franchissement attendu*, je vis deux hommes adultes couchés sur des bancs de bois placés le long des parois de la cabane et comme qui dirait deux enfants dormant à côté d'eux. Comme si ce n'étaient pas les planches *mais les enfants qui devaient permettre le franchissement.* Je me réveillai dans l'effroi de mes pensées[1]. »

Ce rêve est placé sous le signe de l'étonnement, de l'angoisse et de l'effroi, comme le traduit le signifiant *sondebar*, « ce qui est des plus étranges », ainsi que son champ sémantique. Le reste diurne du rêve est la visite d'une femme portant un prénom français, Louise N., qui, telle une accoucheuse, assiste au travail de dissection ; elle s'adresse à Freud dans une familiarité amicale : « Prête-moi quelque chose à lire. » Freud lui propose *She*, livre d'un auteur anglais, Henry Rider Haggard ; il s'agit d'« un livre étrange, mais plein de sens caché », et il ajoute en guise d'explication, « l'éternel féminin, l'immortalité de nos affects ». Louise répond : « ce livre, je le connais déjà. N'as-tu rien de toi ?[2]. » Louise porteuse du féminin ? D'où Freud rêve-t-il, d'où écrit-il ? Du féminin d'où Louise le sollicite ? Freud répond : « Non, mes propres œuvres immortelles ne sont pas encore écrites. » Le sens du rêve concernerait ce livre de l'éternel féminin que Freud hésite à publier : « Je pense à ce qu'il m'en coûte, à ce qu'il me faut surmonter (*überbrücken*), ne serait-ce que pour soumettre au public ce travail sur le rêve, dans lequel il me faut livrer tant de mon être intime[3]. » Freud se préserve néan-

1. *L'Interprétation du rêve, op. cit.*, p. 501-504 ; c'est nous qui soulignons en italique.
2. *Ibid.*, p. 502.
3. Dans *L'Énigme de la femme*, Paris, Galilée, 1980, Le Livre de Poche, 1994, p. 32, Sarah Kofman suppose qu'en publiant *L'Interprétation du rêve* Freud surmonte son angoisse de castration en livrant des secrets honteux et en exhibant sa propre féminité. La *Traumdeutung* serait une nouvelle tête de Méduse, une défense apotropaïque contre la castration et la mort. Freud ne parle pas d'angoisse du féminin mais de l'horreur (*Abscheu*) dans la vision du sexe féminin. La question pour Freud n'est-elle pas plutôt celle du féminin dans son rapport à la paternité… de l'œuvre ?

moins en songeant aux vers du Faust I de Goethe qu'il prend plaisir à citer : « Le meilleur de ton savoir possible, ne t'avise pas de le dire aux bambins[1] » (*Das Beste, was du wissen kannst, darfst du den Buben doch nicht sagen*). Dans le rêve, il livre ses entrailles, le plus intime de lui-même. La partie supérieure et la partie inférieure du bassin se mélangent ; la confusion onirique opère entre le haut, la tête, la vie psychique et le bas, la partie du sexe et des jambes – les membres, métonymie du sexe, le rectum (les grosses tubérosités évoquant les hémorroïdes) et l'orifice anal[2]. « La préparation anatomique sur mon propre corps, qu'on m'enjoint de faire dans le rêve, est donc l'auto-analyse liée à la communication des rêves. »

Le vieux Brücke, *der alte* Brücke, est une figure paternelle ; rappelons que, pour évoquer son père Jacob, en particulier dans les lettres à Fliess, Freud écrit *der Alte*, le vieux. La figure paternelle du rêve lui assigne une tâche singulière, une forme d'autocastration, d'automutilation. L'auto-analyse et l'écriture de *L'Interprétation du rêve* interviennent après la mort de Jacob Freud le 23 octobre 1896[3]. Le vieux Brücke apparaît comme une figure tutélaire de substitution qui le soutient dans ce moment crucial. Ne l'avait-il pas encouragé

1. Traduction de Fernand Cambon. Ces vers de Goethe, qui disent l'insu de l'inconscient et l'intime secret, reviennent comme un leitmotiv chez Freud. Son allocution pour le prix Goethe 1930, qui lui fut décerné, s'achève sur ces mots de Méphisto, dans Faust I, v. 1840-1841, préludant à la « Scène de l'écolier », in *OCF. P.*, vol. XVIII, Paris, PUF, 1994, p. 355.
2. Wladimir Granoff, *La Pensée et le féminin*, Flammarion, coll. « Champs », Paris, 2004, p. 168, fait entrer en résonance le rêve de la préparation anatomique avec le rêve de l'injection faite à Irma, rêve inaugural de *L'Interprétation du rêve* ; les deux rêves évoquent l'intérieur du corps féminin et le vertige de Freud. Liliane Gherchanoc, dans « L'éternel féminin dans l'œuvre de Freud : une utopie masculine », *Sigila*, n° 6, « Femme aux secrets », automne 2000, p. 128, interprète la signification de ce rêve : « Freud a payé de son corps en livrant à la postérité l'analyse sortie de ce bassin, de ce coffre de rêve incestueux pour le droit à l'immortalité. »
3. Lettre 108 du 26 octobre 1896 à Wilhelm Fliess, *op. cit.*, p. 257, « Hier, nous avons enterré le vieux qui est décédé dans la nuit du 23 octobre. Il s'est maintenu vaillamment jusqu'au bout, comme l'homme peu banal qu'il était en somme. » Lettre 109 du 2 novembre 1896, *ibid.*, p. 258, « Par l'une de ces voies obscures derrière la conscience officielle, la mort du vieux m'a beaucoup affecté. Je l'ai beaucoup estimé, l'ai très bien compris, et il a eu une part considérable dans ma vie, avec ce mélange qui lui était propre de profonde sagesse et de légèreté pleine de fantaisie. Sa vie était finie depuis longtemps lorsqu'il est mort, mais à cette occasion se sont sans doute réveillées au fond de moi toutes les choses du passé. J'ai maintenant le sentiment d'être vraiment sans racines. »

et contraint à publier antérieurement un travail scientifique ? Cette relation de transmission de maître à disciple est ranimée dans le rêve. Sigmund Freud rencontre le désir du père lorsque l'œuvre en cours le fait vaciller : est-elle, par lui, engendrée ou bien enfantée ? Le père et le féminin ne se conjuguent-ils pas en une même énigme ? Quel est donc le rôle du père dans la conception ?[1] Cette question, présente dans l'*hic* et *nunc* de la conception de l'œuvre primordiale de la psychanalyse, surgit dans la retrouvaille du désir infantile. Et naissent l'angoisse et le trouble quand le sens fait défaut. Alors, des pensées incidentes liées à l'entretien avec Louise « vont trop en profondeur pour devenir conscientes ». La censure assure sa mission et effectue une dérivation ; ces pensées jaillies des profondeurs féminines passent par un filtre, qui est le matériel provenant de l'évocation de *She*. Ce livre ainsi que le second de Rider Haggard, *Heart of the world* (*Cœur du monde*), ont trait à « ce qui est des plus étranges » ; de nombreux éléments du rêve de la préparation anatomique du bassin proviennent de ces deux romans fantastiques. Le sol marécageux, l'abîme à franchir sont des images transposées de *She* ; les Indiens, la maison de bois, la jeune fille, sont des réminiscences de *Heart of the world*. Dans les deux romans, il s'agit de randonnées dangereuses. Dans *She*, les hommes doivent emprunter un chemin aventureux menant à des régions non défrichées, là où presque personne n'est allé. La métaphore du continent noir, du continent inexploré, émerge déjà et Freud, le conquistador, profile son désir. Ces contrées sont celles de l'inconscient, qu'il entrevoit en analysant ses rêves, et qui semblent se confondre avec le féminin mythique, hors le temps.

She, la femme guide, qui promet l'immortalité aux élus de son cœur, meurt, en fait, dans un feu, entièrement calcinée ; la femme guide ne serait-elle pas plutôt une sorcière ? Le rêve de

1. Il développera ce thème dans « Les théories sexuelles infantiles. » (1908), *OCF. P.*, vol. VIII, p. 240. Cet article est contemporain de la fin de la cure du petit Hans. « Tout comme au début, l'ignorance du vagin, c'est maintenant l'ignorance de la semence qui empêche l'intelligence de l'ensemble. » La seule perception ne donne pas accès au sens de l'engendrement et de la paternité qui requiert un saut qualitatif de la pensée.

Freud traduit son angoisse lorsqu'il s'identifie à la femme guide en écrivant, pour la postérité, une œuvre révolutionnaire. La réversibilité serait-elle possible ? La guide se métamorphose en mauvaise fée. Cette angoisse serait-elle celle de l'hérétique qui met au monde la psychanalyse après avoir pratiqué le traitement par l'hypnose en collaboration avec Josef Breuer ? L'ombre de l'inquisition ne planerait-elle sur la découverte de la psychanalyse ?[1] Angoisse quand il y va de son nom, celui de son père. N'est-il pas, conjointement, le père et la mère de *L'Interprétation des rêves* ? Peut-il, tout à la fois, engendrer et enfanter ? L'angoisse de mort et de castration l'étreint devant l'abysse, le trou sans fond qui donne le vertige. La topographie sexuelle du rêve se dessine de plus en plus nettement : la porte cochère, le véhicule qui pénètre et ressort. Comme un corps lourdement chargé – en gestation – fatigué, les jambes ne le portent plus. La voiture est secourable : « La voiture, à mon grand étonnement, s'engagea dans une porte cochère qui s'ouvrit et la laissa passer par un couloir, lequel formant un coude à son extrémité reconduisait finalement à l'air libre[2]. » Cette scène du rêve ne figure-t-elle pas, métaphoriquement, un accouchement ? « La « maison de bois » est aussi sûrement le cercueil, qui représente, métonymiquement, la tombe. Le contenant se décline en contenu et réciproquement. Cette pensée du rêve ne toucherait-elle pas l'angoisse exquise de Freud, du côté d'une identification féminine, du côté de la femme dans la mère. « Mais en présentant par un accomplissent de souhait cette pensée, la moins souhaitée de toutes, le travail de rêve a réalisé son chef-d'œuvre[3]. » Freud se souvient d'avoir visité une tombe étrusque près d'Orvieto, « une chambre étroite avec le long des parois deux bancs de pierre sur lesquels gisaient les squelettes de deux adultes[4] ». Freud entrevoit la signification de son rêve : « Si tu dois jamais séjourner dans une tombe, que ce soit la tombe étrusque » ;

1. Rappelons l'autodafé des œuvres de Freud perpétré par les nazis le 10 mai 1933.
2. *L'Interprétation du rêve, op. cit.*, p. 502.
3. *Ibid.*, p. 504.
4. *Ibid.*

« Le rêve transforme l'attente la plus triste en une attente franchement souhaitée ». Malheureusement, l'affect d'angoisse n'est pas transformé : il se réveille dans « l'effroi de mes pensées ». L'idée surgit que « les enfants accéderont peut-être à ce qui est resté refusé aux pères ». Dans le texte du rêve, il y a deux enfants dormant à côté des adultes. « Comme si ce n'étaient pas les planches mais les enfants qui devaient permettre le franchissement, jeter un pont sur l'abîme (*überbrücken* : jeter un pont, passer outre, transgresser). Le signifiant *überbrücken*, signifiant pivot, est le signifiant paternel qui assure le franchissement. La tombe d'Orvieto est le théâtre d'une scène primitive qui fait naître l'angoisse de mort et de castration au moment d'enfanter la psychanalyse. N'entrerait-il pas en concurrence avec ses deux parents, son père et sa mère ? Il franchit la frontière et les dépasse, de même qu'il devance ses aînés, Brücke et Breuer : il crée une œuvre à vocation immortelle. L'idée de la génération est présente dans les associations à propos de *She* ; le personnage se maintient « à travers une série de deux mille ans ». L'éternel féminin ! La femme guide – nom de la Mère ou Nom-du-Père ? – est impérissable. Les affects qui lui sont attachés sont immortels. Et le nom, inaltérable, se transmet de génération en génération.

Freud a visité les fresques de Luca Signorelli (1441-1523) à Orvieto et le cimetière étrusque, sur la colline d'Orvieto. L'oubli du nom de Signorelli, maître de l'École florentine, précurseur de Michel-Ange, est l'un des exemples fameux analysés dans *La Psychopathologie de la vie quotidienne*. Ces fresques ont pour sujet « le Jugement dernier », « la prédiction de l'Antéchrist » et « la fin du Monde », « la Résurrection de la chair », « l'Enfer », « le Paradis »[1]. Cette thématique religieuse est inscrite chez Freud depuis sa petite enfance, laquelle fut marquée par les enseignements de la

1. Didier Anzieu, *L'Auto-analyse de Freud*, tome 2, *op. cit.*, p. 472-473, étudie les fresques de Signorelli : « Le pouvoir de suggestion sexuelle de ces scènes autour de la mort a dû frapper Freud... [qui] s'est sans doute identifié à lui. Sigmund et Signorelli n'ont-ils pas les mêmes premières lettres, Sig ? Son auto-analyse lui a dépeint des scènes analogues ; elle l'a fait descendre aux enfers où il attend, pour sa curiosité envers la scène primitive, quelque chose comme un châtiment suprême. »

Nannie qu'il accompagnait dans les églises ; la série des suppliciés peinte sur les fresques, la mort comme châtiment, le feu de l'Enfer entrent en résonance avec les scènes terrifiantes de *She*. C'est à propos de l'oubli du nom de Signorelli que Freud établit, dans *La Psychopathologie de la vie quotidienne*, le lien entre la sexualité et la mort.

She

Les livres de Rider Haggard[1], dont le souvenir revient à Freud à propos de ce rêve, comportent des éléments terrifiants, qui peuplent les cauchemars. Le héros de *She*[2], Léo Vincey, est né, comme Freud, en 1856 ; il part – comme Freud dans l'entreprise auto-analytique – à la recherche de son passé, en compagnie de son père adoptif, Horace Holly, le meilleur ami de son père décédé. Ils apprennent à sa majorité que le séduisant Léo appartient à une lignée très ancienne. Il a pour mission de venger son ancêtre. Son patronyme, Vincey, s'enracine dans le *vindex* latin, le vengeur. Les deux hommes s'embarquent pour l'Afrique – *dark continent* ! Ils parviennent, après un naufrage, sur le continent où règne Ayesha[3], « celle-qui-doit-être-obéie », une reine belle, virginale et cruelle qui détient le secret de l'immortalité. Elle attend depuis des milliers d'années celui qui la découvrira et l'aimera ; femme fatale, elle fait dévorer ceux qui la surprennent et massacrer ceux qui osent en aimer une autre. Elle a ainsi, quinze siècles plus tôt, tué l'ancêtre de Léo, le prêtre Kallikrates, qui refusait de tuer la femme qu'il avait choisie et avec laquelle il s'était enfui ; Ayesha voulait le rendre immortel par un bain de feu. Elle croit voir en Léo la réincarnation de Kallikrates, « La-beauté-dans-la-force », décide de le rendre immortel et de l'épouser après avoir assassiné son amoureuse indigène, Ustane ; cette dernière était la réincarnation de l'Égyptienne Aménartas à qui Ayesha avait jadis

1. Henry Rider Haggard (1856-1925), auteur anglais de romans d'aventures, notamment *Les Mines du Roi Salomon* (1885), fut l'ami de Rudyard Kipling avec qui il entretint une abondante correspondance.
2. *Elle ou la Source de feu* (1887), éditions Terre de brume, 2006.
3. Carl Gustav Jung identifie Ayesha à un archétype féminin.

ravi Kallikrates avant de le poignarder. Horace et Léo descendent au fond d'une caverne – véritable antre maternel – au cœur d'un volcan. Ayesha leur offre le secret de l'immortalité. Holly refuse et Léo est épouvanté devant le feu dévorant dans lequel plonge Ayesha. Ils la voient se racornir et devenir comme une épouvantable sorcière vieille de deux mille ans. Les deux hommes, Léo et Holly, liés par une filiation symbolique, prennent la fuite mais ils continueront de vivre, fraternellement, dans le souvenir de « Celle-qui-doit-être-obéie » qui leur a promis de revenir encore plus belle qu'avant. Ayesha est une image de la mère archaïque qui protège et détruit ; elle possède dans l'imaginaire infantile le pouvoir de vie et de mort. L'union avec Ayesha signifierait commettre l'inceste ; la réalisation en étant nécessairement impossible, Ayesha meurt[1].

Cette figure féminine ne serait-elle pas l'une des faces de l'identification maternelle de Freud ? Celle-ci serait source d'angoisse de mort et de crainte d'un châtiment pour les vœux de mort destinés à la mère ; la femme-mère est dangereuse en raison du désir incestueux qu'elle éveille.

The heart of the world[2]

Encore un titre de livre anglais ! *Cœur du monde* est un roman initiatique sur la transmission du savoir sacré, ancestral, et des pouvoirs qu'il octroie. Ignatio a reçu de son père la mission de reconquérir le trône perdu ; son père lui a remis la moitié d'une émeraude ; le jour où les deux moitiés seront réunies en un cœur, la vénérable mission sera accomplie. À la veille de sa mort, Ignatio choisit comme héritier un Anglais, Mr. Jones[3], à qui il lègue son exploitation et le manuscrit contenant le récit de son existence et de ses glorieuses ambitions déçues. La condition de cette transmission était que

1. Didier Anzieu insiste sur cet aspect de l'angoisse, *op. cit.*, p. 548.
2. *Cœur du monde* (1896), Nouvelles éditions Oswald (NéO), Paris, 1986.
3. Jones résonne pour nous avec John, le cousin de Manchester, évanoui dans le monde, et avec Ernst Jones (1879-1958) qui, de nombreuses années plus tard, jouera un rôle prépondérant dans la transmission de la psychanalyse ; il est l'auteur de la première bibliographie magistrale de Sigmund Freud.

Mr. Jones devait léguer l'exploitation à un autre Anglais, dans le cas où il quitterait le pays. Chef indien du Mexique sous la domination espagnole, Ignatio a tenté, durant toute sa vie, de restaurer l'empire aztèque. Il avait été trahi par sa femme ; en attendant de faire revivre le monde perdu, il s'était tourné vers l'exploitation minière. Il fit la connaissance d'un Anglais, James Strickland, qui l'engagea pour s'occuper de ses mines d'argent. Le récit de l'Indien raconte l'histoire de l'amitié forte entre les deux hommes et de l'amour de James Strickland pour l'Indienne Maya, la princesse du Cœur. L'amitié avec Mr. Jones est une reviviscence de l'amitié avec James Strikland. Ignatio et James entreprirent le voyage initiatique au cours duquel ils atteignirent, par un lac situé au fond d'un volcan – à nouveau une géographie sexuelle – la Cité du Cœur dont la pyramide abritait le temple du grand-prêtre Zibalbay. Cette cité, véritable Thèbes mexicaine, était marquée du sceau de l'inceste ; les habitants se mariaient entre eux, les étrangers étaient mis à mort, et les unions étaient devenues stériles ; le grand prêtre tenta de mettre en place la loi exogamique. Et simultanément, Zibalbay refusait que sa fille Maya épousât James Strickland, l'étranger qu'elle aimait. Il maudit sa fille et sa descendance à venir, et mourut[1]. Maya était promise à Tikal, devenu le mari de Nahua, fille de Maltaï. Les amants se marièrent grâce à un subterfuge. Pour protéger sa fille amoureuse de Tikal, Maltaï falsifia la pro-

1. *Cœur du monde, op. cit.*, p 198. Telle une Cordélia indienne qui choisit l'étranger, Maya proclame à son père Zibalbay : « Puisque en l'occurrence, mon devoir vis-à-vis de moi-même et vis-à-vis de celui qui m'aime et que j'aime, est plus sacré que mon devoir vis-à-vis de vous et vis-à-vis de vos desseins. Vous êtes mon père, et comme tel, je suis prête à vous accordez tout ce qu'il vous plaira de me demander, et jusqu'à ma vie elle-même si vous l'exigez, mais pour ce qui est de mon honneur, il n'appartient qu'à moi. » Freud a pu être sensible à ces échos shakespeariens. Cf. Shakespeare, *Le Roi Lear*, traduction d'Armand Robin, édition bilingue, Paris, Flammarion, coll. « GF », p. 63, v. 92-101, Cordélia, aimée du roi de France, s'adresse à son père : « Mon bon seigneur, / Vous m'avez engendrée, élevée, aimée ; moi, / Je vous rends ces bienfaits comme il se doit ; / Je vous obéis, je vous aime et vous honore entre tous. / Pourquoi mes sœurs ont-elles des époux, puisqu'elles disent / Qu'elles gardent pour vous tout leur amour ? Peut-être, si je me marie / L'époux dont la main recevra ma foi avec lui emportera / La moitié de mon amour, la moitié de mon soin, de mes devoirs, / mais, pour sûr, jamais à la façon de mes sœurs je ne me marierai / Pour garder à mon père tout mon amour. » De l'Autre féminin, ces deux filles, Maya et Cordélia, n'interpellent-elles pas le père ?

phétie secrète qui annonçait la destruction de la cité et de son peuple ; elle fut remplacée par une fausse prophétie annonçant l'union de Maya, la descendante du grand prêtre, avec l'étranger ; les époux demeurèrent néanmoins prisonniers de la Cité. Leur crime fut dénoncé par Nahua, rivale de Maya, toujours aimée de Tikal. Ils furent arrêtés avec Ignatio, leur allié, condamnés à mort et leur enfant fut précipité, par Tikal, dans les flots. L'eau envahit le temple – l'image de l'accouchement s'impose –, les persécutés parvinrent jusqu'au sommet de la pyramide d'où ils aperçurent la ville inondée et détruite ; l'ouverture des tablettes contenant la prophétie avait déclenché l'ouverture des portes qui protégeaient la Cité des eaux du lac. Maya perdit la raison et s'éteignit. Son mari, sauvé avec Ignatio, mourut quelques années plus tard dans les fièvres du désespoir.

Dans ce roman, dont Freud retrouve la trace dans son rêve, l'amour fou pour une femme est dévastateur ; seul le lien amical entre hommes est digne de confiance. Zybalbay, qui était le garant de la loi de la cité, s'avère un père despote et incestueux avec sa fille. Son nom, Maya, évoque la lointaine et florissante civilisation amérindienne des Mayas. « La leçon du roman est que “ le cœur du monde ” est l'amour, le crime essentiel est sexuel et que la violation des tabous entraîne la destruction, et la mort[1]. » L'amour, l'amitié, la trahison, le désir incestueux, le refus de l'Autre font battre le cœur du monde qui est une métaphore de l'inconscient et des pulsions.

Deux hommes et une femme, le trio se reforme et regagne l'ardente prairie du souvenir. Il se confirme également que le savoir, transmis par les hommes entre eux, protège du féminin imprévisible. Le monde perdu, enfoui dans les eaux oublieuses, n'est pas sans suggérer celui de l'enfance que la psychanalyse permet d'explorer.

1. *Cœur du monde, op. cit.*, p. 549-550.

Le rêve des Trois Parques

Freud rentre d'un voyage en Bosnie-Herzégovine. « Après avoir voyagé, j'ai retrouvé mon lit, fatigué et affamé, et voilà que les grands besoins de la vie s'annoncent dans le sommeil. » Nous retrouvons ce qu'il a déjà défini comme les deux grands courants de la vie pulsionnelle : la faim et l'amour. Plus tard, il posera comme but à la cure psychanalytique de rendre le sujet « capable d'activité et de jouissance[1] ». Il rêve : « Je vais dans une cuisine pour me faire donner un entremets. Il y a là trois femmes, dont l'une, l'hôtesse, roule quelque chose dans ses mains, comme si elle faisait des Knödels. Elle répond que je dois attendre qu'elle ait fini (les paroles ne sont pas nettes). Je perds patience et je m'en vais vexé. Je mets une redingote, mais la première que j'essaie est trop longue ; je la retire, quelque peu surpris qu'elle ait un parement de fourrure. Une seconde que je mets a une longue bande incrustée avec un dessin turc. Un étranger au long visage et à la petite barbe en pointe me rejoint et m'empêche de la mettre en déclarant que c'est la sienne. Je lui montre alors qu'elle est recouverte de broderies turques. Il demande : Qu'avez-vous à faire de ces (dessins, bandes) turcs ? Mais nous sommes ensuite très aimables l'un envers l'autre[2]. »

Il entreprend l'analyse de ce rêve : « il me vient à l'idée, de façon tout à fait inattendue, le premier roman que j'ai lu, à treize ans peut-être, en commençant à vrai dire par la fin du premier volume. Je n'ai jamais su le nom du roman ni celui de son auteur, mais la conclusion est encore vivace dans mon souvenir. Le héros sombre dans la folie et ne cesse de crier les trois noms de femmes qui ont signifié dans sa vie le comble du bonheur et la calamité. L'un de ces noms est Pélagie... Voilà qu'émergent, à propos de ces trois femmes, les Trois Parques, qui filent la destinée de l'homme, et je sais que l'une de des trois femmes, l'hôtesse du rêve, est la mère qui donne la vie, et aussi, comme dans mon cas, donne à l'être vivant sa première nourriture. Le sein de

1. Sigmund Freud, « Psychanalyse » et « Théorie de la libido », (1922), *OCF. P.*, vol. XVI, p. 201.
2. *L'Interprétation du rêve, op. cit.*, p. 242.

la femme [*Frauenbrust*], c'est là que se rencontrent la faim et l'amour. À ce que raconte l'anecdote, un jeune homme, qui devint un grand admirateur de la beauté féminine, déclara un jour où l'on en venait à parler de la belle nourrice qui lui avait donné la tétée : je regrette de n'avoir pas alors mieux profité de la bonne occasion. J'ai coutume de me servir de cette anecdote pour illustrer le facteur de l'après-coup dans le mécanisme des psychonévroses[1]. » Le sein féminin hérite du sein maternel, mais celui-ci perd rarement sa primauté. La pulsion orale et la pulsion sexuelle puisent à la même source.

L'auto-analyse glane un souvenir d'enfance : « Quand j'avais six ans et que je recevais de ma mère les premiers enseignements, j'étais censé croire que nous étions faits de terre et devions par conséquent retourner à la terre. » Une mère funeste projette, à l'horizon, la mort de Sigmund[2] ; l'angoisse sourd du rêve saturé de présence maternelle, prometteuse de châtiment ; six ans, ne serait-ce pas l'apogée de l'ère œdipienne ? Nous entrevoyons la mère de Léonard, celle dont Freud stigmatisera les baisers avides sur la bouche de son fils, et Méduse, l'affreuse, à la tête vipérine, celle qui pétrifie[3]. Dans le texte du rêve, s'exprime l'impatience de l'enfant Sigmund pressé de se rassasier : il proteste et s'éloigne contrarié. La doctrine maternelle est mise en doute. Le ciel d'amour entre mère et fils se couvre de nuages couleur de plomb. La théorie sexuelle infantile se nourrit des propos maternels : fait de la terre, Sigmund se devait d'y retourner et sa mère également. Tel est le mythe de la grande déesse Amalia racontant la naissance de l'humain et sa fin[4]. La mère est double ; elle est

1. *L'Interprétation du rêve, op. cit.*, p. 242-243.

2. Les associations de Freud le conduisent à déduire que les trois femmes de son rêve sont les Parques, figures de vie et de mort. Clotho déroule le fil de la vie, Lachesis en arrête la longueur, Atropos le coupe.

3. « Un souvenir d'enfance de Léonard de Vinci » (1910), *OCF. P.*, vol. X, Paris, PUF, 1993, p. 79-164 ; « La tête de Méduse » (1922), *OCF. P.*, vol. XVI, Paris, PUF, 1991, p. 161-164.

4. Eric H. Erikson, *Éthique et psychanalyse*, Paris, Flammarion, 1971, p. 194, écrit : « En somme, notre rêveur substitue dans ses associations, la nature (c'est-à-dire un personnage maternel) à Dieu, sous-entendant de plus qu'un pacte avec une femme assurant le rôle de mère est un pacte avec la mort. » L'auteur affirme que c'est au stade oral que se développent la confiance et la réceptivité. Le personnage féminin principal est la *Wirtin*, l'hôtesse, personnage maternel, dont l'office est d'apaiser la faim et la soif. Ce rêve de Freud exprime, avec l'urgence du besoin, la tension d'une « crise orale ».

idéalisée et son autre face est dangereuse, comme l'était Nannie, la séductrice, la voleuse, celle qui le subjuguait avec ses histoires de Bon Dieu, qui n'enchantaient guère Amalia. « Mon rêve des Trois Parques est évidemment un rêve de faim, mais il s'entend à ramener le besoin de nourriture jusqu'à la désirance de l'enfant pour le sein maternel et à utiliser le désir innocent comme couverture d'un désir plus sérieux qui ne peut se manifester d'une façon aussi peu dissimulée[1]. » Avec pudeur, Freud sous-entend que son rêve est sexuel, sous les parures orales et vestimentaires, que ses pensées latentes réclament la volupté. Les rêves de vêtements ne travestissent-ils pas un désir de se montrer nu ? Et le « pardessus », cet « instrument de technique sexuelle » serait une façon élégante de parler du préservatif masculin. « Je pourrais continuer de suivre les voies de pensée enchevêtrées et élucider pleinement le fragment du rêve manquant dans l'analyse, mais je dois m'en abstenir parce que les sacrifices personnels que cela exigerait sont trop grands[2]. »

Le mot commun *Knödel* contient le signifiant Knödl, qui est le nom d'un plagiaire, dénoncé par maître Brücke ; or, dans le rêve, c'est Sigmund qui est un voleur de redingote. Plagiat est un mot qui fait pont verbal (*Wortbrücke*), signifiant du substitut paternel – « le cher nom de Brücke » –, entre différents éléments du rêve, comme dans le rêve de la préparation anatomique. Le Nom-du-Père, c'est-à-dire la paternité, est en cause. À nouveau, la relation maître-disciple reparaît avec l'évocation du prestigieux Institut de physiologie où Freud fut élève de Brücke[3]. Et s'ensuit le déroulement de la chaîne associative Pélagie-plagiat-plagiostomes (*squales*) [*Haifische*] – vessie natatoire [*Fischblase*] et les tourments (*plagen*) ; Freud laisse dans l'ombre la signification attachée à « plagiostomes » et « vessie natatoire » ; il s'en tient à la série signifiante qui relie le roman, dont le nom est oublié, à

1. *L'Interprétation du rêve, op. cit.*, p. 243.
2. *Ibid.* p. 245.
3. Élisabeth Roudinesco et Michel Plon, *Dictionnaire de la psychanalyse, op. cit.*, l'article « Ernst Wilhelm von Brücke » (1819-1892), p. 154-155 et l'article « Ernst von Fleischl-Marxow » (1847-1891), p. 305-306.

l'affaire de Knödl, le plagiaire, et aux « pardessus » sexuels. Il se souvient d'un autre être cher, Ernst Fleisch von Marxow (1846-1891), qui fut l'assistant de Brücke. Ce brillant physiologiste était devenu morphinomane à la suite d'un accident de laboratoire. Sigmund Freud tenta de guérir son ami en substituant, inopportunément, la cocaïne à la morphine. Fleisch von Marxow mourut de sa nouvelle addiction. Dans ses associations, Freud évoque le trouble mental (comme celui du personnage du roman qui hurle le nom des femmes fatales) et la cocaïne qui calme la douleur et la faim. Le nom de Fleisch (qui signifie viande) résonne avec la thématique orale du rêve. L'étranger au long visage et à la petite barbe pointue est sans doute une figure paternelle ; la transformation onirique par le contraire a opéré : l'étranger serait un proche, substitut du père ou d'un frère, et la petite barbe en pointe pourrait désigner Wilhelm Fliess par l'envers de sa barbe, en réalité, aussi fleurie que celle de Freud. Or, Fliess, l'ami et le correspondant privilégié du moment, celui qui accompagne la progression dans la découverte de l'inconscient, n'est justement pas nommé. Il est hors jeu. Sauf que les signifiants du rêve tournent autour de Fliess, en particulier le nom de l'autre ami, Fleisch, et que l'affaire du plagiat, celui de la théorie de la bisexualité, tourmente Freud. Oublier, ou bien déformer ou transformer un nom propre en nom commun, est une action efficace : oublier le nom, oublier la chose : « [...] je n'ai jamais su le nom du roman ni celui de son auteur », écrit-il à propos du premier roman lu à treize ans. Nous soulignons l'importance, dans ce rêve, du jeu signifiant avec les noms propres. « S'abstenir d'élucider pleinement le fragment du rêve manquant dans l'analyse » pourrait concerner le hic de la bisexualité[1]. Les éléments du rêve traduisent la question

1. Didier Anzieu, dans *L'Auto-analyse de Freud*, insiste sur cette interprétation concernant le plagiat de la bisexualité. Dans la lettre à Fliess du 1er août 1999, Freud exprime sa mauvaise conscience : « Plus le travail de cette année s'éloigne dans le temps, plus j'en suis satisfait. Reste la bisexualité ! Tu as certainement raison à son sujet. Je m'habitue d'ailleurs à concevoir chaque acte sexuel comme un processus entre quatre individus. Nous avons beaucoup à dire là-dessus », *Lettres à Wilhelm Fliess*, *op. cit.*, p. 463. Dans son livre, *Vol d'idées*, Paris, Denoël, 1994, Eric Porge, analyse avec précision l'affaire du plagiat dont Fliess eut la conviction d'avoir été la victime.

bisexuelle : dans la première partie du rêve, Freud se rend dans une cuisine pour se faire donner un entremets, une préparation sucrée ; les personnages sont trois femmes, l'une est l'hôtesse ; dans la seconde partie du rêve, Freud veut revêtir une redingote qui ne correspond pas à sa taille, qui est trop longue. Elle a un parement de fourrure. Une seconde qu'il enfile a une longue bande incrustée avec un dessin turc ; un étranger – longue bande, long visage – l'empêche de s'en emparer en affirmant que c'est la sienne. Les broderies turques ? En quoi Freud et l'autre sont-ils concernés ? Les turqueries signifieraient-elles les fantaisies sexuelles, le goût prononcé des Turcs pour la chose ? Cette idée avait surgi à propos de l'oubli du nom Signorelli. Freud et l'autre homme sont ensuite amis. Dans le premier temps du rêve, Freud ressent de l'agacement à l'égard d'une femme ; il s'éloigne, impatient et vexé ; puis c'est le démêlé avec un homme, au moment d'endosser un vêtement. Désagréments avec le féminin et le masculin, liés à la mère et au père. Or, la période féminine et la période masculine sont les fondements de la théorie de Fliess qui voit le jour avant *L'Interprétation du rêve*[1]. Le vêtement du rêve est bisexuel : la redingote est brodée, garnie de fourrure – pour recouvrir la toison pubienne ? – ; c'est un vêtement masculin aux attributs féminins. Les étoffes, la fourrure, caressent la peau, la protègent ; la peau, elle, est la vêture du corps. Tous les éléments du rêve sont empreints de sensualité. Freud se souvient des nombreuses étoffes turques achetées par sa femme chez un marchand nommé Popovic. Nous notons le long visage de l'étranger, la longue bande incrustée de broderie, la redingote trop grande pour Sigmund qui veut s'approprier ce qui appartient à l'autre ; or, Fliess, son alter ego, l'a précédé dans la publication de son œuvre.

C'est Popovic, nom malmené, aux abords de l'obscène, qui déclenche la série des noms écorchés : Pélagie, Knödl, Brücke, Fleischl. Mais Fliess n'est pas convié au festin. « Que cette façon de jouer sur les noms relève des vilaines manières

1. Wilhelm Fliess, *Les Relations entre le nez et les organes génitaux féminins présentés selon leurs significations biologiques* (Vienne, 1897), Paris, Seuil, 1977.

des enfants, on peut bien l'affirmer sans être contredit ; mais moi je m'y livre, c'est un acte de représailles, car mon propre nom a été d'innombrables fois la victime de ce genre de calembours stupides. » Freud, *Die Freude*, la joie, alors fille de joie ? Le nom du père n'est ni plus, ni moins, qu'un nom commun du genre féminin[1]. Freud, comme tout au long de son œuvre, se reconnaît en Goethe, son maître en littérature, qui était « susceptible s'agissant de son nom, avec lequel on fait corps comme avec sa peau[2] ». L'atteinte du patronyme fait chanceler le Nom-du-Père. Il est indéniable que Fliess n'est pas reconnu comme le père de la créature « bisexualité » qui est un hapax dans l'édition princeps de *L'Interprétation du rêve*[3].

Hypatia

Alexander Grinstein suppose que le roman dont Freud a oublié le titre et l'auteur[4] est *Hypatia or the New Foes with an old Face* (1853) de Charles Kingsley (1819-1875) ; ce roman historique, situé à Alexandrie au Ve siècle apr. J.-C., raconte les conflits religieux entre le christianisme, le

1. Didier Anzieu, *L'Auto-analyse…, op. cit.*, p. 482, voit dans le rêve des Trois Parques une scène de maison close, et dans le frottement de la peau un fantasme masturbatoire. Il rappelle que Jacob Freud mettait son fils en garde contre les prostituées. Nous songeons à Freud évoquant, en 1919, dans « L'inquiétant », sa flânerie dans une ville italienne où il se retrouva, de détour en détour, par trois fois, dans la rue des filles de joie. Son sentiment d'*unheimlich* n'était-il pas lié au vacillement du Nom-du-Père ? Freud, *Die Freude*, comme un tremblement de l'être du nom, de son être même… N'était-ce pas comme la rencontre d'un double ? La chose fit alors frémir le nom, *OCF. P.*, vol. XV., p. 170.
2. *L'Interprétation du rêve, op. cit.*, p. 245. Le poète Johann Gottfried Herder (1744-1803) avait écrit des vers caustiques où il rimait aux dépens du nom de Goethe : « Toi qui descends des dieux (*Göttern*), / des Goths (*Gothen*) ou de la crotte (*Kote*),… / Ainsi donc, images de dieux (Götterbilder), / vous aussi êtes devenus poussière. » Le premier vers est extrait d'une lettre de Herder à Goethe. Le second est cité d'*Iphigénie en Tauride*. (v. 864) (N.d.T.) Le rabaissement du nom et des idéaux liés à la fonction paternelle, ainsi que le mythe de la naissance dans la fange excrémentielle, plongent leurs racines dans une théorie sexuelle infantile.
3. Didier Anzieu remarque que, dans la première édition, il n'y a qu'une occurrence de la « bisexualité », dans le chap. VII, « Sur la psychologie des processus de rêve », p. 661, où Freud fait référence à « la bisexualité originelle » ; les autres occurrences se trouvent dans les éditions ultérieures.
4. *Ibid.*, p. 479. Alexander Grinstein, *On Sigmund Freud's Dreams*, Detroit, Wayne State University Press, 1968 ; le chapitre VI a été traduit en français : « Un rêve de Freud : Les Trois Parques », *Nouvelle Revue de psychanalyse*, automne 1972, n° 5, 57-81. Selon lui, l'oubli du titre du roman et du nom de son auteur est lié aux sentiments ambivalents à l'égard de la mère et de la sœur exprimés dans le roman et qui sont en écho avec les sentiments de Freud, avec le désir de revenir au sein maternel, à une période antérieure de satisfaction avant que sa sœur Anna ne soit née.

judaïsme et le paganisme. Il est en écho, probablement, avec les tourments de Freud concernant la paternité de l'œuvre, et sur la scène infantile, avec la crise morale liée à la doctrine de sa mère. Aux croyances maternelles répondent les idéaux du fils, et l'instance surmoïque est active dans le rêve des *Knödels* : le châtiment est promis par la mère, inflexible. L'étranger hostile du rêve, lui, finit par s'amadouer.

Eric Erikson souligne qu'au moment où il lit ce roman, Freud a treize ans, âge où l'adolescent juif intègre traditionnellement sa communauté. Il n'y a, cependant, chez lui, aucune trace d'éducation religieuse, ni indice qu'il ait fait sa Bar Mitzvah. « Mon père – écrivait-il au soir de sa vie – parlait le langage sacré aussi bien que l'allemand, sinon mieux. Il me laissa grandir dans la plus complète ignorance de tout ce qui touchait au judaïsme[1]. »

Hypatia raconte le destin du jeune moine Philammon, attiré par une belle et brillante Grecque, Hypatia, une païenne qui enseigne les mathématiques et la philosophie et qu'il essaie en vain de convertir. Elle se sacrifie pour séduire le préfet de la ville, un païen converti au christianisme, afin de lui faire restaurer, au moment où il se proclame empereur, les anciennes divinités grecques. Hypatia échoue ; dénudée, puis lapidée, elle est mise en pièces par la foule des moines qui moleste également Philammon. Celui-ci est troublé par une autre belle femme grecque, Pélagie, qui est la maîtresse du chef des Goths. Il l'arrache à une cérémonie païenne et découvre qu'elle est sa sœur. Il tue son amant pour la soustraire à sa vie licencieuse. Puis ils choisissent de vivre en ermites dans le désert, chacun de son côté, avant de se rejoindre pour mourir dans les bras l'un de l'autre. Dans le roman, intervient une troisième femme (dans le rêve, les Parques sont trois) Myriam, qui est une femme juive tourmentée. Elle a acheté Pélagie comme esclave qu'elle a vendue au préfet converti au christianisme. Contrairement à ce qu'écrit Freud, dans le roman, Philammon ne devient pas fou ; à sa mort, il associe,

1. Lettre du 15 décembre 1930 à J. Dwossis, citée par Peter Gay, *Un juif sans dieu*, Paris, PUF, 1989, p. 120. Freud regrettait de ne pas lire l'hébreu.

dans ses prières, les deux femmes qu'il a aimées, Hypatia, personnage maternel et Pélagie, sa sœur. Myriam est un double maternel, sur le versant malfaisant. C'est le désir incestueux de Philammon pour sa sœur Pélagie qui irradie la tension narrative du roman. Pélagie, elle, fait la différence entre son frère Philammon et son amant, le Goth Amal, de même que Maya distinguait son amour pour James Strickland de sa vénération pour son père Zybalbay, et Cordélia ne confondait pas son respect pour Lear, son père, avec le désir du roi de France. La thématique antérieure, demeurée active, s'est précisée : les images de la mère et de la sœur se recouvrent et se séparent, dans le désir masculin, indexé sur l'angoisse. Le même point de structure qui noue le féminin au Nom-du-Père s'est également éclairé.

3- Freud et la muse

GRADIVA, OU LA RENCONTRE

En 1901, Freud se rendit à Rome avec son jeune frère Alexander. Il franchit, enfin, le Rubicon. Il vainquit les obstacles intérieurs qui l'empêchaient de parvenir jusqu'à la Ville éternelle. Puis il voyagea, en septembre 1902, à Naples et à Pompéi, toujours en compagnie de son frère cadet.

En 1903, Wilhelm Jensen, auteur de récits fantastiques et de romans historiques, publia *Gradiva, fantaisie pompéienne*, qui enthousiasma le cénacle freudien, en particulier Wilhelm Stekel et Carl Gustav Jung ; ce dernier aurait encouragé Freud à étudier l'œuvre de Jensen. L'essai, intitulé *Le Délire et les rêves dans la « Gradiva de W. Jensen »*, parut en mai 1907. Ce texte fut l'occasion, pour Freud, d'appliquer, pour la première fois, la méthode psychanalytique à une œuvre littéraire[1].

En 1924, longtemps après l'éloignement de Jung, Freud évoque « la fantaisie » de Jensen dans des termes condescendants : « M'appuyant sur une petite nouvelle, en soi sans valeur particulière, la "Gradiva de W. Jensen", j'ai pu mettre en évidence que les rêves nés de la fiction poétique autorisent les mêmes interprétations que ceux qui sont réels, que sont donc à l'œuvre dans la production du poète les mécanismes de l'inconscient que nous connaissons à partir du travail du

1. Sigmund Freud, « Le Délire et les rêves dans la "Gradiva de W. Jensen" », traduit par P. Arhex et R-M. Zeitlin, précédé de *Gradiva, fantaisie pompéienne*, traduit par Jean Bellemin-Noël, préface de J.-B. Pontalis, Paris, Gallimard, 1986 ; je me référerai, dans mes citations, à cette édition. Le texte de Freud figure, dans une nouvelle traduction en français, dans le volume VIII, *OCF. P*.

rêve[1]. » Freud ne rendait-il pas, alors, Gradiva à Pompéi, où elle serait, à nouveau, ensevelie ? Son enthousiasme premier n'était-il pas réprimé ? N'oubliait-il pas le trouble, infligé par Gradiva à sa pensée spéculative ? Il avait, pourtant, été captivé par la marcheuse alerte et sereine : « Comment se fait-il que nous soyons laissé entraîner à disséquer toute l'histoire et à examiner les processus psychiques des deux personnages principaux ?[2] »

Sous le charme

Norbert Hanold, le protagoniste de *Gradiva*, avait découvert un bas-relief qui l'avait tout spécialement attiré, et il s'en était procuré un moulage en plâtre. Sigmund Freud fit de même. Au pied du divan, où étaient allongés ses patients, une reproduction du bas-relief de la « Gradiva » était en permanence sous leur regard. La lecture entrecroisée de la nouvelle de Jensen et de l'interprétation qu'en offre Freud réserve des surprises. À bien des égards, Freud, qui souhaitait, d'abord, analyser les rêves du personnage de cette fiction, paraphrase le texte de Jensen. Certains exégètes sont d'ailleurs sévères avec lui, Sarah Kofman en particulier, qui lui reproche d'avoir résumé la nouvelle de Jensen, ainsi que les rêves d'Hanold[3]. Lacan, lui, ne jugea ni opportune, ni réussie, la tentative d'interprétation freudienne. Alors qu'il était interrogé, en 1975, sur l'importance de la littérature dans ses écrits, il répondit que la primauté allait à « la lettre », c'est-à-dire, au pouvoir du signifiant. Quant à la littérature, il disait ne pas savoir « encore très bien ce que sait ». Il fustigeait Freud dans son goût pour les textes de fiction, qui font, nécessairement, la

1. Sigmund Freud, « Autoprésentation », *OCF. P.*, vol. XVII, p. 113 ; pour Élisabeth Roudinesco et Michel Plon, dans le *Dictionnaire de la psychanalyse, op. cit.*, p. 208, article « Le Délire et les rêves dans la "Gradiva de W. Jensen" » : « La principale faiblesse de cet essai réside dans la place qu'y occupe le raisonnement analogique », en particulier celle posée entre les rêves du héros et les rêves réels.
2. Sigmund Freud, *Le Délire et les rêves..., op. cit.*, p. 181.
3. Sarah Kofman, *Quatre Romans analytiques*, Paris, Galilée, 1973, p. 109, affirme que « résumer le texte, c'est procéder simultanément à l'effritement des délires du héros, de l'auteur et du lecteur. C'est briser la complicité d'un texte continu qui dissimule par sa cohérence même qu'il est énigmatique [...]. Résumer, c'est séparer les différents éléments de la trame dans lesquels ils sont pris pour les tresser ensemble dans un autre tissu ».

part belle à l'imaginaire, et font vibrer le symbolique. Selon lui, Freud en était « friand parce que ça lui a servi à frayer la voie de cette idée de l'inconscient. Quand il a imputé à Jensen d'avoir suivi je ne sais quel droit fil de la fonction tout à fait fantaisiste que lui, Freud, imputait à la femme, Jensen lui a répondu qu'il n'avait jamais rien vu de tel et qu'il n'avait fait que plumitiver, cracher ça de sa plume[1] ». Alors, Lacan aurait-il combattu le sortilège nommé Gradiva ? S'en serait-il défendu ? Freud, lui, n'avait pas résisté. Il fut même transporté, comme s'il avait donné naissance à Gradiva, ou comme s'il s'était identifié à Norbert Hanold ! Gradiva envahit l'espace imaginaire et symbolique. Image du bas-relief et du rêve de Norbert. Celui-ci saute dans la rue, propulsé par le réel qui fait irruption, effraction, sur la scène onirique. L'objet « Gradiva », perdu, inatteignable, a surgi. Le Vésuve, en colère, s'est réveillé, éruptif, et, avec lui, les fantasmes effervescents. Freud n'était-il pas fasciné par le destin de Pompéi, au point d'avoir, dans sa collection, un fragment de mur de la ville ensevelie ?[2] La métaphore archéologique de la cité recouverte de lave et de lapilli, vaut pour l'âme obscurcie par le refoulement.

Comment Jensen, ou plutôt Hanold, nous présente-t-il sa « Gradiva », « celle qui marche en avant » ? Ce qualificatif s'applique habituellement à Mars Gradivus, le dieu de la guerre s'élançant au combat. Mais Norbert-Jensen considère que ce nom convient au maintien et au mouvement de la jeune dame. Son appartenance, sa lignée, se lisent en transparence : « Elle devait être la fille d'un *nobilis*, en tout cas d'un homme *honesto loco ortus...* peut-être est-ce qu'elle faisait partie de la famille d'un édile patricien, qui exerçait ses fonc-

1. Jacques Lacan, « Conférences et entretiens dans des universités nord-américaines », in *Scilicet 6/7*, 1976, p. 33. Cf. La lettre de Wilhelm Jensen à Freud, datée du 25 mai 1907, incluse en appendice dans *Le Délire et les rêves..., op. cit.*, p. 257, « L'ensemble n'a rien à voir avec une expérience que j'aurais vécue au sens habituel du mot ; c'est de part en part, comme le titre l'indique, une fantaisie ; elle s'avance sur une arête pas plus large qu'une lame de couteau, d'un pas somnambulique ».

2. *Correspondance, op. cit.*, p. 556, Lettre à Fliess du 8 mai 1901, « Une corbeille d'orchidées me donne l'illusion de la splendeur et de l'ardeur du soleil, un fragment de mur de Pompéi avec un centaure et un faune me transporte dans l'Italie tant désirée ».

tions au service de Cérès, et qu'elle se trouvait, pour accomplir une tâche quelconque, en route vers le temple de cette déesse[1]. » L'énigme du père et du féminin rebondirait donc avec le destin de Gradiva, marqué de l'empreinte phallique. Norbert Hanold, « en tant que fils unique d'un professeur d'université spécialiste de l'Antiquité, était appelé à exercer plus tard la même activité pour maintenir l'éclat du nom paternel, voire l'augmenter si possible[2] ». Il ne voyait pas de qualité particulière au bas-relief du point de vue de sa discipline. Cependant, « il ne s'expliquait pas pourquoi elle avait retenu son attention ; il ne savait que ceci : il avait été attiré par quelque chose et l'effet de ce premier regard était resté inchangé depuis lors[3] ». Freud partage, avec l'archéologue imaginaire, cette attirance pour la contemplation du corps antique. Que dévoile-t-elle donc, Gradiva, dans sa blancheur d'albâtre ? Son « œil dirigé tranquillement droit devant lui révélait en même temps une réelle aptitude à bien voir les choses et un paisible repliement sur ses pensées[4] ». « Où étaitelle allée ainsi et où allait-elle ?[5] » Le féminin en question, au pied du divan ? Ses analysants demeuraient en sa compagnie et en celle d'Athéna, la déesse guerrière à la lance cassée. Ce bas-relief représentait « un être féminin saisi en train de marcher, encore jeune, déjà sorti de l'enfance mais qui toutefois n'était manifestement pas une femme : plutôt une *virgo* romaine d'une vingtaine d'années ». Ne serait-elle pas la muse freudienne ?[6] « Elle possédait quelque chose qu'on ne rencontre pas souvent dans les statues antiques, une grâce naturelle et simple de jeune fille qui donnait le sentiment qu'elle rayonnait de vie[7]. » Et quelle était donc cette démarche singulière ? Le pied gauche « était déjà avancé et le droit, se disposant à le suivre, ne touchait plus guère le sol de la pointe des orteils

1. Wilhelm Jensen, *Gradiva...*, *op. cit.*, p. 35.
2. *Ibid.*, p. 46.
3. *Ibid.*, p. 35.
4. *Ibid.*, p. 34.
5. *Ibid.*, p. 35.
6. Jean-Bertrand Pontalis intitule sa préface très inspirée, « La jeune fille ».
7. Wilhelm Jensen, *Gradiva...*, *op. cit.*, p. 34.

tandis que la plante et le talon se dressaient presque à la verticale. » Pas vif et esprit en repos. « Ce mouvement suscitait une double impression[1]. » Celle-ci était-elle produite par la double nature de Gradiva ? « Sa grâce particulière, elle la tirait de cette façon de planer au-dessus du sol tout en le foulant avec fermeté[2]. » Gradiva, imaginaire et réelle ?

Un pied vertical et l'autre posé à plat. Un pied érigé ! L'interrogation de Norbert était livrée aux patients de Freud qui avaient, sous leurs yeux, l'incomparable : de quoi est faite Gradiva, quelle est la substance de ce corps, agile comme un lézard qui se faufile dans la fente du mur ? Pourquoi ne pas nous laisser séduire par notre fugitive, happer par ce qui éclipse la pensée rationnelle et le barrage conceptuel ? Gradiva nous émeut dans son indétermination, entre vie et mort, entre féminin et phallique ; elle donne corps à l'énigme du sexe. Plusieurs auteurs soulignent la dimension fétichiste de l'obsession de Norbert. À juste titre, J.-B. Pontalis suggère qu'« il faudrait pouvoir parler non de fétichisme du pied mais de fétichisme de la jeune fille[3]. Serge Viderman, quant à lui, souligne « le caractère phallique du personnage-puissance, force, charme, étrangeté et perfection réunies[4] ». Pour cet auteur, « dans la position des deux pieds on retrouve la figuration paradigmatique de l'ambiguïté fondamentale du récit. Non pas la femme phallique *ou* châtrée, mais bien phallique *et* châtrée[5] ». J.-B. Pontalis, rappelle, à propos de l'interprétation de Serge Viderman, l'équation posée par Fenichel : *Girl = phallus*, qui lui semble pertinente dans le cas de la Gradiva[6]. Wladimir Granoff partage également cet avis[7]. En outre, il propose une superbe interprétation chromatique de la gamme des jaunes

1. Wilhelm Jensen, *Gradiva…, op. cit.*, p. 34.
2. *Ibid.*
3. Sigmund Freud, *Le Délire et les rêves, op. cit.*, p. 18-19, préface.
4. Serge Viderman, *Le Céleste et le sublunaire*, Paris, PUF, 1977, p. 136.
5. *Ibid.*, p. 152.
6. Jean-Bertrand Pontalis, préface, *op. cit.*, p. 19-20. L'article de Fenichel, de 1949, était paru dans le *Psychoanalytic Quarterly*, volume XVIII, n° 3. Lacan y fait allusion dans *Le Séminaire*, Livre IV, *La Relation d'objet* (1956-1957), Paris, Seuil, p. 167.
7. Wladimir Granoff, *La Pensée et le féminin*, Paris, Flammarion, coll. « Champs », 2004, p. 398 ; cf. supra.1. « L'Autre fraternel ».

et des bruns, dont le récit est tout ensoleillé. Avec bonheur, et au plus près des signifiants du texte, notamment le signifiant *Bert* des deux noms, Norbert et Bertgang, il ose attirer Freud dans la prairie du souvenir d'enfance que la Gradiva aurait fait revivre. Selon Jacqueline Schaeffer, Freud définit l'intérêt de Norbert pour la démarche de Gradiva comme une attitude fétichiste, qui prend racine dans des impressions érotiques infantiles, mais dont il ne dira pas plus. Cette psychanalyste aperçoit, elle aussi, dans Gradiva, comme une représentation phallique mais aussi « comme la projection d'une image castratrice, menaçant de capturer le lézard pénis de Norbert dans le piège de son propre sexe[1] ».

Comme tous les lecteurs précédemment cités, comme Freud, Gradiva me charme au point de lui rendre hommage, dans l'écriture. Et de mettre l'accent sur le génie de son créateur. Grâce à la trouvaille linguistique de Wilhelm Jensen, Gradiva traverse l'amplitude du langage. Elle se meut, librement, aux frontières de l'allemand, du latin et de l'italien. Ce qui, dans la nouvelle, concerne l'univers onirique, fantasmatique et englobe Gradiva, est parsemé de mots latins, de la langue morte. Tout ce qui porte sur l'ancrage dans la réalité, ce qui est lié à Zoé, la vivante, résonne, allègrement, en italien. Ce décalage dessine les plans de l'imaginaire et de la réalité, et il participe à l'attrait du récit. Entre langue morte et langue vivante est le champ du réel, inapprivoisable[2]. Curieusement, Freud ne fait pas allusion au procédé stylistique auquel a recours Wilhelm Jensen. Pourtant, Freud, évoquant le corps maternel, sollicite, lui aussi, la langue latine qui, dans sa décence, recouvre la nudité. En revanche, le corps des jeunes femmes, ses contemporaines, leur corps autre, est approché en langue étrangère, dans une langue vivante, en français, en anglais, ou bien en espagnol[3].

Avec Gradiva, dans l'élan de la rencontre du réel, ne rencontrons-nous pas l'Autre féminin ?

1. Jacqueline Schaeffer, *Le Refus du féminin*, Paris, PUF, coll. « Épîtres », 1997, p. 221.
2. L'inversion de la lettre *v* et de la lettre *d* qui transforme Gradiva en Gravida me semble relever de cette question. Ce lapsus, si fréquent, obéit comme à un mouvement naturel.
3. Cf. supra, 1, « L'Autre fraternel » et infra, III, 2, « Freud et le castillan ».

Le marbre ou le bronze

Dans son existence, Hanold s'employait à exaucer le souhait paternel, s'étant retrouvé « prématurément seul après la disparition prématurée de ses parents[1] ». Sa vision idéale du monde n'échappait cependant pas au paradoxe : « De son point de vue, le marbre et le bronze n'étaient pas des matières mortes, c'était plutôt l'unique réalité vivante[2]. » D'ailleurs, « le sexe féminin, jusque-là, n'avait été pour lui qu'un concept tiré du marbre ou du bronze, et jamais il n'avait accordé la moindre attention à ses représentantes contemporaines[3] ». Maladie du deuil, qui retient Norbert auprès de la pierre tombale ? L'apparition obsédante de Gradiva est-elle la mère morte, *rediviva*, ressuscitée, dont l'image force les frontières du rêve, et se love dans le délire ? Norbert serait-il fou à lier ? Il entraîne dans son exaltation, que Freud nous rend sensible : « La tension dans laquelle l'auteur nous a maintenus s'accroît ici jusqu'à nous rendre, pour un instant, péniblement désorientés. Non seulement notre héros a visiblement perdu son équilibre, mais nous non plus, nous ne savons que penser en face de cette apparition de Gradiva qui jusqu'alors avait été une image de pierre, puis une image de la fantaisie. Est-ce une hallucination de notre héros qu'égare le délire, un "véritable" fantôme ou un être de vie ?[4] » Comment la femme de chair, distincte en son sexe, aurait-elle pu éveiller la sexualité adulte de Norbert ? Freud décèle en Zoé Bertgang, la fille d'un renommé professeur de zoologie – Gradiva, était supposée descendre d'un *nobilis*, d'un homme en vue –, l'objet d'amour refoulé de Hanold. Zoé fut sa tendre et chahuteuse compagne de jeux. L'une était pour l'autre, et réciproquement, le rendez-vous inévitable avec la différence : « Mais notre intérêt pour le comportement de cette jeune fille remarquablement avisée, qui a décidé de conquérir son amour des premières années pour en faire son mari – après avoir reconnu que derrière le délire, c'est l'amour de Hanold qui le pousse en avant –, cet

1. Wilhelm Jensen, *Gradiva...*, *op. cit.*, p. 46.
2. *Ibid.*, p. 47.
3. *Ibid.*, p. 39.
4. Sigmund Freud, *Le Délire et les rêves...*, *op. cit.*, p. 151-152.

intérêt cède peut-être le pas, en cet endroit, à l'étonnement que ce délire lui-même peut susciter en nous[1]. » Freud se laisse subvertir dans son *a priori* théorique sur le refoulement de l'expérience infantile. De même, il est débordé, dans son préjugé machiste, qui lui fait voir en Zoé une chasseresse de mari. Mais Zoé est aussi une splendide figure de femme analyste, présentée comme tel par Freud[2]. Il s'identifierait volontiers à son humour, à son talent d'interprète, à ses mots d'esprit. Elle sait jouer des temps mêlés, des phrases équivoques, pour faire jaillir l'étincelle de réalité[3]. Gradiva fait tomber les masques, les remparts de l'esprit aguerri. Freud n'hésite pas à nous faire partager sa rêverie, et son angoisse du féminin : « Le désir d'être capturé par la femme aimée, de se conformer et de se soumettre à elle, ainsi qu'on est en droit de le déduire de la situation de la capture du lézard, a en fait un caractère passif, masochiste. Le lendemain, le rêveur frappe la femme aimée comme s'il était sous l'emprise du courant érotique opposé. Mais il nous faut nous arrêter ici, sans quoi nous oublierions peut-être vraiment que Hanold et Gradiva ne sont que des créatures d'un romancier[4]. » Ainsi la « Gradiva » de Freud s'achève-t-elle sur ces mots. Comme dans *L'Interprétation du rêve*, Freud avait laissé tomber le rideau lorsque le réel se fit trop indiscret.

La lecture de la *Gradiva*, proposée par Nicholas Rand et Maria Torok, s'appuie sur leur théorie du deuil[5]. Selon ces auteurs, « Freud laisse de côté la catastrophe de la mort – dans son analogie pompéienne du refoulement dynamique et dans le récit de Jensen [...]. À deux endroits clefs de la *Gradiva*, Freud manque, volontairement ou à son insu, de

1. Sigmund Freud, *Le Délire et les rêves...*, *op. cit.*, p. 216.
2. Wilhelm Jensen, *Gradiva...*, *op. cit.*, p. 112. Gradiva-Zoé s'adressant à Norbert : « J'ai comme l'impression qu'une fois déjà nous avons mangé notre pain ensemble, il y a deux mille ans. Tu ne te rappelles pas ? » Comme Ayesha, dans *She*, le roman de Ridder Haggard précédemment évoqué, Zoé-Gradiva, la femme-guide, a toujours deux mille ans. Cf. supra, 2. « Angoisse du féminin. »
3. *Ibid.*, p. 15. Dans sa préface, J.-B. Pontalis affirme avec justesse que « l'inconscient, ce sont les temps mêlés, ce n'est pas l'intemporel ».
4. Sigmund Freud, *Le Délire et les rêves...*, *op. cit.*, p. 245.
5. Nicholas Rand et Maria Torok, *Questions à Freud*, Paris, Flammarion, coll. « Champs », 1998, p. 61-127.

faire-valoir le deuil comme étiologie, bien qu'il soit indiqué on ne peut plus clairement dans le conte de Jensen[1]. » Dans cette perspective, leur interprétation est tout à fait plausible : « Le héros de Jensen souffre de la mort provisoire du désir à la suite d'un deuil traumatique[2]. » Nicholas Rand et Maria Torok associent la mort imaginaire de Gradiva à la mort réelle, inopinée, des parents de Norbert, lequel se consacre désormais aux fragments rescapés des civilisations mortes. Dans une identification à ses géniteurs, l'archéologue serait lui-même un mort vivant. Comme dénouement joyeux de l'histoire, « la guérison du héros s'accomplit sans intervention externe, *sponte sua*, tout simplement parce que la vie finit par triompher de la désolation du deuil[3] ».

Comme un « frère et une sœur »

Le récit de W. Jensen, en effet, met subtilement en scène l'inaptitude temporaire de Norbert à imaginer la scène primitive ; ensemble, les hommes et les femmes ne pouvaient être, selon lui, que dans qu'un lien fraternel : « Pour des frère et sœur, pourtant, leur comportement actuel, l'étreinte et le baiser, lui parurent se prolonger outre mesure : il s'agissait donc d'un couple d'amoureux, probablement des jeunes mariés, encore un Auguste et une Grete ![4] » Norbert renaît au désir : « Ce qu'ils faisaient lui apparut, au fond, tellement naturel et compréhensible qu'il resta là le regard attaché sur ce tableau vivant, en ouvrant des yeux tout ronds, exactement comme il l'aurait fait pour la plus admirable des œuvres d'art antiques, et il aurait volontiers prolongé davantage cette contemplation. Mais il avait le sentiment d'avoir pénétré sans en avoir le droit dans un lieu consacré et d'être sur le point de troubler les pratiques d'un culte secret[5]. » Pour Norbert, l'amour se conjuguait, désormais, avec le sexe.

1. Nicholas Rand et Maria Torok, *Questions à Freud, op. cit.*, p. 121.
2. *Ibid.*, p. 88.
3. *Ibid.*, p. 69.
4. Wilhelm Jensen, *Gradiva…, op. cit.*, p. 107.
5. *Ibid.*, p. 107-108.

Au début de ce livre, j'ai mis en évidence la force souterraine de la thématique fraternelle dans la vie et l'œuvre de Freud[1]. Le texte qui lui est suggéré par la Gradiva est tout empreint de fébrilité passionnée. Freud ne renonce pas à repérer l'élément de réalité à l'origine de l'œuvre littéraire et à déceler le motif inconscient de son créateur. Il forma l'hypothèse que Wilhelm Jensen avait eu une sœur cadette tendrement aimée[2]. Les lettres de Wilhelm Jensen à Freud, en réponse aux missives pressantes de ce dernier, révèlent que le psychanalyste harcelait l'écrivain. Freud avait détecté, dans deux autres nouvelles de Wilhelm Jensen, le même motif : « Il est facile de voir que les trois récits traitent du même thème, le développement d'un amour (dans « Le parapluie rouge », une inhibition amoureuse) issu de l'effet après-coup d'une vie en commun pleine d'intimité ressemblant à une relation entre frère et sœur, au cours des années d'enfance[3]. » Il n'eut de cesse d'interroger l'auteur. Avant de couper court à l'enthousiasme frénétique de son correspondant, Wilhelm Jensen lui confia : « Non. Je n'ai pas eu de sœur, ni d'une manière générale, de parents consanguins. Cependant, *Der rote Schirm* [« Le parapluie rouge »] a été tissé à partir de souvenirs personnels remontant à un amour de jeunesse pour une amie d'enfance qui a grandi près de moi et avec moi, et mourut phtisique à dix-huit ans. Il procède également de souvenirs de mes relations amicales – bien des années plus tard – avec une jeune fille que la mort enleva elle aussi brutalement ; le parapluie rouge me vient d'elle[4]. » La

1. Cf. supra, 1, « L'Autre fraternel ».
2. *Les Premiers Psychanalystes, Minutes de la Société psychanalytique de Vienne, 1906-1908*, éditées par Herman Nunberg et Ernst Feder, traduit de l'allemand par Nina Schwab-Bakman, Paris, Gallimard, 1962, p. 282-283. À la séance du 11 décembre 1907, Freud fait l'hypothèse que « cette camarade de jeux (dont l'imagination de l'écrivain a peut-être fait une sœur, parce qu'il n'en avait pas en réalité, ou qui a peut-être réellement été sa sœur) était très probablement une enfant maladive. Cette maladie – peut-être une déformation du pied – a été effacée et transfigurée par l'imagination. La vue du bas-relief lui a alors révélé que ce défaut peut-être interprété autrement, comme une qualité. »
3. Sigmund Freud, *Le Délire et les rêves...*, *op. cit.*, p. 248, Supplément à la deuxième édition (1912). Les deux autres nouvelles de Wilhelm Jensen ont pour titre « Le parapluie rouge » et « Dans la maison gothique ».
4. *Ibid.*, p. 258-259, Appendice, Lettre du 14 décembre 1907.

correspondance entre les deux hommes prit fin. Les ailes de la mort avaient frémi, dans la création[1].

Freud a rapproché trois nouvelles de Jensen pour en extraire le fil rouge les reliant à l'inconscient de l'auteur. De même, il relève que Gradiva se trouve au musée Chiaramonti du Vatican, et qu'elle appartiendrait à un bas-relief à deux panneaux, représentant chacun trois figures ; ces trois figures pourraient être « les Horaï, déesses de la végétation, et les divinités apparentées de la rosée qui féconde[2] ». Trois comme les Parques, qui hantent la mythologie freudienne la plus intime. Alors, laquelle des trois serait Gradiva ?[3]

« Le motif du choix des coffrets »

Dans une lettre à Ferenczi datée du 23 juin 1912, Freud s'épanche sur son article en gestation : « La seule idée qui me soit venue en tête et qui vous amusera, est que la scène d'introduction du *Roi Lear* devrait signifier la même chose que la scène du choix dans *Le Marchand de Venise*. Trois cassettes ne sont-elles pas la même chose que trois femmes, trois sœurs ? C'est alors toujours la troisième, le bon choix. Mais cette troisième est singulière, elle ne parle pas, ou elle se cache (Cendrillon), elle est muette. [...] Il s'agit donc de la raison du choix entre trois sœurs, dont la troisième est muette. Avec quelques associations, j'ai découvert qu'il s'agissait des trois sœurs du destin, les Parques, dont la troisième est muette car elle symbolise la mort (Stekel). L'*implacabilité* du destin est transformée en raison du *choix*. Cordélia, qui aime et se tait, est donc la mort elle-même. La situation de Lear portant le cadavre de Cordélia dans ses bras, est à retourner : c'est le

1. Sigmund Freud, *Le Délire et les rêves...*, *op. cit.*, p. 247, dans le Supplément à la deuxième édition rédigé un an après la mort de Wilhelm Jensen, Freud justifia son insistance : « Peu après la publication de mon étude analytique sur Gradiva, j'avais essayé d'intéresser le romancier, qui était d'un âge avancé, à ces nouvelles tâches de la recherche psychanalytique ; mais il refusa sa coopération. »
2. *Ibid.*, p. 249.
3. Cf. supra, 2. « Angoisse du féminin » et infra, « Le motif du choix des coffrets ».

vieil homme qui est dans les bras de la Parque funeste. Les Trois Parques sont la Femme dans ses trois figures capitales : celle qui donne la vie, celle qui dispense la volupté et celle qui cause votre perte, ou encore, la mère, l'amante et la terre-mère = Mort[1]. » À Ferenczi, qu'il appelait parfois son « Grand Vizir secret », il communiquait donc la substance de son texte à venir. Dans une lettre plus tardive, datée du 7 juillet 1913, il lui avoue : « Ma relation la plus proche sera ma plus jeune fille, qui se développe maintenant de façon si réjouissante (vous avez certainement deviné depuis longtemps cette condition subjective du "choix du coffret"[2]). »

En 1911, Freud avait publié *Totem et Tabou*, son étude sur l'origine mythique du Père symbolique. Nous avons vu que les deux rêves – la préparation anatomique et le rêve des Trois Parques – concernaient déjà la question du père, centrée alors sur la paternité de l'œuvre. En 1913, sa descendance familiale était assurée. Ses deux filles aînées, Mathilde et Sophie, étaient mariées. Au cours de l'été 1912, époque où Freud rédigeait « Le motif du choix des coffrets[3] », sa fille Sophie se fiançait avec Max Halberstad[4]. Seule, Anna, âgée de dix-sept ans, était privée de prétendant. N'était-elle pas déjà mise au coffre ?

La question de la transmission de la psychanalyse se faisait brûlante. Carl Gustav Jung, l'héritier aryen, s'aventurait sur une voie singulière qui remettait en cause les fondements de la théorie freudienne. Sa conception de la libido était divergente[5]. Le 30 mars 1910, à Nuremberg, Jung avait été élu premier président de l'Internationale Psychoanalytische Vereinigung (IPV),

1. Sigmund Freud-Sandor Ferenczi, *Correspondance, 1908-1914*, Paris, Calmann-Lévy, 1992, p. 407
2. *Ibid.*, p. 528.
3. Sigmund Freud, *OCF. P.*, vol. XII, p. 51-65.
4. Sophie mit au monde deux fils, Ernst en 1914 et Heinz (surnommé Heinerle) en 1918. Elle mourut subitement en 1920, lors d'une épidémie de grippe. Heinz succomba trois ans plus tard à une tuberculose miliaire. Ernst, dont Anna prit soin au point de songer à l'adopter, fut le seul descendant mâle de la famille Freud à devenir psychanalyste. Cf. *Dictionnaire de la psychanalyse, op. cit.*, p. 420-421, article « Sophie Halberstadt ».
5. En 1912, Jung publia *Métamorphoses de l'âme et ses symboles*, publié en français sous le titre *Métamorphoses et symboles de la libido*, Paris, Buchet-Chastel, 1953). Le discord doctrinal avec Freud devint irrémédiable, *Dictionnaire de la psychanalyse, op. cit.*, p. 559, article « Carl Gustav Jung ».

fondée par Freud et Ferenczi, nommée ensuite International Psychoanalytical Association (IPA). Selon Fritz Wittels, auteur d'une biographie de Freud, celui-ci aurait averti les psychanalystes viennois : « Vous êtes juifs pour la plupart et par là inaptes à gagner des amis à la doctrine nouvelle. Les Juifs doivent se contenter du modeste rôle qui consiste à préparer le terrain. Il est absolument essentiel que je forme des liens avec des milieux scientifiques moins restreints. Je ne suis plus jeune et las d'être toujours sur la brèche. Nous sommes tous en danger. Les Suisses nous sauveront, ils me sauveront moi, et vous autres tout aussi bien[1]. » Une lettre à Karl Abraham du 23 juillet 1908 était déjà explicite sur les enjeux de la transmission de la psychanalyse freudienne : « [...] je présume à part moi que l'antisémitisme contenu des Suisses, qui veut me ménager, se reporte de manière renforcée sur vous. Je veux simplement dire que nous devons, en tant que Juifs, si nous voulons quoi que ce soit, être de la partie, développer un brin de masochisme, être disposés à nous laisser faire un peu de tort[2]. » Cette lettre me semble entrer en résonnance avec l'enjeu du texte sur le choix des coffrets.

Dans cet article, Freud s'aventure sur le terrain de la mythologie qui avait la faveur de Jung. Cependant, c'est Otto Rank qui est cité dans ce texte. Celui-ci aussi était féru en recherches mythologiques. Il avait publié, en 1909, *La Naissance du héros*[3]. Dans « L'inquiétant », Freud fait référence à l'écrit de Rank intitulé *Le Double*[4], écrit en 1914. Comme Sandor Ferenczi, Otto Rank appartenait au Comité secret, formé justement en 1912, année de la rédaction du « motif du choix des coffrets ». À l'initiative d'Ernest Jones, ce cercle était composé des plus proches disciples de Freud. En gage de fidélité, celui-ci leur offrit une intaille grecque

1. Élisabeth Roudinesco et Michel Plon, *op. cit.*, citent les propos de Fritz Wittels, extraits de son ouvrage, *Freud, l'homme, la doctrine, l'école* (1924), Paris, Alcan, 1929. Ce disciple controversé de Freud était misogyne et adepte de l'antiféminisme véhément d'Otto Weininger. Cf. infra II, Héritière ou bâtarde ?, 2, « Sidonie et le défi du nom ».
2. Sigmund Freud-Karl Abraham, *Correspondance complète, 1907-1925*, traduit de l'allemand, présenté et annoté par Fernand Cambon, Paris, Gallimard, 2006, p. 89.
3. Otto Rank, *La Naissance du héros*, suivi de *La Naissance de Lohengrin*, édition critique, avec une introduction et des notes, par Elliot Klein, Payot & Rivages, 2000.
4. En français, *Don Juan et le double*, Payot, coll. « Petite bibliothèque Payot », 1973.

qu'ils firent monter sur un anneau d'or.

« Le motif du choix des coffrets » ne serait-il pas celui du prétendant choisi par Freud pour sa fille « psychanalyse » ? Ne s'identifie-t-il pas au roi Lear divisé entre ses trois filles, Régane, Goneril et Cordélia, au moment du partage de son royaume ? Freud, aux portes de la vieillesse et le regard tourné vers l'horizon de la mort, ne s'adresse-t-il pas à ses disciples lorsqu'il écrit : « Pour prévenir des malentendus, je veux dire ici que je n'ai pas l'intention de contester que le drame du roi Lear veuille inculquer deux sages leçons : on ne doit pas de son vivant renoncer à son bien ni à ses droits, et il faut se garder de prendre la flatterie pour argent comptant[1]. » Comme Lear, Freud ne veut-il pas entendre à quel point il est aimé, vénéré, dans son œuvre de fondateur ?

Cependant, la transmission de la psychanalyse, ne se décrète pas d'un coup de baguette magique, et elle ne s'approprie pas davantage. Un maître, un leader, peut, certes, dominer les rouages de l'institution, pour asseoir son pouvoir. La psychanalyse, elle, n'appartient à personne, même pas à son inventeur. Sitôt découverte, elle lui échappa et vécut sa propre vie. Depuis lors, elle continue de se transmettre au gré des inconscients et des rencontres transférentielles. Serait-elle une dame, ou bien une riche héritière ou encore une gitane frivole, à mettre sous les verrous, à coffrer[2] ? Prétendrait-on la fétichiser, la capturer dans les rets du dogme ? Alors, surgit le risque, pour elle, de perdre son âme, son souffle même. À l'heure de la transmission de sa science, les tourments anciens redevenaient lancinants : Freud fut-il père ou mère de sa fille « Psychanalyse » ? L'angoisse de mort resurgit comme dans les rêves précédemment étudiés. La même ambivalence à

1. « Le choix du motif des coffrets », *op. cit.*, p. 64.

2. Le coffre était présent dans le rêve de la préparation anatomique sous la forme de la maison de bois, métaphore et métonymie de la tombe. Les signifiants coffre et coffrer sont également présents dans le souvenir d'enfance relaté en 1901, dans la *Psychopathologie de la vie quotidienne, op. cit.*, p. 57-59 :« M'étant aperçu de l'absence de ma mère, j'avais soupçonné qu'elle était enfermée dans le coffre (ou dans l'armoire) et j'avais exigé de mon frère d'en soulever le couvercle. Lorsqu'il eut accédé à ma demande et que je me fus assuré que ma mère n'était pas dans le coffre, je me mis à crier. Tel était le moment retenu par ma mémoire [...].

l'égard du féminin incarné par les mères, les sœurs et les filles. Toutes à coffrer ! Trois femmes = trois coffrets. N'est-ce pas le féminin lui-même qui crée le coffre ? Et la « Psychanalyse », adolescente, ne réclame-t-elle pas son prétendant ? L'équation symbolique avancée par Freud le conduit vers l'inattendu : « [...] nous nous engageons sur une voie qui mène tout d'abord dans l'imprévu, l'incompréhensible, et par des détours peut-être à un but[1]. »

L'ambivalence, éveillée par le féminin, est signalée dès le début de l'article : « Deux scènes de Shakespeare, une gaie et l'autre tragique, m'ont récemment donné l'occasion de poser un petit problème et de le résoudre[2]. » La question cruciale est donc celle de la préférence. « La scène gaie est celle du choix des prétendants entre trois coffrets dans *Le Marchand de Venise* ».

Freud déplie l'argumentation dont il avait confié les prémisses à Ferenczi. « Mais le même motif est le contenu d'une autre scène de Shakespeare dans un de ses drames les plus bouleversants. Le vieux Lear décide de partager son royaume entre ses trois filles à proportion de l'amour qu'elles lui manifestent leur amour[3]. » Il introduit, dans son analyse du renversement du motif, la réversibilité toujours possible, dans la rencontre, entre l'homme et la femme. La belle et sage Portia est tenue, par la volonté de son père, de ne prendre pour mari que celui de ses soupirants qui saura distinguer le bon coffret, celui qui contient son image. Le coffre apparaît bien

---

Mais comment l'enfant en est-il venu à l'idée de chercher la mère dans le coffre ? Revient alors le souvenir de la Nannie qui "avait l'habitude de m'engager consciencieusement à lui remettre la petite monnaie que je recevais en cadeau [...]". La disparition brusque de la bonne ne me fut pas tout à fait indifférente ; j'avais précisément demandé à mon frère ce qu'elle était devenue, car je m'étais probablement aperçu qu'il avait joué un certain rôle dans sa disparition ; et mon frère m'avait répondu évasivement et, selon son habitude, en plaisantant, qu'elle était "coffrée". J'ai interprété cette réponse à la manière enfantine, mais j'ai cessé de questionner, parce que je n'avais plus rien à apprendre. Lorsque ma mère s'absenta quelque temps après, je me mis en colère, et convaincu que mon frère avait fait la même chose qu'à la bonne, j'exigeai qu'il m'ouvrît le coffre. » L'angoisse infantile associée au coffre-couverture rappelle à Sigmund la naissance de sa sœur Anna.

1. « Le motif du choix des coffrets », *op. cit.*, p. 56.
2. *Ibid.*, p. 53.
3. *Ibid.*, p. 55.

comme une métaphore et une métonymie du féminin, celé, enchâssé. Les trois coffrets sont d'or, d'argent et de plomb[1]. Le coffre n'est-il pas à la fois métaphore et métonymie du féminin, incarné par Portia ? Lear, lui, désigne, selon sa propre loi de père, la préférée d'entre trois femmes qui sont filles et sœurs. Freud insiste sur cet élément dramatique.

La relation de filiation à son père guide Portia dans l'élection de son choix amoureux. Le roi Lear, lui, décide, à l'aune de l'amour, de la transmission de son royaume ; père, il entend enchaîner sa filiation, reconnaître deux filles, Goneril, Régane, et répudier Cordélia.

Il est surprenant que l'autre action du *Marchand de Venise* n'ait pas retenu l'attention de Freud. Elle est omise par lui alors qu'elle concerne, précisément, les enjeux de la transmission. Le thème de la dette, porté par le personnage de Shylock qui réclame « la livre de chair », est absent de l'article de Freud. Lorsque surgit la question de la dette symbolique, il fait retour à la figure maternelle, à la génitrice (*die Gebärerin*) inséparable de la destructrice (*die Verderberin*)[2]. Shylock est un père juif, trahi par sa fille qui emporte, dans sa fuite, la cassette du père pleine d'or, de bijoux et de pierres précieuses. Elle abandonne son père et rejoint le chrétien Lorenzo, pour l'épouser :

> « Hélas, quel odieux péché est le mien
> De rougir d'être l'enfant de mon père !
> Mais bien que je sois sa fille par le sang

1. Dans le cadre du séminaire « Le féminin en question », Miren Arambourou-Mélèse proposa, le 13 décembre 2005, une lecture de l'article « Le motif du choix des coffrets » ; elle insista sur les éléments des deux pièces de Shakespeare mis de côté par Freud, en particulier les inscriptions sur les coffrets. En effet, à l'acte II, scène 7 du *Marchand de Venise*, texte français de Jean-Michel Deprats, Paris, Sand, 1987, p. 53, le prince de Maroc énonce : Le premier, tout en or, porte cette inscription : / « Qui me choisit aura ce que beaucoup désirent ». / Le second, en argent, livre cette promesse : / « Qui me choisit obtiendra ce qu'il mérite ». / Le troisième, en plomb vil, avec un avis aussi brut que son métal : / « Qui me choisit doit donner et risquer tout ce qu'il a. » Bassano, l'élu du cœur de Portia saura identifier le coffret précieux et donner raison à Jacques Lacan, lequel affirmait « l'amour, c'est donner ce qu'on n'a pas ».
2. Dans son livre, *Freud et la femme*, Paris, Calmann-Lévy, 1983, p. 24, Paul-Laurent Assoun, analyse « le lien profond de la femme-mère et de la mort », tel que Freud l'exprime dans « le motif du choix des coffrets ».

> Je ne suis pas la fille de ses mœurs : O Lorenzo
> Si tu tiens promesse, j'en finirai de cette lutte incessante,
> Je deviendrai chrétienne et ton épouse aimante ![1] »

Jessica s'éloigne de la maison paternelle, déguisée en page :

> « Adieu… si la fortune ne m'est pas contraire,
> Vous perdez une fille, et j'ai perdu un père[2]. »

Shylock, dans une scène pathétique, maudit sa fille :

> « Eh bien voilà, voilà, voilà ! Un diamant perdu qui m'avait coûté deux
> Mille ducats à Francfort… deux mille ducats que je perds là, sans compter
> D'autres bijoux fort précieux ; je voudrais ma fille morte,
> Là, à mes pieds, les bijoux à l'oreille : je la voudrais enterrée, là à mes
> Pieds, les ducats dans son cercueil ! [...][3]. »

Jessica s'est emparée des signes phalliques de Shylock, son père. Diamant, elle-même, joyau du père, elle est cassette, coffre, et cercueil. Elle est le féminin dérobé.

Cette partie du *Marchand de Venise* met en scène le lien de filiation douloureuse entre Shylock et Jessica ; elle met en relief l'antisémitisme massif de la Venise du doge. À la fin de la pièce, Shylock est défait, écrasé :

> « Non, prenez ma vie avec le reste, ne me faites grâce de rien…
> Vous prenez ma maison quand vous prenez la charpente

1. *Le Marchand de Venise, op. cit.*, acte II, scène 3, p. 42.
2. *Ibid.*, acte II, scène 5, p. 48.
3. *Ibid.*, acte III, scène 1, p. 68.

Qui soutient ma maison ; vous prenez ma vie
Quand vous me prenez les moyens de vivre[1]. »
Jessica, sa fille, elle, s'enfonce dans la nuit.

Comment cette déploration de Shylock n'aurait-elle pas pu émouvoir Freud qui souffrit profondément de l'antisémitisme viennois ?

Toute l'histoire de la psychanalyse et des avatars de sa transmission met en lumière, sans aucun doute, le poids de la dette symbolique. Dans « Le motif du choix des coffrets », Freud n'exprime-t-il pas son embarras à ce sujet, lui qui ouvrit la voie aux suivants ? Ce texte attachant, et cependant confus à maints égards, ne témoignerait-il pas des paradoxes du fondateur ?

1. *Le Marchand de Venise, op. cit.*, acte IV, scène 1, p. 105.

Livre II.
Héritière ou bâtarde ?

1- Antigone Freud

Anna Freud est la dernière née de ses parents, Sigmund et Martha Freud. Sixième enfant, après Mathilde, Martin, Oliver, Ernst et Sophie. Elle vient au monde en 1895, alors que son père enfante la psychanalyse et que sa mère est lasse de procréer. Anna n'est pas une enfant désirée ; en tout cas, son père eut aimé qu'elle fût un garçon pour le prénommer Wilhelm, comme Fliess, son alter ego avec qui il échange une correspondance passionnée, dans laquelle se lisent la « naissance de la psychanalyse », l'univers familial de Freud et les étapes de l'auto-analyse de Sigmund, entraînant son correspondant dans des territoires audacieux[1]. Seules les lettres de Freud subsistent, sauvées *in extremis* par Marie Bonaparte ; celles de Fliess ont disparu dans la tourmente de la rupture entre les deux amis. C'est aussi grâce à la princesse que Freud a retrouvé dans son exil londonien sa statue préférée : Athéna, la déesse vierge à la lance cassée qui, selon le psychanalyste, incarne la représentation de la féminité[2]. Comme la précieuse Athéna, Anna demeura la vestale du temple paternel. Ce sacerdoce l'a maintenue célibataire et chaste ; elle consacra son existence à la cause psychanalytique. Néanmoins, malgré les huit volumes de ses écrits[3], sa pensée, ses concepts et sa technique dans la pratique avec les

1. Sigmund Freud, *Lettres à Wilhelm Fliess, op. cit.*
2. Dans « L'organisation génitale infantile » (1923) à la note 2, *OCF. P.*, vol. XVI, p. 308, Freud précise que « Athéna, qui porte la tête de Méduse sur sa cuirasse, devient par là même la femme inapprochable, dont la vue étouffe toute idée de rapprochement sexuel ».
3. *The Writings of Anna Freud*, 8 vol., New York, International Universities Press, 1966-1980 ; *Le Traitement psychanalytique des enfants* (1927) Paris, PUF, 1951 ; *Le Moi et les mécanismes de défense* (1936), Paris, PUF, 1967 ; *Le Normal et le pathologique chez l'enfant* (1965), Paris, Gallimard, 1968 ; *L'Enfant dans la psychanalyse*, Paris, Gallimard, 1976 ; Joseph Sandler, Hansi Kennedy, Robert L. Tyson, *Techniques de psychanalyse de l'enfant, conversations avec Anna Freud* (1980), Toulouse, Privat, 1985 ; Joseph Sandler, *Entretiens avec Anna Freud* (1985), Paris, PUF, 1989.

enfants ont peu influencé les psychanalystes français, plus sensibles à l'univers des pulsions archaïques décrit par Melanie Klein, la grande ennemie d'Anna Freud, et à la sensibilité créative de Donald W. Winnicott, ainsi qu'à l'inventivité clinique de Françoise Dolto.

Anna mourut en 1982, un an après Jacques Lacan. Lors de la scission de 1953, à l'époque de la Société française de psychanalyse, elle choisit, au sein de l'IPA, le camp bonapartiste. La princesse et Anna, son alliée, étaient opposées au groupe dissident dont le leader était Lacan. Anna, non médecin, avait cependant peu de sympathie pour Sacha Nacht, adversaire de l'analyse profane, que soutenait Lacan. En 1953, Anna écrivit à Heinz Hartmann, alors président de l'IPA (API) et compagnon de route de Rudolph Loewenstein, ainsi que d'Ernst Kris, dans *Ego Psychology* : « C'est un fait indéniable que Lacan a formé ses candidats par des analyses de moins d'une heure par semaine avant de les imposer, ce qui sera certainement synonyme de catastrophe pour une future société psychanalytique. Si l'API couvre cette situation d'une quelconque façon, alors elle aura anéanti toutes les tentatives visant à mettre de l'ordre dans les méthodes de formation[1]. » Il y avait donc peu d'affinités entre Anna, le « fil à plomb de la psychanalyse[2] », et Lacan, l'acrobate de la *poïesis* inconsciente. L'IPA apparaît comme une métaphore du Moi, à défendre, selon Anna Freud, par tous les moyens. Au cours de l'année 1953-1954, Lacan consacre son séminaire aux écrits techniques de Freud ; il ne ménage pas la doctrine du Moi défensif selon Anna Freud : « Elle parle du petit homme qui est dans l'homme, qui aurait une vie autonome dans le sujet et serait-là à le défendre. Père, gardez-vous à droite, père, gardez-vous à gauche, contre ce qui peut l'assaillir du dehors comme du dedans[3]. » À propos du livre d'Anna, *Le Moi et les mécanismes de défense*, il remarque avec une grande justesse

1. Élisabeth Young-Bruehl, *Anna Freud* (1988), traduit de l'anglais par Jean-Pierre Ricard, Paris, Payot, 1991, p. 336.

2. Jacques Lacan, *Le Séminaire*, Livre I, *Les Écrits techniques de Freud*, 1953-1954, Paris, Seuil, 1975, p. 76-77, « Quelqu'un qui nous est proche dans la Société, saisi au congrès de 1950, je ne sais pourquoi, d'un élan lyrique – ce cher camarade – a appelé Anna Freud, le fil à plomb de la psychanalyse. Eh bien, le fil à plomb ne suffit pas dans une architecture. Il y faut quelques autres instruments, un niveau d'eau, par exemple. Mais enfin, le fil à plomb n'est pas mal. Il nous permet de situer la verticale de certains problèmes. »

3. *Ibid.*, p. 76.

« qu'il a la valeur d'un legs, vraiment bien transmis, de la dernière élaboration de Freud à propos du Moi[1] ».

Cependant, Anna Freud occupa une place considérable dans le monde anglo-saxon. Elle veilla jalousement sur les archives de son père et sur les siennes, interdisant, jusqu'à une période récente, leur accès aux historiens de la psychanalyse et aux chercheurs. Désormais, elles sont rassemblées et peuvent être consultées à la Bibliothèque du Congrès, à Washington. L'exécuteur testamentaire de la fille de Sigmund a confié à une universitaire américaine, Élisabeth Young-Bruehl, le soin de rédiger une biographie d'Anna[2]. Cet ouvrage, remarquable à maints égards, permet de mettre en perspective le lien de dépendance entre Freud et sa fille, qui devint l'héritière du royaume et la gardienne zélée d'une certaine forme d'orthodoxie. Élisabeth Young-Bruehl a consulté une très grande somme de documents conservés par Anna au 20, Maresfield Gardens, domicile londonien de la famille Freud en exil. Ces archives, sorte de « site archéologique », rassemblent le moindre papier, qu'il fût double de lettre ou copie de texte psychanalytique, simple message ou encore note d'intendance, mais surtout les correspondances inédites entre Freud et ses disciples, les lettres échangées entre le père et la fille, et celles qu'Anna écrivit aux disciples de son père, en particulier à Lou Andreas-Salomé[3] et Marie Bonaparte. Ce livre, d'une très grande richesse du point de vue de l'histoire de la psychanalyse, révèle la complexité du personnage d'Anna Freud et de sa destinée contrastée.

Porte-étendard du père, elle sut s'affirmer dans la voie de la transmission de la psychanalyse en prenant probablement une revanche sur toutes les femmes de sa famille, mais au prix du renoncement à sa féminité. Elle fut la fille de l'inventeur de la psychanalyse, mais elle fut aussi son analysante, sa disciple, son ambassadeur, sa secrétaire, son infirmière, lorsqu'en 1923 le cancer de Freud se déclara ; elle devint – ainsi son père la surnommait-il – son Anna-Antigone. Comme

1. Jacques Lacan, *Le Séminaire*, Livre I, *Les Écrits techniques de Freud, op. cit.*
2. Élisabeth Young-Bruehl, *Anna Freud* (1988), *op. cit.*, p. 336.
3. Lou Andreas-Salomé–Anna Freud, *À l'ombre du père, Correspondance, 1919-1937* ; en allemand, ces lettres sont éditées en 2001 ; elles sont traduites en français et préfacées par Stéphane Michaud, Paris, Hachette Littératures, 2006.

l'héroïne de Sophocle qui renonça à l'amour d'Hémon et aux promesses de descendance, au point de préférer la mort à la vie[1], Anna voua sa ferveur à l'œuvre idéale ; elle se détourna de l'érotisme au profit de l'œuvre de sublimation – l'écriture, la pratique et l'enseignement de la psychanalyse.

Anna-Annerl

Mathilde, la fille aînée, et Sophie, la plus jolie des trois, étaient proches de leur mère Martha, tandis qu'Anna ne s'entendait pas avec celle-ci, à qui elle reprochait son autoritarisme ; avec sa mère, ses sœurs et sa tante Minna, Anna entretint essentiellement une relation de rivalité, qui a probablement masqué, en la refoulant, sa demande d'amour déçue. Son frère Oliver et sa sœur Sophie étaient les plus beaux et les préférés de la mère ; Sigmund adorait Mathilde et Sophie, qui recevront une éducation les destinant au mariage. Ce que Sigmund aimait en Annerl – ce petit nom affectueux lui avait été donné en famille –, ce n'était pas sa grâce féminine, c'était sa méchanceté ; il l'appelait « diable noir ». Mais elle n'aimait pas son prénom, qui était un palindrome, lui expliquait son père, un prénom qui se lit indifféremment de gauche à droite et de droite à gauche. Anna était aussi le prénom de la sœur cadette et concurrente de Sigmund, celle qui, en épousant Eli Bernays, le frère de Martha, devient aussi la belle-sœur de son frère.

Anna, la sœur, mourut centenaire, contrairement aux autres sœurs de Sigmund qui, victimes du nazisme, périrent en déportation. Anna, la fille, n'aimait sans doute pas partager son prénom avec une autre femme de la famille. Elle se voulait unique, comme Athéna jaillissant armée de la tête de Zeus, son père. Comme en écho à sa propre relation hostile avec sa sœur cadette, Freud écrivait à Anna, qui exprimait sa jalousie à l'égard de Sophie : « Tu devrais être généreuse avec ta sœur, sinon vous finirez toutes les deux comme deux de vos tantes, qui n'ont jamais pu s'entendre dans leur enfance et qui ont été punies en devenant incapables de se séparer – car l'amour et la haine ne sont pas très différents[2]. » Ce commentaire pourrait évidemment s'appliquer au lien passionnel et

1. Patrick Guyomard éclaire admirablement la figure de la fille d'Œdipe dans *La Jouissance du tragique*, *op. cit.*
2. Lettre inédite de Freud à Anna du 18 octobre 1910, citée par Élisabeth Young Bruehl, p. 49.

ambivalent entre le père et la fille. Adolescente, Anna eut accès à la bibliothèque de son père, où elle assistait, assise dans un coin, aux célèbres soirées du mercredi de la Société psychanalytique de Vienne. Telle fut son initiation à la psychanalyse.

Sigmund Freud réagit en patriarche tyrannique lorsque, à 18 ans, Anna a des prétendants, au rang desquels se présente Ernest Jones, le futur biographe de Freud ; Jones fait la cour à Anna, qui le soupçonne de s'intéresser davantage à son père qu'à elle-même. Celui-ci, d'ailleurs, ne tarde pas à écrire à Jones pour lui dire que son intérêt pour Anna est déplacé, qu'elle est trop jeune et qu'elle ne s'intéresse pas encore aux hommes. Le même scénario se répèta ultérieurement, notamment avec Sandor Ferenczi. Freud écrit à Anna : « Je sais de source sûre que le Docteur Jones a sérieusement l'intention de te faire la cour ; c'est la première fois que cela t'arrive de ta courte vie et je n'ai aucune intention de t'accorder la liberté de choix dont ont joui tes sœurs. Car il se trouve que tu as vécu plus intimement avec nous qu'elles et il me plaît de croire que tu aurais plus de mal qu'elles à prendre une pareille décision pour la vie sans notre consentement, en l'occurrence sans le mien[1]. » La mère d'Anna n'avait donc pas voix au chapitre. Dès lors, les dés étaient jetés, Anna était exclue du jeu de séduction avec les hommes. À l'époque où il rédigeait la biographie de Freud, Ernest Jones, son fidèle et cependant lucide disciple, écrivit à Anna : « Il semble avoir oublié l'existence de la pulsion sexuelle, car je vous avais trouvée et vous trouve encore très attirante. En tout cas, je vous ai toujours aimée et d'une façon assez honorable[2]. »

Freud eut la même attitude despotique à l'égard du choix de la profession d'Anna. À partir de 1915, Anna, qui ne deviendra jamais mère, fut entourée d'enfants, d'abord comme institutrice, puis comme « analyste d'enfants ». Mais son père voulait la garder à la maison. Ce n'est pas sans cruauté qu'il écrivit à Ferenczi : « Anna travaille dur pour l'examen, synonyme pour elle d'un poste d'institutrice, mais heureusement elle échouera à cause de sa voix (il y a une épreuve de musique). » Et il ajoutait avec un discernement

1. Lettre inédite de Freud à Anna du 16 juillet 1914, *ibid.*, p. 60.
2. Lettre inédite d'Ernest Jones à Anna du 5 juillet 1953, *ibid.*, p. 61.

impitoyable : « La petite a enfin la place qu'elle désire depuis l'enfance. Elle devient charmante, d'ailleurs, plus ravissante que les autres enfants[1]. » De fait, dès 1913, la psychanalyse resserra le lien entre le père et la fille. Anna écrit à Freud en évoquant un « malêtre », un trouble mystérieux : « J'espère que ce que j'ai eu ne reviendra plus. Je me suis demandé ce que c'était, car je ne suis pas vraiment malade. Cela vient, on ne sait trop comment et ensuite je me sens très fatiguée [...] J'aimerais beaucoup être raisonnable comme Mathilde [...]. P.S. Je ne peux pas t'en dire plus parce que je n'en sais pas plus moi-même, mais en tout cas je n'ai aucun secret pour toi[2]. » Anna commence à raconter ses rêves à son père et tente de se libérer de « cela », qui mobilise son énergie et lui donne une sensation d'épuisement. « Cela », ce sont les belles histoires compliquées, avec de nombreux héros, qu'elle se raconte pour lutter contre la masturbation.

Tels furent les préliminaires de sa cure psychanalytique avec son père. Désormais, elle partage ses rêves, ses fantasmes, ses émois avec Sigmund Freud, qui entre dans l'intimité psychique de sa fille. En se livrant à la « pulsion épistémophilique » de son père, c'est-à-dire à sa curiosité qui prend toujours racine dans la sexualité infantile, Anna se rendit indispensable à ce père, dont elle ne saurait plus désormais se séparer. Anna s'est emparée de la psychanalyse, qui fut d'abord une concurrente absorbant l'attention paternelle, comme d'une arme à double tranchant dans ses menées œdipiennes de séduction. Ainsi échange-t-elle une correspondance avec son père, dans laquelle ses rêves reçoivent parfois une interprétation. Comment ne pas songer à l'échange épistolaire entre Sigmund et Wilhelm, dans lequel le fondateur de la psychanalyse avouait à son ami que sa vie inconsciente n'échappe pas aux rets de l'universel complexe d'Œdipe ?

Cette identification d'Anna à Sigmund, son père, scella son destin pour le meilleur et pour le pire. Dans cette relation privilégiée, la mère d'Anna était exclue ; cette mère de famille était, avant tout, une femme d'intérieur, qui n'a jamais collaboré à l'œuvre de son mari, selon les propos mêmes de sa fille. Toutes les identifications à cette mère seront déniées par

1. Lettre de Freud à Ferenczi du 8 avril 1915, *ibid*, p. 65.
2. Lettre inédite d'Anna à Freud du 7 juillet 1913, *ibid*, p. 51-52.

Anna, qui avait rejeté toute emprise maternelle sur elle. Pourtant, dans cette correspondance entre le père et la fille s'inscrit en filigrane la trace d'une autre correspondance : celle que Sigmund, l'ardent fiancé, a échangée avec Martha, sa future épouse. Dans ces lettres enflammées, Sigmund manifeste jalousie et possessivité à l'égard de « sa princesse », de « son trésor », qui ressemblent beaucoup à celles qu'il exercera plus tard sur Anna[1]. Dans une lettre, Anna écrit à son père : « J'ai rêvé que tu étais roi et que j'étais une princesse. Quelqu'un voulait nous séparer au moyen d'intrigues politiques. Ce n'était pas beau du tout et très palpitant[2]. » Freud n'a pas interprété le rêve de sa fille dont la signification œdipienne est pourtant éclatante. « Quelqu'un voulait nous séparer... » suggère la place du tiers. La reine serait dans l'ombre, et non pas dans la lumière royale, auprès de son époux. Selon les mécanismes à l'œuvre dans la formation du rêve, et en particulier la figuration par le contraire, le rêve d'Anna éclaire sa rivalité avec sa mère, son désir de l'évincer par des manigances inconscientes auprès de son père. Elle ne peut s'identifier consciemment à sa mère, car ce serait la rejoindre dans le néant où elle la veut. Au cours de ces années, qui sont un préambule à la cure analytique proprement dite d'Anna, la thématique de ses créations oniriques se précise : son identification à des personnages masculins et la tonalité violente du scénario de ses rêves.

Anna-Antigone

Aujourd'hui, il serait extravagant qu'une fille soit psychanalysée par son père ou par sa mère. À l'époque où Freud a psychanalysé sa fille, la pratique de la psychanalyse n'était pas encore réglementée. Elle le fut à partir de 1926, au congrès de Bad Hombourg, où la formation des psychanalystes fut uniformisée. Avant cette date, bien des disciples du maître effectuèrent leur analyse en déambulant et en devisant avec lui dans le parc. Anna la commença alors que son père venait

---

1. Sigmund Freud écrivit un millier de lettres à sa fiancée ; une centaine seulement a été publiée ; ces lettres brûlantes mériteraient de figurer dans une anthologie de lettres d'amour romantique.
2. Lettre inédite d'Anna à Freud du 6 juin 1915, citée par Élisabeth Young Bruehl, *op. cit.*, p. 68.

d'écrire « Le tabou de la virginité ». Sigmund communiquait son enthousiasme à Sandor Ferenczi : « L'analyse d'Anna sera très élégante[1]. »

Anna rencontre des inhibitions au moment d'opérer des choix professionnels. Deux textes sont nourris de la cure analytique d'Anna : « Un enfant est battu[2] », que Sigmund publie en 1919, et « Fantasmes de fustigation et rêveries diurnes[3] », conférence qu'Anna rédige en 1922 pour entrer à la Société psychanalytique de Vienne. À cette date, elle n'a pas encore commencé sa pratique de la psychanalyse. En conséquence, les commentateurs ont rapidement identifié le matériau clinique de ce texte comme provenant de la cure d'Anna. L'histoire et la littérature psychanalytiques en ont retenu qu'il traduit sa propre problématique ; il manifeste, effectivement, comment, dans la sublimation, s'est tissée la trame du lien incestueux d'Anna à son père. Étrangement, Freud tolérait la présence de sa fille adolescente aux réunions du mercredi. Pour ses « innocentes » oreilles, les débats sur la sexualité, animés par son père et ses disciples, ont dû retentir sur son imagination déjà débridée. Entre 1910 et 1912 – Anna avait alors respectivement 15 et 17 ans –, les soirées de la Société viennoise de psychanalyse ont été souvent consacrées à des discussions sur la masturbation. Elle a pu retenir l'opinion de son père à ce sujet : « L'onanisme féminin mériterait une étude particulière[4]. » Elle s'est employée par la suite à développer ce sujet dans le texte grâce auquel elle est entrée dans le cénacle et est devenue disciple au même titre que les collègues de son père. Dans ces années-là, Lou Andreas-Salomé n'était pas encore entrée en scène. Une seule femme était présente à ces rencontres du mercredi : Sabina Spielrein, qui a influencé l'élaboration freudienne de la « pulsion de mort ». Cette pionnière contribua au débat par ses remarques cliniques sur la masturbation féminine et en relevant l'importance du plaisir psychique que procure l'invention de héros

1. Lettre inédite de Freud à Sandor Ferenczi du 10 octobre 1918, *ibid.*, p. 105.
2. Sigmund Freud, « Un enfant est battu », in *Contribution à la connaissance de la genèse des perversions sexuelles* (1919), *OCF. P.*, vol. XV, p. 115-146.
3. Anna Freud, « Fantasme d'être battu et rêverie », traduction de Claire Christien, in *Féminité mascarade*, Paris, Seuil, 1994.
4. *Les Premiers Psychanalystes, Minutes de la Société psychanalytique de Vienne,* IV, 1912-1918, traduit de l'allemand par Nina Bakman, Paris, Gallimard, 1983.

romanesques, ce plaisir étant une forme substitutive d'onanisme[1]. N'est-ce pas le rôle qu'Anna a attribué à ses « belles histoires » ? Et dans le transfert, ne les refaçonne-t-elle pas en belle histoire théorique ?

Dans « Fantasme d'être battu et rêverie », elle analyse l'aventure fantasmatique d'une jeune fille de quatorze ou quinze ans. Les fantasmes sont apparus vers l'âge de cinq à six ans : « Un garçon est battu par un adulte » ; plus tard, le scénario se modifie : « Beaucoup de garçons sont battus par beaucoup d'adultes » ; mais les personnages demeurent non identifiés, de même que la faute qui a entraîné le châtiment. Ces scènes brèves, isolées de leur contexte, entraînent une forte excitation qui se résout par la masturbation. Pendant la période de latence, entre huit et dix ans, les fantasmes font place à de « belles histoires » dans lesquelles règne l'harmonie ; les personnages ne sont plus indistincts, ils appartiennent à une époque lointaine ; les sentiments sont dénués de toute culpabilité ; le plaisir domine, mais sans recours à la masturbation. Ces *continued stories* constituent une sorte de feuilleton. Mais, progressivement, le fantasme primitif resurgit et envahit la scène à nouveau. Le personnage principal sera un garçon du même âge que la jeune scénariste. Désormais, le conflit oppose le jeune homme faible à un homme fort plus âgé. La faute qui est à l'origine du châtiment reste indéterminée. Le dénouement est heureux, puisque le fautif obtient le pardon. Dans cette composition, les protagonistes sont les forts et les faibles, c'est-à-dire les parents et les enfants. La torture n'est qu'une menace puisqu'elle appartient à la dramaturgie du fantasme « Un enfant est battu » ; elle n'est pas admise dans la belle histoire qui prend pourtant racine dans ce fantasme ; la scène « des coups » n'est qu'une scène d'amour déguisée.

Anna Freud écrit : « Dans ce fantasme de désir incestueux provenant de la petite enfance, une réunion de toutes les pulsions sexuelles sur le premier objet d'amour, le père, s'était déjà produite[2]. » Dans cette création, la différence des sexes est abandonnée au profit de l'opposition entre celui qui est magnifié et celui qui est rabaissé. La fille s'est transformée en

1. *Les Premiers Psychanalystes, Minutes de la Société psychanalytique de Vienne*, *op. cit.*, p. 102.
2. *Fantasme d'être battu*, *op. cit.*, p. 71.

garçon[1]. Le 31 mai 1922, Anna a prononcé sa conférence à la gloire du père. Elle sollicitait la reconnaissance des membres de la Société psychanalytique de Vienne pour y être admise. Son propos préliminaire révèle comment elle souhaite occuper une place dans la psychanalyse, c'est-à-dire dans le territoire de Sigmund : « Dans la communication que j'apporte, il s'agit d'une petite illustration d'une étude du professeur Freud, "Un enfant est battu"[2]. »

Une lecture parallèle du texte du père et de celui de la fille met en évidence les impasses de la cure d'Anna, qui ne s'est pas délivrée ni de ses fantasmes, ni de son identification masculine. L'interprétation par Freud du fantasme de fustigation aide à comprendre les obstacles rencontrés par sa fille dans sa destinée féminine. Le premier temps du fantasme énonce : « Le père bat l'enfant haï par moi ». Cela signifie : « Le père n'aime pas cet autre enfant, il n'aime que moi. » Dans le second temps, le fantasme devient : « Je suis moi battu par le père. » Dans le troisième, le sujet est impersonnel : « Un enfant est battu ». Freud indique que, chez les filles, le processus est plus compliqué. Son interprétation, surprenante, met en évidence ce que furent les enjeux transférentiels de l'analyse d'Anna : « Lorsqu'elles se détournent de l'amour génital incestueux pour le père, les filles rompent le plus facilement du monde avec leur rôle féminin, donnent vie à leur complexe de virilité (Van Ophuijsen) et désormais ne veulent être que des garçons. C'est pourquoi les souffre-douleur qu'elles se donnent comme substituts sont aussi des garçons. »

La cure analytique d'Anna fut l'enclos des fantasmes incestueux. La fille soumettait à l'interprétation du père les fantasmes dont il était l'objet ; dans cette relation de proximité, la confusion des rôles de père et d'analyste d'un côté, de fille et d'analysante de l'autre, a entraîné sans doute également une indistinction entre l'interprétation, l'action de l'analyste et l'action supposée du père dans le fantasme : être battue par lui, c'est-à-dire être aimée sexuellement par lui. Dans cette relation paradoxale, Anna a joui du lien privilégié avec son père, mais au prix du maintien de ses symptômes ; être seule avec lui, sans la mère, certes, mais avec un sentiment de culpabilité ;

1. *Fantasme d'être battu*, *op. cit.*, p. 72.
2. *Ibid.*, p 58.

car, en intervenant sur le monde fantasmatique d'Anna, en le décomposant, Freud envahissait son intériorité, il « maltraitait » sa fille. À l'insu de l'un et de l'autre, dans ce transfert insoluble, la scène du fantasme de fustigation s'est perpétuée sans que fût possible la levée du refoulement.

Comment s'étonner dès lors de la mutation du personnage féminin en personnage masculin dans le fantasme ? Dans son texte, Anna interprète cette transformation en la délestant de sa portée érotique : « Le fait que la différence des sexes soit abandonnée au cours du développement de ce fantasme et que la fille se représente régulièrement transformée en garçon aide, bien sûr, à une telle sublimation de l'amour sensuel en amitié tendre[1]. » L'hypothèse inverse peut être avancée : n'est-ce-pas plutôt parce que la fille n'a pas renoncé à son amour incestueux à son père qu'elle renonce à son rôle féminin et qu'elle s'identifie au père ? Cette transformation est une mesure de sauvegarde inconsciente : demeurer dans « l'inceste » sous une autre forme ; le corps excitable de la fille s'est retiré du jeu. Dans ce théâtre inconscient, la mère d'Anna reste en coulisses ; elle souffle cependant bien des répliques qu'Anna et son père n'entendent pas. Au cours de son analyse, Anna découvre, par exemple, Cyrano de Bergerac ; elle se prend de passion pour la pièce d'Edmond Rostand en mêlant sa quête d'amour à celle du poète meurtri : Roxane, la précieuse, n'entend que les vers qui la glorifient. Anna, à l'instar de Cyrano, attend qu'un regard féminin se pose tendrement sur elle. Cet engouement d'Anna pour ce personnage blessé dans son narcissisme indique comment Anna recherche le féminin incarné par des mères, ou par des femmes de la génération de sa mère. J'ai souligné que dans le transfert avec ses patients, hommes ou femmes, Freud refusait d'occuper la place maternelle[2].

La cure d'Anna ne pouvait que conduire les deux acteurs à une impasse, malgré son issue favorable, orientée vers la sublimation. Le lien précoce de la fille à sa mère n'a pas été pris en compte dans ce transfert avec son père, et il laisse Anna dans une errance, à la recherche de ce qui lui a manqué dans son enfance. Sigmund en perçoit quelques indices, à un

1. *Fantasme d'être battu*, *op. cit.*, p. 72.
2. Cf. Introduction, et supra I, Freud et le féminin, 1, « L'Autre fraternel ».

moment donné, puisqu'il demande de l'aide auprès d'une femme : Lou Andreas-Salomé est invitée dans la famille Freud essentiellement pour s'occuper d'Anna. Une relation triangulaire s'instaure. Lou devient la confidente d'Anna.

Sigmund, Anna et Lou

Lou a soutenu Anna dans la rédaction de sa conférence inaugurale ; Anna rendit hommage à cette mère adoptive sans enfants, qui avait séduit Nietzsche, Rilke, Tausk, le disciple talentueux de Freud, psychanalysé par Helene Deutsch et qui s'est suicidé ; Sigmund tomba sous le charme de cette femme enveloppée – protégée ? – dans de somptueuses fourrures, et qui séduisait les hommes de génie ; il réclamait sa présence aux soirées de la Société viennoise de psychanalyse : « J'ai pris la mauvaise habitude de toujours adresser ma conférence à une certaine personne de mon cercle d'auditeurs et ne cessais hier de fixer comme fasciné la place vide que l'on vous avait réservée[1]. » Leur correspondance révèle la profondeur de leur attachement réciproque. Dans son texte de 1917, « Des transpositions pulsionnelles, en particulier celles de l'érotisme anal », Freud adhère à la théorie de la sexualité féminine développée par Lou Andreas-Salomé dans son article « Anal et sexuel[2] ». À propos du désir d'enfant, Freud souligne la contiguïté du rectum et du vagin « en quelque sorte pris en location à celui-ci, selon le mot heureux de Lou Andreas-Salomé[3]. »

Lou décéda le 5 février 1937. Freud fit l'éloge funèbre de cette femme, selon lui, exceptionnelle : « Quiconque l'approchait était très fortement impressionné par la sincérité et l'harmonie de son être, et s'apercevait avec stupéfaction que toutes les faiblesses féminines, et peut-être la plupart des faiblesses humaines, lui étaient étrangères ou qu'elle les avait surmontées, au cours de sa vie[4]. » Lou Andreas-Salomé, tellement idéalisée par Sigmund Freud, le fut également par Anna. Selon

1. Lou Andreas-Salomé, Lettre du 10 novembre 1912 de Sigmund Freud à Lou Andreas-Salomé, *Correspondance avec Sigmund Freud, suivie du Journal d'une année* (1912-1913), traduit de l'allemand par Lily Jumel, Paris, Gallimard, 1970, p. 17.
2. Lou Andreas-Salomé, *L'Amour du narcissisme, textes psychanalytiques*, Paris, Gallimard, 1980.
3. Sigmund Freud, *OCF. P.*, vol. XV, p. 62.
4. *Ibid.*, p. 457-458.

la volonté de son père, Lou prit le relais transférentiel auprès d'Anna. Désormais, celle-ci devint leur « fille-Anna ». À partir de 1920, Freud remanie sa théorie, en particulier sa conception de la sexualité féminine. Il examine à nouveau le « cas Dora » à la lumière de sa nouvelle approche du complexe d'Œdipe féminin[1]. Il réalise que le premier objet d'amour n'est pas le père, mais la mère. Au cours de la cure d'Anna, il publie, en 1920, « Psychogénèse d'un cas d'homosexualité féminine[2] » ; ce texte interprète la crise d'une jeune fille qui, déçue dans son amour passionné pour son père, se détourne du choix d'objet hétérosexuel. Par conséquent, elle se replie, dans son attirance à l'égard des femmes d'âge mûr, sur son lien infantile à sa mère. Comme Anna, la jeune homosexuelle n'a pas renoncé à son lien inconscient incestueux à son père. Le conflit libidinal de cette jeune patiente résonne avec les difficultés affectives d'Anna. Sigmund Freud l'a-t-il perçu ?

Les grands textes de Freud sur la sexualité infantile ont éclos entre 1919 et 1925, pendant les deux périodes de l'analyse d'Anna. Ce point mérite d'être souligné. En 1925, Sigmund, malade, affaibli par son cancer, ne fut pas en mesure de prononcer sa conférence au congrès de Bad Hombourg. C'est Anna qui lut son texte, intitulé « Quelques conséquences psychiques de la différence des sexes au niveau anatomique[3] ». Dans cette étude, Freud déploie une nouvelle conception de la féminité. Serait-ce dans l'après-coup de la cure de sa fille ?[4] À partir de 1923, celle-ci devient l'infirmière de son père, outre les autres rôles qu'elle joue déjà auprès de lui. C'est elle qui lui dispense les soins. Serait-ce un renversement des rôles ? Sigmund, fragilisé par les premières interventions mutilantes de son cancer de la mâchoire, demande à Anna de reprendre l'analyse avec lui[5]. Il a confié à Lou que sa

1. « Fragment d'une analyse d'hystérie », *op. cit.*
2. Sigmund Freud, *OCF. P.*, vol. XV ; cf. chapitre suivant « Sidonie et le défi du nom ».
3. Sigmund Freud, *OCF. P.*, vol. XVII, p. 189-202.
4. Georges Pragier et Sylvie Faure-Pragier, argumentent cette hypothèse dans leur article « Une fille est analysée : Anna Freud », in *Revue française de psychanalyse*, 2 / 1993.
5. Lou Andreas-Salomé–Anna Freud, *Correspondance, op. cit.* Lettre d'Anna à Lou du 5 mai 1924, p. 258 : « J'ai repris un bout d'analyse avec papa, à nouveau le soir, comme jadis. Le motif en a été offert par un comportement pas très satisfaisant de ma chère intériorité, une insistance occasionnelle tout à fait inconvenante des rêves diurnes accompagnée d'une intolérance corporelle croissante envers les fantasmes de fustigation et leurs suites, sans que je puisse pourtant m'en passer. Ce n'était rien de grave, mais papa a saisi l'occasion pour me proposer une poursuite de mon analyse qui était restée un fragment interrompu. »

fille lui était aussi nécessaire que ses cigares : « Ma “fille Anna” me manque beaucoup aussi : elle est partie le deux de ce mois pour Berlin et Hambourg. Il y a longtemps que je la plains d'être encore chez ses vieux […]. Mais, d'autre part, si elle devait vraiment s'en aller, je me sentirais aussi appauvri que je le suis en ce moment, par exemple, ou que s'il fallait renoncer à fumer[1]. » L'expérience douloureuse du cancer traverse son article « Le problème économique du masochisme[2] » qui prolonge et recentre la thématique de l'article « Un enfant est battu ». Entre le père et la fille, dans le transfert, le masochisme apparaît bien comme l'un des destins du féminin, ou plutôt comme une défense contre le féminin.

À ce moment-là, Anna a commencé sa pratique de la psychanalyse. Au cœur de sa nouvelle identité, « psychanalyste d'enfants », n'est-elle pas toujours rivée à son père ? Autrement dit, Anna n'a-t-elle pas transféré dans sa pratique ce lien d'identification à son père ? Elle communique à Lou sa prise de conscience concernant la bizarrerie de sa propre cure. Elle reconnaît « l'absence de la tierce personne vers laquelle s'effectue le transfert et avec laquelle on réalise et on liquide les conflits […] ». Elle constate la persistance de ses symptômes : « Nous menons très sérieusement la poursuite de mon analyse. Il se fait tard habituellement lorsque nous commençons, 9h 1/2 du soir, parfois plus tard encore. Mais ça va assez bien, en dépit de plus d'une difficulté et de tentations d'insincérité qu'induit la proximité extra-analytique[3]. »

À partir de 1927, Anna vit aux côtés d'une femme, Dorothy Burlingham. Celle-ci est américaine ; mère de famille divorcée, elle confie ses enfants à Anna, qui devient leur psychanalyste. De son côté, Anna les installe au 19 Berggasse, dans l'immeuble habité par la famille Freud. Elle n'eut de cesse d'amener Dorothy sur le divan de Sigmund. S'agissait-il pour Anna d'échapper à la tutelle et à l'intrusion de son père ? Ou bien voulait-elle forcer son père à entendre ce qu'il refusait reconnaître de son sentiment de dépossession d'elle-même ? Dans une lettre à Max Eitingon, proche disciple de Freud, Anna éclaire l'enjeu presque vital

1. Lettre de Freud du 13 mars 1922 à Lou, *op. cit.*, p. 143.
2. « Le problème économique du masochisme » (1924), *op. cit.*, vol. XVII, p. 9-23.
3. *Correspondance Lou Andreas-Salomé–Anna Freud*, p. 262, Lettre du 15 mai 1924.

dans sa relation aux enfants de Dorothy Burlingham, qui étaient ses jeunes patients : « Je pense parfois que je veux non seulement les guérir, mais aussi, en même temps, les avoir à moi, ou avoir quelque chose d'eux à moi [...]. » N'exprime-t-elle pas ce qu'elle a ressenti de la part d'un père prédateur et qu'elle reproduisait, elle, dans un désir forcené de possession de l'autre ? Elle ajoute : « Vis-à-vis de la mère des enfants, les choses ne sont pas très différentes. [...] « Assez curieusement, cependant, j'ai vraiment honte de tout cela, surtout devant Papa, c'est pourquoi je ne lui en parle jamais. Cela n'est qu'un petit exemple, mais en réalité j'éprouve cette dépendance, ce désir d'avoir quelque chose, même en laissant de côté ma vie professionnelle, jusque dans le moindre recoin de mon existence[1]. »

Avec Dorothy Burlingham et ses enfants, Anna bâtit, au domicile de son père, une famille de substitution. Quelle fut la nature de la passion qui unissait ces deux femmes ? Anna a toujours nié être homosexuelle. Anna et Dorothy se présentaient plutôt comme deux jumelles, fusionnées, inséparables. Ensemble, elles fondèrent une crèche, puis une clinique psychanalytique pour enfants, la Hampstead Clinic.

Comment Anna a-t-elle pu sortir de son analyse ? Quelle théorie du transfert a-t-elle pu produire, en ayant été analysée par son propre père ? Comment théorisait-elle le contre-transfert ? L'histoire de l'analyse de Peter Heller avec Anna nous apporte quelques réponses à ces questions. Ainsi, dans les cures avec les enfants, le transfert ne doit pas s'analyser, car les enfants sont encore sous la tutelle de leurs parents. Cette position théorique n'exprime-t-elle pas ce que fut l'impasse de l'analyse d'Anna, l'aporie transférentielle de sa cure ? Dans la transmission, le transfert se loge dans l'écriture, il dépose sa trace dans les écrits. Anna Freud, selon la parole paternelle, est devenue « analyste d'enfants ». En 1936, Freud écrit « Un trouble de mémoire sur l'Acropole[2] », qu'il adresse à Romain Rolland pour son soixante-dixième anniversaire. La même année, Anna rédige, pour honorer les quatre-vingts ans de son père, l'ouvrage intitulé *Le Moi et les*

1. Lettre d'Anna Freud à Max Eitingon du 19 février 1926, citée par E.Y. Bruehl, p. 121.
2. Sigmund. Freud, « Un trouble de mémoire sur l'Acropole (Lettre à Romain Rolland) », *Résultats, idées, problèmes*, II, 1921-1938, Paris, PUF, 1985.

mécanismes de défense[1]. Dans son texte, tout imprégné du thème de la transmission et de la dette symbolique, Sigmund Freud fait référence à Anna : « L'étude de ces moyens de défense [du moi] se fait actuellement dans mon voisinage le plus proche : ma fille, l'analyste d'enfants, écrit un livre sur ce sujet[2]. »

Une analyse d'enfant avec Anna Freud[3]

Cet ouvrage contient l'ensemble du matériel qu'Anna Freud accumula entre 1929 et 1932, au cours de l'analyse de Peter Heller. Cette cure se déroula de l'âge de neuf ans à l'âge de douze ans. Nous avons ainsi accès aux dessins produits pendant ses séances, ainsi qu'aux lettres, aux poèmes, aux histoires, aux essais, rédigés par lui tout au long de son analyse, qui fut très longue. À l'origine de la publication de Peter Heller, il y eut l'envoi, par Anna Freud, d'une copie de ses poèmes d'enfant, accompagnée d'une lettre lui demandant si elle devait conserver les documents le concernant, s'il souhaitait les récupérer après sa mort ou si elle devait les détruire. Il répondit qu'il souhaitait les acquérir alors qu'elle était encore en vie. Il reçut donc le paquet en 1974. Il bâtit alors le projet d'écrire un ouvrage en trois cercles concentriques. La première partie, qui est devenue le livre effectivement publié, devait contenir son analyse d'enfant et un retour en arrière sur « le cas de cet enfant unique névrosé, grandissant dans un milieu privilégié de la Vienne de la fin des années 1920 et du début des années 1930[4]. Dans la seconde partie, le cercle devait s'élargir et intégrer la description de l'école fondée par Dorothy Burlingham et Eva Rosenfeld ; cette entreprise qui était soutenue par Sigmund et Anna Freud, reposait, en fait, sur un projet éducatif en vase clos, dans une société qui allait accueillir le nazisme. Dans le troisième cercle, Peter Heller se proposait d'analyser, à la manière de Sigmund Freud dans *Malaise dans la civilisation*, l'état chaotique des civilisations occidentales.

1. Anna Freud, *Le Moi et les mécanismes de défense, op. cit.*
2. Sigmund Freud, « Un trouble de mémoire… », *op. cit.*, p. 228.
3. Peter Heller, traduction française par Salomé Buckhardt et Judith Rueff, Paris, PUF, 1996, à partir de la version anglaise, *A Child Analysis with Anna Freud* (1990) ; texte original en allemand (1983), *Eine Kinderanalyse bei Anna Freud* (1929-1932).
4. *Ibid.*, p. 54.

En relisant les notes se rapportant à l'histoire de son analyse d'enfant, Peter Heller fut bouleversé de constater la ressemblance entre ses difficultés d'enfant et celles du quinquagénaire qu'il était devenu. À l'âge adulte, il demeura en analyse, indéfiniment, notamment avec Ernest Kris. Il ne put réaliser son projet dans toute son ampleur, il se sentait bloqué, « comme enfermé dans un labyrinthe ». Au matériel de son analyse, il ajouta sa rétrospective, sa vision après-coup de sa cure. Le livre présente un va-et-vient entre le texte de l'analyste et celui de l'analysant, dans un mouvement transférentiel-contre-transférentiel incessant. Peter Heller demanda à Anna Freud l'autorisation d'utiliser le matériel qu'elle lui avait envoyé. Elle lui répondit qu'il pouvait l'utiliser pour une autobiographie, mais non pas pour décrire l'analyse, ce que seule l'analyste, c'est-à-dire elle-même, pouvait faire. Peter Heller s'insurgea ; il pensait, à juste titre, qu'il était partie prenante de l'exposé de son cas. Peter n'approchait-il pas alors dans ce propos ce qu'il en est du transfert ? Il précisait d'ailleurs : « Ma relation avec Anna Freud était une partie essentielle de mon enfance. Mise à part ma mère, et en opposition avec elle, Anna Freud a été mon grand amour[1]. »

Lorsque Peter Heller envoya son manuscrit à Anna avant de le publier, il attendit ses réactions, toujours inscrit dans une tension entre l'amour et la haine ; finalement, elle l'autorisa à utiliser son matériel comme bon lui semblerait.

La première partie du livre est donc consacrée aux notes prises par Anna Freud pendant les séances ; en appendice apparaissent les différents écrits de celui-ci au cours de son analyse. Dans la seconde partie, intitulée « Rétrospective », Peter propose sa propre lecture, après-coup, quarante ans plus tard, du matériel produit au cours de son analyse d'enfant. Peter devient l'analyste de son analyse, lui qui n'est jamais devenu psychanalyste, mais professeur de littérature allemande et de littérature comparée. La fin de l'ouvrage contient le Supplément à l'analyse de Peter, les notes prises par Anna Freud lors de deux séances datées d'octobre 1934, ainsi que les commentaires de Peter rédigés en 1994, bien après la mort d'Anna. En 1993, Peter a en effet découvert les

1. *Ibid.*, p. 56.

notes du Supplément, déposées au département des manuscrits de la Bibliothèque du Congrès. Pour Peter, cette histoire avait donc soixante ans ! Ce supplément ne pouvait donc pas figurer dans l'édition originale en allemand, publiée en 1983, ni dans l'édition anglaise de 1990 ; en revanche, il apparaît dans l'édition française de 1996.

Peter entre en analyse

Peter commença son analyse en 1929. Il était un enfant déchiré entre des parents séparés, mais qui ne divorceront qu'en 1934, après l'analyse de Peter. Sa mère, amoureuse d'un autre homme, avait quitté son mari, et Peter était resté vivre avec son père. Il était en proie à des terreurs nocturnes et se réveillait la nuit, se dressait sur son lit, les yeux grand ouverts comme s'il voyait quelque chose, et il s'écriait : « S'il te plaît, s'il te plaît, pas ça[1]. » Il avait peur de traverser en plein jour des couloirs sombres, peur de la mort et de renaître en enfant chétif. Ses dessins montrent des personnages dont les yeux, très soulignés, sont en relief, comme si ces personnages étaient essentiellement regard. Des personnages masculins et féminins alternent : on distingue un attroupement d'enfants liés, ligotés, mais aussi la silhouette d'un enfant auprès d'un adulte ; des scènes de colère, où apparaissent une femme vilaine, terrifiante, hors d'elle, et à côté, une femme paisible, mais aussi de petits personnages fantomatiques, un angelot, et des formes évoquant les organes sexuels différents.

Le couple formé par ses parents s'est défait au moment où sa mère a accouché d'un second fils mort-né et a connu des problèmes de santé. Peter ne se souvenait pas qu'on lui eût parlé, dans son enfance, de ce frère mort à la naissance. Cependant, les petits êtres angéliques de ses dessins indiquent qu'il était inscrit dans son inconscient et se manifestait probablement à travers sa crainte de mourir et de renaître en enfant chétif. Il souffrait de la dissension de ses parents ; il avait peur pour son pénis ; il voulait être grand. Abandonné par sa mère, il n'a jamais surmonté cette épreuve de séparation ; son narcissisme de garçon fut irrémédiablement entamé et il entra dans l'incertitude. Pourquoi sa mère l'avait-elle abandonné ?

1. *Ibid.*, p. 64.

Peter avait quatre ans quand sa mère tomba amoureuse d'un autre homme que son père, lequel en fut profondément blessé. Celui-ci posa comme condition à la séparation que son fils vive avec lui. Le père eut, lui aussi, des liaisons extraconjugales. Peter se retrouvait au milieu de l'imbroglio amoureux de ses parents. Comment pouvait-il se situer comme enfant dans le monde désordonné des adultes ? Les parents n'étaient pas divorcés et poursuivaient une relation de camaraderie, source de difficultés pour un enfant qui ne peut, alors, intégrer la séparation effective de ses parents.

Peter appelait son père par son prénom, Hans. Sa mère, Margarete ou Gretl, devenait Mem qui, en allemand, est un diminutif tendre de maman, ou encore Menga, création onomastique de Peter. Sa mère était double, aimée et haïe, telle qu'elle se profile dans les notes d'Anna et les commentaires de Peter ; Anna Freud ne mentionne pas ces particularités langagières, en particulier, le fait que Peter ne pût dire papa, qui, pourtant, révèle la façon dont il se situait par rapport au couple parental : papa et maman étaient déliés. Le prénom de Hans n'aurait-il pas réveillé chez Anna le souvenir d'un autre petit garçon, le petit Hans, qui, lui aussi, était préoccupé par l'intégrité de son pénis, et tracassé, comme Peter, par la masturbation ?

Peter Heller était en analyse avec Anna Freud, comme les enfants de Dorothy Burlingham et le neveu d'Anna ; de même que tous les enfants des parents en analyse étaient éduqués à l'école Burlingham-Rosenfeld. Peter était alors amoureux de Tinky, la plus jeune fille de Dorothy. Il voulait faire partie de la famille Burlingham, retrouver une famille à lui. D'ailleurs, devenu jeune adulte, il se maria avec Tinky. Celle qu'il appelait *Mother*, c'était Dorothy, la « mère » de tous les enfants de l'école privée, très élitiste ; Mother était la mère par excellence, en opposition à *Mem-Menga*, la mauvaise mère à la vie dissolue, qui avait abandonné son fils. L'interaction entre la scène analytique, le cadre de la cure, celui de la famille et de l'école, et l'espace privé était totale.

Peter était allongé sur le divan, ce qui peut surprendre aujourd'hui, où les cures avec les enfants ne font pas appel au même dispositif que les analyses d'adultes. Dans cette position, comment pouvait-il dessiner ? Quant à Anna, elle tricotait ou faisait du crochet. Peter ressentait Anna comme étouffante ; elle dominait toute sa vie. Le transfert maternel est resté non élucidé, pour l'une et pour l'autre, ainsi que l'exprime Peter. En fait, il avait une mère de substitution, Thesi, une amie de sa mère, laquelle lui avait confié l'éducation de Peter. Celui-ci avait donc deux figures maternelles, l'une bienveillante (la mère de substitution), l'autre maléfique (la vraie mère). Dans l'analyse, il y aura Anna Freud et Dorothy Burlingham. Ainsi, tout était mélangé ; le cadre de l'analyse était aussi flou que le cadre familial, auquel il faut ajouter les partenaires du père et de la mère.

Le mal de mère était partagé, dans le transfert, par Peter et Anna. Peter devait adopter toutes ces mères de substitution, tandis qu'Anna vivait par procuration une relation maternelle avec tous les enfants de l'école et avec tous ceux qui étaient en analyse avec elle. Dorothy n'était-elle pas aussi sa *Mother* ? Peter se sentait pris dans une toile d'araignée tissée par Anna ; il ressentait le conflit entre sa mère et son analyste, sans doute en résonance avec le conflit parental. La mère supposait qu'Anna la condamnait ; en retour, elle traitait l'analyste de son fils de « vieille fille frigide », car elle l'exhortait à ne pas se laisser toucher les seins par son fils. Plus tard, Peter entra dans la famille Burlingham, qu'il idéalisait, lui, le petit juif fasciné et envieux des magnifiques petits aryens qui avaient une mère admirable qui se sacrifiait pour eux. Le foyer de Dorothy Burlingham devint la deuxième maison de Peter.

Conflit d'identité sexuelle

Dans les notes d'Anna figurent peu d'interprétations portant sur le transfert. Deux d'entre elles méritent d'être soulignées car elles sonnent juste. Anna souligne la propension de Peter à provoquer répétitivement des querelles, des disputes, pour anticiper la scène traumatique originelle de l'abandon, celui-ci étant la punition méritée pour ses péchés et ses transgressions. Elle relève également que la présence d'affectation dans les paroles et les gestes de Peter est toujours le signe que quelque chose concernant la mère est en jeu ; la mère, si peu maternelle et tellement égocentrique, était une grande séductrice dans l'art de la conversation. Anna fait référence à un rendez-vous manqué, qu'elle avait dû annuler. Lors de sa séance suivante, Peter fouilla dans tous les secrets les plus lointains et les plus sombres au lieu de demander tout simplement à Anna pourquoi elle avait annulé son rendez-vous. La relation à la mère absente était au cœur du transfert.

Le voyeurisme et l'exhibitionnisme de Peter, son intérêt pour les toilettes publiques, étaient une tentative de réponse à sa question existentielle : avait-il été abandonné par sa mère parce qu'il était un cochon ou bien était-il devenu un cochon parce que sa mère l'avait abandonné ? L'analyse de Peter se déroula pendant la période pré-pubertaire et pubertaire, période qui entraîne un remaniement des identifications liées aux modifications corporelles. Peter apprécie rétrospectivement qu'Anna Freud ne comprît pas grand chose aux bouleversements pubertaires chez un garçon : « Elle était comme une gouvernante moralisatrice et désemparée », tandis qu'il voulait faire ses preuves en se conduisant comme un Don Juan et en étant très préoccupé par l'état de son organe viril. Quant à Anna, elle était surtout alertée du fait que Peter, vivant avec son père, pouvait devenir homosexuel. Sa crainte était telle qu'elle préconisa qu'on l'envoie en pension, mais le père refusa. Peter était partagé entre son angoisse de quitter sa maison, sa nostalgie de sa mère et le désir d'échapper au conflit parental. Beaucoup de jeunes patients confrontés à la mésentente des parents tentent de trouver une issue, toujours délicate, à leur malaise d'enfant coincé dans leur amour pour deux êtres qui s'opposent.

Peter parvenait difficilement à se poser dans son identité de garçon, au seuil de la puberté, face à un couple parental disloqué ; Anna entend le malaise de Peter comme un conflit d'identité sexuelle. Selon elle, c'est au moment où il aura choisi le versant masculin ou le versant féminin qu'il pourra prendre parti pour l'un ou l'autre de ses parents. C'est la raison pour laquelle elle accorde beaucoup d'importance à la masturbation de Peter. Le modèle de la cure du petit Hans peut se lire en filigrane.

Ne s'agit-il pas surtout de la propre question d'Anna laissée en rade dans sa propre cure : qu'en est-il de son identité sexuelle et de son choix d'objet d'amour ? En ce point précis de l'analyse de Peter s'entrevoit le désir de l'analyste Anna contre celui de Sigmund, son père analyste. Selon Anna, les terreurs nocturnes de Peter étaient liées à la scène primitive ; Anna, analyste, manifeste la même insistance que son père avec Serguéi Pankejeff, l'Homme aux loups. Peter devait retrouver un indice : où était-il dans la scène primitive ? Occupait-il la position du père ou celle de la mère ? Ce que Peter exprime, c'est un aveuglement concernant la séparation de ses parents. Anna, elle, est aveuglée dans sa quête d'une scène où elle est elle-même figée, fascinée ; elle assigne son jeune patient à cette place de voyeur, tentant de déchiffrer, dans le transfert, le message sexuel qui l'intéresse, elle. Ainsi les dessins de Peter montrent-ils des personnages qui sont regard, essentiellement regard. Alors que, du point de vue de Peter, le drame réside dans l'abandon par sa mère, qu'il n'a pas surmonté, et dans sa relation problématique avec son père. Pour Anna, Peter ne pourrait découvrir lequel de ses parents il préférait que le jour où il choisirait entre l'attitude masculine et l'attitude féminine. La question de l'homosexualité est donc l'axe fixé par Anna pour conduire cette cure. Peter ne manque pas de le souligner dans le Supplément à son analyse. Or, comme tous les enfants, Peter est fait de son père et de sa mère, de la rencontre sexuelle entre un homme et une femme. Anna semble introduire un clivage dans le couple et dans la subjectivité de Peter. Cette position dans le transfert était liée aux difficultés qu'Anna rencontrait elle-même face au couple parental et au choix d'objet érotique.

La souffrance de Peter, dans son lien à sa mère, laquelle se suicidera comme sa propre mère, demeure aussi intense. Comme tous les enfants abandonnés, Peter tentera de donner un sens à l'abandon de sa mère. Comme tous les enfants dans la même situation existentielle et affective, il continuera de se sentir fautif, responsable, comme étant, lui, à l'origine du désastre. En 1994, Anna, son analyste, est morte. Peter lui adresse, dans l'au-delà, son propre message, sous forme inversée, dans une identification à l'agresseur[1]. Dans son commentaire au Supplément de son analyse ajouté par Anna, il donne une lecture cruelle du texte d'Anna, « Fantasme de fustigation et rêverie diurne». Comme sa mère, qui détestait

1. L'identification à l'agresseur est l'un des mécanismes de défense du moi décrits par Anna Freud dans *Le Moi et les mécanismes de défense*.

Anna, l'analyste de son fils avec qui elle se sentait en rivalité et jugée par elle, Peter attaque la femme dans l'analyste Anna, qu'il injurie en la traitant de « vieille fille, lesbienne, onaniste ». Le Supplément, consulté à la Bibliothèque du Congrès, a déclenché sa rage contre Anna. La fièvre est remontée. Sa fureur s'exprime dans un jeu de mots à propos du commentaire qu'il écrit *nachträglich*, après-coup, mais aussi *nachträgerich*, c'est-à-dire rancunier.

Peter Heller, l'honorable universitaire, exilé dans le monde anglo-saxon dès 1938, était divorcé de Katrina E. Burlingham (Tinky). Il s'était remarié et avait cinq enfants ; sa renommée d'écrivain et de professeur était considérable[1]. Cependant, il était resté, ainsi en témoigne-t-il dans son livre, enfermé dans la toile qui s'était tissée soixante ans plus tôt, à l'intérieur du cercle magique de son analyse d'enfant.

Au soir de sa vie, Anna Freud, l'« analyste d'enfants », avait accompli son destin de vestale. Elle s'était endormie pour toujours, enveloppée dans le grand loden de Sigmund qu'elle avait mis à sa taille. Désormais, entre le père et la fille, le féminin comme énigme demeure captif.

1. En 1992, avant sa lecture du Supplément, il édita et préfaça les *Lettres à Eva Rosenfeld* (1919-1937) d'Anna Freud, Paris, Hachette Littératures, 2003. Eva Rosenfeld avait fondés avec Dorothy Burlingham l'école psychanalytique de Hietzing (1927-1931), où Peter Heller fut élève et patient.

2- Sidonie et le défi du nom

> « Vous avez des yeux si rusés… Je n'aimerais pas vous rencontrer dans la vie en tant que votre ennemi. »
>
> Freud à Sidonie Csillag.

L'histoire débute comme un conte de fée. Freud présente la jeune homosexuelle à son lecteur : « Une jeune fille de dix-huit ans, belle et intelligente, issue d'une famille de rang social élevé […][1]. » Il est remarquable qu'il la protège, ainsi que sa famille, en la maintenant dans un rigoureux anonymat ; il ne lui prête même pas un prénom fictif. Le dénouement de cette aventure psychanalytique ne fut pas heureux ; Freud abrégea lui-même la cure. Il était pourtant sur un terrain de prédilection avec cette patiente qui lui rappelait toutes les jeunes filles en fleur : Anna, sa fille ; Dora, qui l'avait quitté ; Anna O et ses compagnes des *Études sur l'hystérie*. Freud semble, en effet, interpellé dans son désir d'analyste par celle qui se tient au bord, dans le passage, comme hésitante sur son destin féminin[2]. Lorsqu'il rédigea le récit de cette brève cure de quatre mois, sa fille Anna était en analyse avec lui.

Le visage de la patiente de Freud apparut au grand jour, ainsi que sa vie et sa personnalité, dans une biographie rédigée

1. Sigmund Freud, « De la psychogenèse d'un cas d'homosexualité féminine » (1920), *OCF. P.*, vol. XV. p. 235.
2. La « jeune homosexuelle » lectures croisées, *Les Lettres de la Société de psychanalyse freudienne*, n° 12, 2004, introduction de Alain Lemosof, articles de Amaro de Villanova, Martine Bacherich, Irène Diamantis, Monique David-Ménard, Yves Lugrin, Marcianne Blévis, Catherine Muller, Suzanne Ginestet-Delbreil, Dominique Simonney (« Freud et les (jeunes) filles ») ; entretien d'Inès rieder et Diana Voigt avec François Lévy. Également, « Le cas de la jeune homosexuelle vu par Freud, Lacan… et quelques autres », *Le Discours psychanalytique*, Éditions de l'Association freudienne internationale, 2002.

par Inès Rieder et Diana Voigt, petite-fille d'une amie de Sidonie Csillag. Celle-ci exigea la modification de quatre noms, dont le sien (Margarete). Ainsi la question du nom posait-elle, d'emblée, la question fondamentale de la fonction paternelle. Entre 1989 et 1998, une soixantaine d'entretiens eurent lieu[1].

Sidonie naquit avec le siècle et *L'Interprétation du rêve*. Elle mourut à Vienne en 1999. Elle vécut dans une ville où l'antiféminisme et l'antisémitisme étaient virulents ; le fanatisme imprégnait l'atmosphère viennoise, peu tolérante à l'égard des homosexuels. Otto Weininger, juif converti au protestantisme par antisémitisme, avait publié, en 1903, *Sexe et Caractère*, un livre scandaleux dans lequel il vociférait contre les femmes et les Juifs[2]. Ses élaborations sur la bisexualité furent au centre de l'affaire du plagiat dont Fliess s'était déclaré victime, et dont il accuse Freud.

La chute

De la courte analyse de la jeune homosexuelle se dégagent plusieurs éléments structuraux. Dans son texte, Freud apporte un soin particulier à préserver le nom du père et sa dignité malme-

1. Inès Rieder et Diana Voigt, *Sidonie Csillag, op. cit.* Le traducteur, Thomas Gindele, en publia des extraits dans *L'Unebévue*, n° 19, hiver 2001-printemps 2002. également, coll. « Les grands classiques de l'érotologie moderne », éditions Épel (École lacanienne de psychanalyse, qui poursuit une interrogation pluridisciplinaire sur la sexualité incluant les *Gay & Lesbian studies* américains, les textes sur la « performance » S & M et la théorie *Queer*).
2. Otto Weininger, *Sexe et Caractère*, Lausanne, L'Âge d'homme, 1975 ; Jacques Le Rider, *Le Cas Otto Weininger. Racines de l'antiféminisme et de l'antisémitisme*, Paris, PUF, 1982 ; *Modernité viennoise et crises de l'identité*, Paris, PUF, 1994 ; Erik Porge, *Vol d'idées*, Paris, Denoël, 1994 ; Élisabeth Roudinesco et Michel Plon, *Dictionnaire de la psychanalyse, op. cit.*, « Otto Weininger », p. 1088-1089. Diane Chauvelot, dans *Pour l'amour de Freud ou l'autre ronde*, Paris, Denoël, 1992, p. 78, suggère que « le bruit et la fureur qui ont accueilli son livre suspect de plagiat ont peut-être été à l'origine de son suicide qui l'a soustrait aux quolibets et aux poursuites de Fliess ». Une lettre de Fliess à Freud du 20 juillet 1904, est explicite ; elle est extraite de l'ouvrage de Wilhelm Fliess, *In eigener Sache* (*Pour ma propre cause*), Berlin, E. Goldschmidt, 1906, dans la traduction et commentaires de Bertrand Vichyn, *Psychanalyse à l'Université*, n° 24, sept 1981, p. 706-707 : « J'ai eu connaissance d'un livre de Weininger où j'ai eu la stupéfaction de trouver, dans la partie biologique, l'exposé de mes idées sur la bisexualité et sur les formes d'attraction sexuelle qui en découlent [...]. Une citation de Weininger me révèle qu'il connaissait Swoboda, ton élève, avant la publication de son livre [...]. Il ne fait aucun doute à mes yeux que c'est par ton intermédiaire que Weininger a eu connaissance de mes idées [...]. » Cette lettre est citée par Diane Chauvelot, *op. cit.*, p. 74.

née par sa fille. Par ailleurs, les signifiants « haut et bas » – se jeter en bas (*niederkommen*) – scandent le récit du cas.

La pulsion scopique s'impose, aux dépens des autres pulsions, comme dans le fétichisme, perversion masculine par excellence. Le registre métonymique marque les relations objectales de Sidonie. Ainsi la relation au père se serait-elle établie plutôt dans le prolongement métonymique du lien à la mère, désastreux pour le devenir féminin de Sidonie[1]. Aucun signifiant n'est évocateur de l'ouverture féminine ; la communication corporelle entre l'intérieur et l'extérieur est court-circuitée ; les orifices corporels sont éludés[2] ; seul le regard domine le jeu pulsionnel. Il préside à la scène de la chute qui est, essentiellement, une chute de l'image, du moi idéal, non conforté, dans le cas de Sidonie, par l'idéal du moi[3]. Lacan pousse jusqu'au bout l'interprétation de Freud et il nomme perversion la position sexuée de la jeune fille à l'égard de son objet d'amour homosexuel et dans le lien à l'enfant, qu'il nomme fétichiste[4].

1. Dans *Que veut une femme ?*, Paris, Seuil, 1995, p. 177, Serge André soulève la question, à propos de la jeune homosexuelle, « de savoir si la relation au père, qui s'instaure dans l'Œdipe proprement dit de la fille, fait fonction de métaphore ou seulement de métonymie à l'égard de la relation à la mère ». Il souligne que, dans la sexualité féminine, le lien entre le pénis envié et l'enfant souhaité du père semble n'être lui-même qu'une métonymie, plutôt qu'une métaphore, et précise (*ibid.*, p. 186) que « ce passage du pénis à l'enfant ne semble pas réaliser la production d'un signifié nouveau – critère qui signe la métaphore ».
2. Michèle Montrelay, dans « Recherches sur la féminité », *op. cit.*, p. 67, définit la féminité comme « l'ensemble des pulsions « féminines » (orales, anales, vaginales), en tant que celles-ci résistent aux processus de refoulement », *ibid.*, p. 68. À la suite d'Ernest Jones, de Melanie Klein et Françoise Dolto, elle entend les expériences archaïques vaginales de la petite fille comme étant ordonnées selon des schèmes oraux-anaux. La sexualité précoce « tourne autour d'un seul orifice, organe à la fois digestif et vaginal, qui tend, indéfiniment, à absorber, faire sien, dévorer [...]. » Cet « organe-trou insatiable » compromet le rapport de la femme à la castration et à la loi. Cette vie-là du corps sensuel, ouvert à l'Autre, est justement absente du paysage libidinal de Sidonie. En tout cas, elle ne parvint pas à l'oreille de Freud.
3. Selon la distinction freudienne entre l'*Ideal-Ich* et l'*Ich-Ideal*, que déplie Lacan, dans *Le Séminaire*, Livre I, *Les Écrits techniques de Freud*, 1953-1954, Paris, Seuil, 1975, p. 161-162. « L'idéal du moi commande le jeu de relations d'où dépend toute la relation à autrui. Et de cette relation à autrui dépend le caractère plus ou moins satisfaisant de la structuration imaginaire. » Je situerai la problématique de Sidonie sur ce versant où elle ne pouvait prendre appui sur les idéaux vacillants de ses parents. « La régulation de l'imaginaire dépend de quelque chose qui est situé de façon transcendante [...], le transcendant dans l'occasion n'étant ici rien d'autre que la liaison symbolique entre les êtres humains. » La chute de Sidonie ne signifierait-elle pas justement la faille symbolique au niveau de l'idéal du moi ?
4. Jacques Lacan, *Le Séminaire*, livre IV, *La Relation d'objet*, Paris, Seuil, p. 102-147.

La lecture croisée du récit de Freud et de la biographie de Margarete met en évidence des aspects essentiels, mais maintenus dans l'ombre par Freud. Les aurait-il volontairement passés sous silence ? Fière d'avoir été une patiente importante de Freud, Sidonie ne lut cependant jamais l'article qu'il lui avait consacré.

Dans le récit de sa vie, son enfance et son adolescence sont peu évoquées. Son penchant pour les mères et leurs jeunes enfants, son attitude maternelle transitoire, interprétés par Freud, semblent appartenir à une autre[1]. Les interlocutrices de Margarete ne l'ont pas incité à évoquer cet aspect de son affectivité, ni les souvenirs qui s'y rattachaient. Emma, sa mère, était née dans une modeste famille juive pratiquante ; elle perdit sa propre mère à l'âge de onze ans et son père quatre ans plus tard. Ses études furent sommaires. Quant à Antal, son père, il est également issu d'une famille juive pratiquante. Fils d'un pauvre commerçant de Budapest, il était ambitieux ; il travaillait dans la raffinerie de pétrole du consortium Rothschild. Antal s'était éloigné de sa communauté religieuse ; mais il avait néanmoins promis à sa mère qu'il ne se ferait jamais baptiser ; cependant, il proposa à sa future femme de faire baptiser leurs futurs enfants. Leur mariage reposait sur ce pacte paradoxal : pour protéger leurs futurs enfants, ils les amputaient, dès avant leur naissance, de leur filiation authentique. En échange, Emma souhaita s'installer à Vienne. En 1902, Antal fonda la Société de transport de pétrole de Boryslaw,

1. Sigmund Freud, « Psychogenèse... », *op. cit.*, p. 259, « Écolière, elle avait été amoureuse d'une maîtresse sévère, inaccessible, substitut maternel patent. Elle avait montré un intérêt particulièrement vif pour bien des femmes, jeunes mères, longtemps avant la naissance du frère et encore plus sûrement un long temps avant cette fois où elle fut morigénée par le père. » Pour Freud, le désir d'enfant du père et le dépit amoureux de Sidonie constituent les éléments structuraux de la crise pubertaire de la jeune fille. Il affirme que « la position découlant du complexe d'Œdipe était restée inconsciente et ne s'était fait jour que dans des indices, comme cette façon de cajoler le petit garçon ». À treize ou quatorze ans, elle s'était prise d'un intérêt passionné pour un petit garçon qui n'avait pas trois ans. Elle se lia d'amitié avec les parents de l'enfant. Freud en conclut, *ibid.*, p. 244, « qu'elle fut alors dominée par un fort souhait d'être mère elle-même et d'avoir un enfant. Mais, peu de temps après, le garçon lui devint indifférent et elle se mit à montrer de l'intérêt pour des femmes mûres mais faisant encore jeunes ».

en Galicie, et s'enrichit rapidement. Les relations du couple étaient surtout liées à la profession d'Antal. Emma, timide et peu cultivée, se sentait mal à l'aise dans la bonne société viennoise ; elle se risquait difficilement à organiser des réceptions mondaines.

Sidonie admirait néanmoins la manière habile et tyrannique avec laquelle sa mère obtenait des hommes ce qu'elle voulait. Elle faisait des cures thermales pour soigner ses angoisses ; seule, avec sa fille, et sans son mari, elle voulait à tout prix exercer son pouvoir de séduction et se transformait en vamp. Un jour, un homme la complimenta sur sa fille si avenante et si bien élevée. Emma prétendit alors que Sidonie n'était pas sa fille, mais celle d'une amie. Cette coquette voulait paraître encore jeune, être vue et adulée ! Sa fille était une concurrente ! Sidonie aurait aimé le dire à son père, mais elle ne voulait pas lui faire de peine. Quand il rentrait de son travail, il appelait sa fille pour bavarder un instant, en buvant un cognac ; Emma devenait désagréable et les tourmentait avec sa mauvaise humeur, de sorte que Sidonie renonça à se tenir près de son père, pour éviter la fureur maternelle[1]. Le narcissisme extravagant d'Emma fixa Sidonie dans une quête infinie du regard maternel sur son corps de fille. Emma, devenue orpheline à l'époque pubertaire, avait probablement été privée de soutien dans l'éclosion de sa propre féminité. Sidonie pleura une seule fois en séance avec Freud : « Je trouve ma mère si belle et je fais tout pour elle, mais elle n'aime que mes frères[2]. »

En 1917, Emma mit au monde son troisième fils, Ernst. Sidonie terminait ses études au lycée. Sa mère se reposait, alors, à la clinique ; Sidonie se promenait avec une amie au col du Semmering lorsqu'elle vit pour la première fois la baronne Léonie von Puttkamer. Léonie était issue d'une

---

1. Sidonie Csillag, *op. cit.*, p. 62.
2. *Ibid.*, p. 64. Selon Freud, in « De la psychogenèse..., *op. cit.*, p. 259, « sa libido s'écoulait donc, depuis une époque très précoce, en deux courants dont le plus superficiel peut sans hésiter être nommé un courant homosexuel. Celui-ci était vraisemblablement la continuation directe non transformée d'une fixation infantile à la mère ».

famille de l'aristocratie prussienne. Son existence de femme bisexuelle, entretenue par des hommes fortunés, était rythmée par ses liaisons simultanées avec des hommes et des femmes, par des éclats et des procès. Tel est le personnage désigné par Freud comme la dame « du monde », de dix ans l'aînée de Sidonie. Au dire des parents de Sidonie, Léonie n'était qu'« une cocotte[1] ». De naissance noble, elle était tombée très bas ; prostituée et, qui plus est, lesbienne. Au fil des ans, les imbroglios familiaux avaient terni le nom vénérable de l'aguichante Prussienne.

Sidonie s'éprit d'elle, éperdument. À la recherche d'une tendresse maternelle, elle ne quittait plus Léonie, femme sans enfant et peu encline au maternage. Un jour, alors qu'elle raccompagnait la baronne chez elle, Sidonie aperçut Antal, son père, en compagnie d'un collègue. Craignant d'être sermonnée, elle s'enfuit et tenta de se justifier auprès de Léonie : « Tu sais, mon père, il… » Son encombrante amie compléta sa phrase : « ... ne veut pas que tu fréquentes une personne comme moi ! » Et d'un ton glacial, elle ajouta : « Dans ce cas, ma chère, tu feras vraiment mieux de m'épargner à l'avenir les témoignages sans conviction de ton amour[2]. » Non seulement son père, en colère, se fâcherait très fort contre elle, mais, déjà, Léonie ne voulait plus la voir. À cette pensée, elle sauta du train[3]. Revenue à elle, elle ne ressentait plus rien. La peur, le chagrin et le désespoir avaient disparu ; un plâtre enveloppait ses côtes cassées. Elle ne demanda jamais à son père s'il l'avait vue en compagnie de Léonie[4].

---

1. « De la psychogenèse », *op. cit.*, p. 236.
2. *Sidonie Csillag, op. cit.*, p. 27.
3. *Niederkommen.* Ce verbe signifiant mettre bas, accoucher et également tomber en bas, est le signifiant pivot de la tentative de suicide de Sidonie. En se jetant en bas, elle accouche de l'enfant désiré du père. Elle s'enfante elle-même et elle tue la mère qui accouche. *Niederkommen* est un verbe performatif qui, dans son équivocité, réalise le vœu inconscient.
4. « De la psychogenèse… », *op. cit.*, p. 236, « Un jour il arriva – ce qui dans ces circonstances devait d'ailleurs finir par arriver – que le père rencontra sa fille dans la rue accompagnée de cette fameuse dame dont il connaissait l'existence. Il dépassa les deux femmes en leur lançant un regard de colère qui ne présageait rien de bon. » Le rôle du regard paternel est accentué par Freud, interprétant la scène traumatique, prélude au passage à l'acte de Sidonie, qui se jeta du haut du parapet.

Quant à sa mère, occupée de sa personne, de son ascendant sur les mâles, les frasques de Sidonie ne la tracassaient guère ; sa fille n'empiétant pas sur son territoire, elle manifestait même une certaine tolérance. Léonie regretta sa dureté à l'égard de sa jeune amie. Sidonie la couvrait de fleurs, de précieuses orchidées. « Dévorer Léonie des yeux et entendre sa belle voix... Le comble du bonheur pour Sidonie...[1] » Une toute petite Sidonie affamée d'amour maternel ! Comme Emma, Léonie n'en avait cure. Sidonie lui écrivait des poèmes enflammés. La baronne, habituée aux fréquentations moins raffinées, était cependant flattée d'être courtisée de la sorte.

La rencontre avec Freud

Quand Sidonie fêta ses dix-neuf ans, son père s'occupa davantage d'elle. Il envisagea de l'envoyer à l'étranger, mais l'Europe de l'après-guerre était jugée trop instable. Et la psychanalyse ? Elle, non plus, n'avait pas bonne réputation. Il se résigna, en désespoir de cause, à consulter le professeur Freud et lui confia la mission de remettre la jeune fille dans le droit chemin. Inès Rieder et Diana Voigt relatent ainsi la première rencontre : « La première fois, elle était tellement excitée qu'elle a fait une révérence en entrant et voulait même honorer Freud d'un baisemain, ce qu'il a refusé d'un geste. C'est la seule fois où elle l'a vu sourire. Depuis il est très sérieux et tout à fait inaccessible. Pourtant il n'est pas antipathique, il a une belle barbe blanche taillée courte et un regard doux et intense qui l'examine quand il l'accueille et quand il la congédie[2]. » Cette scène remémorée est riche du transfert qui ne déploya pas toutes ses potentialités. Elle attire aussi l'attention sur la position sexuée de la jeune patiente et sur son choix d'objet érotique. Sidonie raconte qu'elle dévorait du regard ses amoureuses et baisait leurs mains, tel le Chevalier à la Rose, en qui elle aimait se travestir.

1. Sidonie Csillag, *op. cit.*, p. 36.
2. *Ibid.*, p. 47.

Elle promit de ne plus revoir Léonie. Elle aimait son père et se refusait à le chagriner. Freud demeura sceptique[1]. Il évita « de laisser entrevoir aux parents l'accomplissement de leur souhait[2] ». Sidonie confia à ses biographes qu'elle aimait commenter avec Léonie les interprétations de Freud. Elle aurait eu un désir d'enfant du père ? Quelle idée ! Toutes deux en faisaient des gorges chaudes[3]. Elle souhaitait que Freud dise à son père qu'il ne s'était rien passé entre elle et Léonie. Elle racontait des quantités d'anecdotes à Freud pour noyer le poisson, pour éviter de parler de Léonie. Elle rapportait des rêves où elle se consumait pour sa bien-aimée, tout en affirmant qu'elle tenait ses promesses. Ces séances étaient payées cher, en dollars. Le père y mettait le prix. Mais les résistances étaient fortes !

En 1930, longtemps après avoir séjourné sur le divan de Freud, Sidonie se maria avec Eduard von Weitenegg, qui avait connu ses heures de gloire comme officier de l'armée impériale. Elle avait connu ce fringant cavalier en prenant des cours d'équitation au Prater. D'origine polonaise, son père, Eduard Rzemenowsky, avait été anobli en 1906. Cependant, après la guerre, en 1918, la famille renonça au nom polonais de Rzemenowsky : « Tous les membres prirent la nationalité autrichienne, un nom polonais difficile à prononcer ne semblait pas favorable aux affaires auxquelles les deux frères avaient désormais l'intention de se consacrer. Ils abandonnèrent donc le nom principal et ne s'appelèrent plus que Weitenegg[4]. » Eduard était catholique et divorcé de sa première femme, laquelle avait la garde de leur fille. Pour se marier, il dut, de même que Sidonie, se convertir au protestantisme. Ces deux familles avaient opté pour un renoncement identitaire au profit de leur volonté de réussite sociale. C'est

1. « Psychogenèse... », *op. cit.*, p. 239, « Comme autres facteurs défavorables, il fallait prendre en compte ces deux faits que la jeune fille n'était certes pas une malade – elle ne souffrait pas pour des raisons internes, ne se plaignait pas de son état – et que la tâche assignée ne consistait pas à résoudre un conflit névrotique mais à faire passer l'une des variantes de l'organisation sexuelle génitale dans l'autre. Cette opération, l'élimination de l'inversion génitale ou homosexualité, n'est jamais apparue à mon expérience comme facile ».

2. « Psychogenèse... », *op. cit.*, p. 240.

3. Sidonie Csillag, *op. cit.*, p. 66.

4. *Ibid.*, p. 176.

ainsi que Sidonie reproduisit l'acte de ses parents qui avaient renoncé à la religion de leurs ancêtres au moment de fonder une famille. Lorsqu'ils divorcèrent, après l'Anschluss, leur union fut déclarée nulle rétroactivement. Eduard n'adhérait pas au Parti nazi, car il était demeuré monarchiste dans l'âme, mais, grâce à ses relations, il conserva son poste à l'Institut de statistique visuelle[1]. Quant à Sidonie, l'Histoire la rattrapa. Le national-socialisme et la persécution des juifs la contraignirent à s'exiler[2]. Le catholicisme de surface ne suffisait plus. Sidonie était juive. Un décret du 17 août 1938 « explique qu'il est notoire que les "juifs assimilés" » adoptent volontiers les noms de héros de contes et légendes germaniques pour ne pas être reconnus en tant que juifs. C'est pourquoi, à compter du 1er janvier 1939, les juifs doivent prendre le prénom d'Israël et les juives celui de « Sara[3] ». Sidonie s'appela dorénavant Sidonie Sara Csillag.

Attirée par Eduard, Sidonie fut rapidement gênée par ses embrassades. Commentaire de ses biographes : « [...] il va falloir qu'elle trouve une solution, qu'elle paye son tribut à la "normalité", faute de quoi elle resterait célibataire, une marginale dans son milieu qui la regarderait avec méfiance. Elle n'a pas envie de rester en marge, elle est déjà suffisamment menacée par l'amour secret qu'elle porte aux femmes et par sa judéité. Au contraire, elle entend simplement être comme les autres et participer au jeu[4]. » Lorsqu'elle perdit sa virginité, elle commenta l'expérience dans ces termes : « Une opération sans narcose ne peut pas être pire[5]. » La félicité conjugale fut de courte durée. Elle se prit de passion pour de multiples femmes et son grand amour se nomma Wjera. Celle-ci se détourna de Sidonie qui, aliénée par ses tourments infantiles, anticipait toujours l'abandon et provoquait le rejet

1. « Psychogenèse... », *op. cit.*, p. 219.
2. Lya Tourn, dans *Chemin de l'exil*, Paris, Editions CampagnePremière /, 2003, analyse les mutations subjectives de l'exilé. Pour Sidonie Csillag, l'éloignement de la patrie et des êtres chers ne favorisa pas chez elle la naissance d'une identité ouverte. Comme Isabelle Eberhardt, Sidonie demeura dans l'errance et en mal d'identité.
3. Sidonie Csillag, *op. cit.*., p. 229.
4. *Ibid.*, p. 177.
5. *Ibid.*, 178.

de la part de l'autre. En 1950, après la guerre, Sidonie lui préféra la compagnie de son chien. Elle devint ensuite gouvernante d'enfants ; elle ne pouvait s'occuper que d'un seul enfant à la fois. Prendre un travail, pour assurer son existence, ne l'enthousiasmait guère. Elle était la fille d'un industriel prospère. Antal avait longtemps subvenu à ses besoins. Eduard en profita, d'ailleurs, sans vergogne. Antal Csillag mourut un an après le mariage de sa fille, laquelle vécut alors sa solitude comme irrémédiable.

Tout au long de sa vie, Sidonie voyagea énormément ; vagabonde, elle demeura sans réelles attaches identitaires ; mais elle était habitée par une flamme qui ne s'éteignit jamais. Elle devint portraitiste, activité qui laisse une grande place au regard ! Elle finit ses jours dans une maison de retraite pour femmes de la haute société. Ses deux biographes lui rendaient visite dans ce lieu.

Freud et Sidonie

Freud a occulté les origines juives de ses parents, masquées par leur conversion au catholicisme[1]. Le père en avait-il parlé à Freud ? Inès Rieder et Diana Voigt transcrivent cette scène rapportée par Sidonie ou imaginée par elles : « Comme cette patiente d'habitude si blasée devient étrangement loquace lorsqu'elle raconte ce détail ! Voici la troisième fois qu'elle lui sert cette histoire chrétienne, se dit Freud. Elle manifeste une émotion inhabituelle, et aussi un soupçon d'arrogance[2]. »

Le père, renégat, trahissant la promesse faite à sa mère de ne pas se faire baptiser, a transmis à ses enfants un rapport au faux-semblant, sinon à l'imposture. L'identité sexuée ambiguë de Sidonie n'est-elle pas dans le droit fil du mensonge paternel ? Comme son père, Sidonie ne tenait pas ses promesses. Elle affichait, par son comportement importun, la fragile adaptation sociale, la paternité vulnérable. Le père et la mère avaient

1. Le souvenir de la Nannie catholique s'était-il rendu présent ? Était-ce sa douloureuse expérience personnelle de l'antisémitisme viennois qui interférait lorsqu'il écoutait sa jeune patiente ?
2. *Sidonie Csillag, op. cit.*, p. 54.

renoncé à transmettre leur judéité, c'est-à-dire l'histoire incarnée de leurs lignées. Avec l'écart de conduite de Sidonie, un souffle avait fait s'écrouler le château aux fondations d'argile. Son homosexualité était une atteinte à la dignité du père. Sidonie manifestait une haine de soi, comme femme et comme juive. Ne lui avait-elle pas été transmise par ses parents ?

Les signifiants « haut » et « bas » charpentent le récit de la cure de Sidonie ; ils traduisent l'importance de l'échelle sociale. Freud écrit : « famille de rang social élevé[1] ». Sa discrétion est remarquable, à tel point qu'il était possible de supposer que le père de Sidonie était un homme politique, un personnage public, en vue.

Sidonie resta fragile, son identité clivée. Le lien d'Antal avec sa propre mère était probablement la clef de l'énigme. Emma régentait la maison. Ses caprices, sa coquetterie imposaient leurs règles. Sidonie était maltraitée par sa mère dans son être féminin, et elle n'était pas soutenue par son père, démuni devant l'exigence impérieuse du désir maternel. Il se conduisait à l'égard de sa femme comme s'il était un quatrième fils. En s'affichant avec des femmes voyantes, des actrices scandaleuses, avec l'indécente Léonie, Sidonie ne renvoyait-elle pas à son père son propre message sous forme inversée[2]. En troublant l'assise de l'honorabilité familiale, elle visait probablement la faille paternelle : pour s'intégrer dans la société, pour y être reconnu, le père avait caché son origine véritable. Quelle fut la signification de cette rupture identitaire et par quoi était-elle motivée ? Cette cassure dans la filiation joua sûrement un rôle dans le sentiment d'incertitude sur elle-même qui habita toujours Sidonie. Elle lui a rendu difficile l'accès à une position sexuée féminine.

La pulsion scopique dominant la libido de Sidonie situe l'énigme, pour elle, du côté du voir ; le féminin en question est demeuré figé dans la filiation interrompue. Freud a entendu son voyeurisme et son exhibitionnisme, habituellement carac-

1. Sigmund Freud, « De la psychogenèse… », *op. cit.*, p. 235.
2. Jacques Lacan, « Remarque sur le rapport de Daniel Lagache : Psychanalyse et structure de la personnalité », in *Écrits*, Paris, Seuil, p. 674-683.

téristiques de la perversion masculine : « Divers indices renvoyaient à un plaisir-désir de regarder et d'exhiber autrefois très fort[1]. » Il en attribuait l'origine à « l'action réunie de la disgrâce maternelle et de la comparaison de ses propres organes génitaux avec ceux du frère, dans le cadre d'une forte fixation à la mère[2]. » Comment interpréter le traumatisme scopique qui envahit Sidonie ?[3] La vision des organes génitaux des frères, surtout ceux de Heinrich, son frère aîné, n'ouvrit pas pour elle la voie vers l'inconnu, vers le mystère du visible et de l'invisible, de l'être et de l'avoir : « Vive, querelleuse, pas du tout disposée à rester en retrait derrière son frère de peu son aîné, elle avait, depuis cette fameuse observation de leurs organes génitaux, développé une puissante envie de pénis dont les rejetons emplissaient toujours sa pensée. Elle était proprement une féministe trouvant injuste que les jeunes filles ne pussent jouir des mêmes libertés que les garçons et se rebellait d'une manière générale contre le sort de la femme. À l'époque de l'analyse, grossesse et enfantement étaient pour elle des représentations désagréables, y compris, à ce que je suppose, à cause de la déformation corporelle qui y est liée. C'est sur cette défense que son narcissisme de jeune fille s'était replié, lui qui ne se manifestait plus comme fierté d'être belle[4]. » L'intérêt porté par Sidonie à l'organe sexuel de ses frères ne serait-il pas entré en résonance avec leur non-circoncision ? Freud paraît sous-estimer ce qu'elle a ressenti lors de la naissance de son second frère. Sidonie n'est jamais devenue mère ; elle ne transmit donc pas sa judéité.

La rupture

Sa fausse indifférence affectait Freud : « Un jour où je lui exposais un morceau particulièrement important de la théorie et qui la concernait de près, elle déclara avec une intonation

1. « Psychogenèse… », *op. cit.*, p. 260.
2. *Ibid.*
3. *Ibid.*, p. 244, Freud écrit : « Des traumas sexuels de la prime jeunesse ne furent ni ramenés au souvenir ni mis à découvert par l'analyse. »
4. *Ibid.*, p. 259-260.

inimitable : “Ah, mais c’est très intéressant[1]”, comme une femme du monde guidée dans un musée et qui examine à travers un face-à-main des objets qui lui sont parfaitement indifférents. » Freud entendit, dans le transfert, le ressentiment de Sidonie et la vengeance contre son père[2]. Il avait très tôt réagi au récit des rêves idylliques apportés en séance par une Sidonie enjôleuse. Ces rêves « anticipaient la guérison de l’inversion par le traitement, exprimaient la joie de la jeune fille devant les perspectives de vie qui s’ouvraient maintenant à elle, avouaient la désirance pour l’amour d’un homme et pour des enfants et ils pouvaient ainsi être salués comme une préparation encourageante à la mutation souhaitée[3] ». Elle ne cachait pas à Freud qu’elle pensait à se marier – ce qu’elle réalisa effectivement plus tard –, mais « seulement pour se soustraire à la tyrannie du père et pour vivre selon ses véritables penchants sans être dérangée. Du mari, estimait-elle avec quelque mépris, elle serait bientôt venue à bout, et pour finir on pouvait bien, comme le montrait l’exemple de la dame vénérée, avoir des relations sexuelles en même temps avec un homme et avec une femme[4] ».

Dans les rêves du début de sa cure, Sidonie ne commençait-elle pas à élaborer la signification du mensonge familial ? Ces formations de l’inconscient ne traduisaient-elles pas son interrogation concernant l’identité de surface ? À la religion utilitaire de sa famille aurait pu correspondre, pour elle, un mariage de convenance. Jeux de miroir et de faux-semblants. Dans le désir de l’embobiner, Freud entendit également l’élément de transfert positif : « Averti par je ne sais quelle impression, je lui déclarai un jour que je ne croyais pas à ces rêves, qu’ils étaient mensongers ou hypocrites et que son intention était de me tromper comme elle avait coutume de tromper son père[5]. » La source de ces rêves fut comme tarie. Sidonie

1. « Psychogenèse... », *op. cit.*, p. 253.
2. *Ibid.*, p. 254, « [...] la récusation fondamentale de l’homme, par laquelle elle était dominée depuis sa désillusion causée par le père ».
3. *Ibid*, p. 254.
4. *Ibid.*, p. 255.
5. *Ibid.*

ne lui raconta plus ses rêves de contes de fées. Une cloison s'était entrouverte dans le transfert. La colère de Freud l'avait peut-être bien refermée. Lou Andreas-Salomé, dont les avis comptaient pour lui, communiqua son impression : « Dans la dernière brochure (VI, I), j'ai longuement suivi par l'esprit votre cas d'homosexualité. Quel dommage qu'il ait été interrompu ! Derrière son transfert négatif sur vous se cachait pourtant le transfert originaire et positif au père ; est-ce que par *la mise en acte* du transfert négatif, cette cause première n'aurait pas fini par surgir ?[1] » Un point crucial avait probablement été touché dans cet épisode transférentiel. Freud prit l'initiative de mettre fin à la cure de Sidonie : « Je rompis donc là dès que j'eus reconnu l'attitude de la jeune fille envers le père et donnai le conseil de faire poursuivre la tentative thérapeutique, si on lui accordait de la valeur, auprès d'un médecin femme[2]. » Freud n'a-t-il pas laissé tomber Sidonie du haut d'une question capitale ? En tout cas, le chapitre « psychanalyse » semble s'être clos pour elle jusqu'à l'époque où elle accepta d'évoquer, avec Inès Rieder et Diana Voigt, le 19 Berggasse. Dans son souvenir, au moment de lui dire adieu, Freud avait, par ses propos peu amènes, confirmé son interprétation : « Vous avez des yeux si rusés… Je n'aimerais pas vous rencontrer dans la vie en tant que votre ennemi[3]. » Cette scène revécue, dans le souvenir de Sidonie, était certainement lourde du transfert resté en souffrance.

---

1. Lou Andreas-Salomé, *Correspondance avec Freud, op. cit.*, p. 130-131, Lettre du 20 juillet 1920.
2. « Psychogenèse… », *op. cit.*, p. 254.
3. Sidonie Csillag, *op. cit.*, p. 77.

3- Isabelle du désert

> « O Sahara, Sahara menaçant
> Cachant ta belle âme sombre
> En tes solitudes
> Inhospitalières et mornes »
>
> Isabelle Eberhardt, *Journaliers*.

Flânant dans une librairie familière, mon regard fut attiré par la couverture d'un livre où apparaissait un visage étrangement enturbanné ; l'architecture de ce visage était celui d'un jeune kalmouk, au teint lisse, aux yeux clairs, au nez camard. Cette image androgyne laissait entrevoir un poignard arabe glissé dans les plis de la ceinture[1]. Il s'agissait du portrait d'Isabelle, la Russe illégitime, journaliste et romancière qui écrit au masculin mais aussi au féminin. Son œuvre, publiée après sa mort, nous conduit dans les sables du Sahara ; elle exalte la mélancolie du désert. Il lui arrive de signer ses textes Nicolas Podolinsky, mais également Si Mahmoud Saâdi, ou encore Isabelle Eberhardt. Dans son roman inachevé *Trimardeur*[2], elle décline l'errance dans tous ses états. Pourquoi a-t-elle eu la hantise de l'Afrique ? Pourquoi ce goût

1. Isabelle Eberhardt, *Écrits intimes. Lettres aux trois hommes les plus aimés*, édition établie, annotée et présentée par Marie-Odile Delacour et Jean-René Huleu, avec la collaboration de Faïza Abdul Wahab, Paris, Payot/Rivages, coll. « Petite Bibliothèque Payot/Voyageurs », 1998.
2. *Trimardeur* (vagabond du désert) fut publié au cours de l'année 1904, en feuilleton dans l'*Akhbar*, le journal algérien fondé par Victor Barrucand, qui fut l'ami et l'éditeur d'Isabelle Eberhardt. Il donne un dénouement personnel au roman resté inachevé publié aux éditions Fasquelle en 1911. Barrucand est le fondateur la Ligue des droits de l'homme en Algérie. Évoquant Isabelle, il écrit : « Tout de suite, elle avait apporté dans notre cercle un peu d'atmosphère saharienne et d'ampleur nomade. Drapée aux plis de son burnous sévère, coiffée comme d'une tiare assyrienne du haut turban à cordelettes fauves, bottées en cavalier filali, un vrai style sans équivoque », préface à *Notes de route, Maroc-Algérie-Tunisie*, Paris, Fasquelle, 1923, citée par Edmonde Charles-Roux, dans *Nomade j'étais,* Paris, Grasset, 2003, p. 555.

du désert, comme Eugène Fromentin, l'un de ses auteurs préférés ? Quelle est son identité vraie ? Que travestit-elle ?

Dès l'adolescence, elle revêtait un complet-veston, en invoquant la commodité de cette tenue, complété d'un fez sur la tête, pour déambuler dans Genève, sa ville natale. Une autre photographie la montre en costume de marin ; le béret arbore un nom tronqué, celui du bateau – *Vengeur* – qui est, sans aucun doute, un des noms d'Isabelle[1]. Quel affront, quel honneur sont-ils en cause ? Isabelle a traversé les mers, entre Marseille et l'Algérie, ainsi que la Tunisie pour venger l'offense de son être au point de se perdre. Elle protégeait sa bâtardise derrière un habit d'homme ; la fille en elle restera innommée, jusqu'à en mourir. Fille incertaine d'un précepteur russe, adepte de la philosophie éducative de Tolstoï et de Rousseau, Isabelle eut une identité sexuée fluctuante, une vie secrète, mystérieuse, tissée de contrastes héroïques et de tentations suicidaires.

> « Allez, Mahmoud
> accomplir de grandes
> et belles choses.
> Soyez un héros ! »
> Isabelle Eberhardt, Notes, *Écrits intimes*.

Graine de héros

Née à Genève en 1877, Isabelle portait le nom de sa mère, Eberhardt. Elle était donc comme la sœur de sa mère. L'acte de naissance ne mentionnait pas le nom du père. Était-il pour autant inconnu ? Sans doute trop connu. Isabelle ne sera jamais reconnue par son père. Tel nous semble être le motif de son errance dans l'inconnu du désert saharien, aux extrêmes de l'Orient. Isabelle, fille de Nathalie de Moerder, née Eberhardt, partageai avec sa mère, la passion des chevaux[2]. Alexandre

1. Dans *Journaliers*, Les Éditions du Centenaire 1904-2004, Composées par Marie-Odile Delacour et Jean-René Huleu, Paris, Joëlle Losfeld, 2003, Isabelle écrit le 18 janvier 1900 : « Avec cela et quatre mois de vie au désert fort probablement pour ce printemps, je suis sûre de devenir quelqu'un… et par là même, d'atteindre tôt ou tard le but sacré de ma vie ! La vengeance ! » Également *Lettres et journaliers*, présentation et commentaires par Eglal Errera, Actes Sud, 1987.
2. Elle baptise son cheval, Souf, du nom de la région des oasis qui lui révèle l'Orient.

Pavlovitch lui inculqua le goût des langues et de la littérature. Pierre Loti, auteur de prédilection de Nathalie et d'Isabelle, est fréquemment cité dans la correspondance et les journaliers. *Azyyadé* et *Le Roman d'un spahi* suscitent la mélancolie d'Isabelle et sa fascination pour l'amour perdu ou impossible ; la mort est toujours proche, aux aguets ; aussi aime-t-elle citer Eugène Fromentin : « Pourquoi la vie humaine ne finit-elle pas comme les automnes d'Afrique, par un ciel clair avec des vents tièdes sans décrépitude ni pressentiments ?[1] »

Nathalie est appelée l'Esprit Blanc, ou bien la Colombe blanche ; elle est une mère idéalisée, détentrice du secret de la naissance de sa fille ; elle emportera ce secret dans sa tombe, à Bône (Annaba), où elle est inhumée en 1897, selon le rite musulman[2]. Isabelle invente toutes sortes de nom pour désigner son père présumé : Vava, l'inoubliable Vieux, le « proprius », Vieil Oncle. Elle ressent le besoin de nommer, de surnommer.

Nathalie avait perdu tôt son père ; sa mère s'était remariée avec un noble colonel qui fut un beau-père aimant pour Nathalie. Celle-ci se maria à vingt ans avec un général du tsar, veuf, beaucoup plus âgé qu'elle, et père de trois enfants. Nathalie devint mère de famille nombreuse et elle fut aidée par le précepteur Alexandre Trophimosky dans l'éducation des enfants de Moerder. À la mort du général Pavel Karlovich de Moerder, Nathalie s'installa à Genève avec le précepteur et ses enfants ; Augustin, le dernier enfant du général, naît en 1872. Alexandre Trophimosky, marié et père de plusieurs enfants, ne pouvait ni épouser Nathalie, ni reconnaître Isabelle, dont la naissance prouvait l'inconduite de sa mère aux yeux de la famille demeurée en Russie.

Les enfants aînés de Moerder ont ressenti l'arrachement à la Russie et l'exil en Suisse comme une faillite de leur famille. Leur mère, vivant en concubinage, était déclassée. Isabelle, elle, sera hors-classe. Constantin, le fils aîné du général fut rappelé

1. *Une année dans le Sahel* (1858).
2. Denise Brahimi, dans *Requiem pour Isabelle*, Publisud, 1983, p. 38-39, formule l'hypothèse que l'errance d'Isabelle Eberhardt est liée au deuil de sa mère « qu'elle n'affrontera jamais directement ».

en Russie ; Nicolas, frère aîné d'Isabelle, fuit Genève et s'engaga dans la Légion étrangère. L'Algérie et Sidi-bel-Abbès entrent en scène. L'imagination d'Isabelle commence à s'emballer : elle a six ans et elle rêve : « Nomade, j'étais, quand toute petite, je rêvais en regardant la route, la blanche route attirante qui s'en allait sous le soleil qui me semblait plus éclatante, toute droite vers l'inconnu charmeur... Nomade, je resterai toute ma vie, amoureuse des horizons changeants, des lointains inexplorés, car tout voyage, même dans les contrées les plus fréquentées et les plus connues, est une exploration[1]. »

La superbe biographie qu'Edmonde Charles-Roux a consacré à Isabelle Eberhardt, et qui s'appuie sur les archives conservées au Centre des archives d'outre-mer, à Aix-en-Provence, rétablit la vérité sur la généalogie des familles Eberhardt et Moerder[2]. Pour certains critiques, Rimbaud aurait pu être le père d'Isabelle, en raison de la présence du poète au bord du lac Léman en 1876, et de leur passion commune pour le désert absolu ! Isabelle n'a pas attendu ses exégètes fantaisistes pour fabriquer son roman familial : issue du viol de sa mère par son médecin, ou encore : « Fille de père, sujet russe musulman et de mère russe chrétienne, je suis née musulmane et n'ai jamais changé de religion. Mon père étant mort peu après ma naissance, à Genève, où il habitait, ma mère demeura dans cette ville avec mon vieux grand-oncle qui m'éleva absolument en garçon[3]. » Isabelle Eberhardt, comme d'autres sujets en souffrance dans leur origine, se recrée une filiation imaginaire[4].

1. *Journaliers, op. cit.*, p. 231.

2. Edmonde Charles-Roux, *Un désir d'Orient* (La jeunesse d'Isabelle Eberhardt) et *Nomade, j'étais* (Les années africaines d'Isabelle Eberhardt), Paris, Grasset et Fasquelle, 1988 et 1995. L'édition en un volume avec des illustrations est parue en 2003, aux éditions Grasset.

3. Dans le quotidien bordelais *La Petite Gironde* du 27 avril 1904, Isabelle se présente ainsi pour se défendre « d'être l'ennemie de la France, d'être propagatrice d'idées anti-françaises parmi les Musulmans d'Algérie !... ».

4. Dans son Séminaire inédit de 1973-1974, *Les non-dupes errent*, Jacques Lacan évoque la difficulté de ces sujets avec le Nom-du-Père, qui les contraint à s'auto-engendrer : « Leur vie n'est qu'un voyage ; ils sont comme à l'étranger d'eux-mêmes. » Dans son livre *Du désaveu à l'errance. Un préalable à la perversion et à d'autres manifestations*, Suzanne Ginestet-Delbreil développe la théorie de cette position subjective, Plancoët, Diabase, 2003 ; *La Relation d'inconnu*, de Guy Rosolato, Paris, Gallimard, 1978, interroge l'inconnu dans tous ses visages, symboliques, réels et imaginaires.

« Partir, partir au loin, errer longtemps...
La hantise de l'Afrique, la hantise du désert... »
Isabelle Eberhardt, *Journaliers.*

Au pays de la poudre

Il n'est pas étonnant que les légionnaires hantent les récits d'Isabelle. Nicolas, le fils du glorieux général, est déserteur et rejoint la Russie. Augustin, le frère adoré d'Isabelle, son aîné de cinq ans, son double, entre, lui aussi, dans la Légion, qu'il désertera également. Tête brûlée, Augustin, par toute sa vie y compris son suicide en 1920, incarne la déchéance de la famille Moerder. Son histoire est transposée par Isabelle dans son roman *Trimardeur*. Dans l'un des récits rassemblés dans *Amours nomades*, Isabelle raconte l'histoire du légionnaire Dimitri Orschanoff, authentique sosie de son frère. Les légionnaires, « ces hommes blonds du Nord, tannés par des soleils lointains, aux colonies », sont les *heimatlos* qui fascinent Isabelle. Leur univers, c'est le *bled el baroud*, le pays de la poudre ; elle va les suivre au plus près[1]. Les légionnaires sont des hommes sans nom ; leur identité est suspendue. Isabelle, illégitime, apatride, ne se sent pas décalée ; elle partage leur vie. En revanche, avec les Européens, avec les colons, elle sera toujours à part, mise à l'écart, dérangeante, extravagante. « On m'a souvent reproché de me plaire avec les gens du peuple. Mais où est donc la vie, sinon dans le peuple ? Partout ailleurs, le monde me semble étroit... J'y respire mal. Je ne sais jamais ce qui sera convenable[2] », analyse-t-elle. Son approche de la sensibilité musulmane est aiguë, subtile ; elle perçoit la violence de la colonisation, son mépris à l'égard des indigènes et de leurs traditions. Comme eux, elle est une réprouvée.

---

1. *Amours nomades* et *Au pays des sables* sont les recueils composés par Marie-Odile Delacour et Jean-René Huleu, pour les Éditions de Centenaire, 1904-2004, Paris, Joëlle Losfeld, 2002 et 2003 ; *Yasmina* aux éditions Liana Levi, 1986.
2. « Isabelle Eberhardt et Victor Barrucand », in *L'Ombre chaude de l'Islam*, Paris, Fasquelle, 1947. Géhenne est un mot qui revient souvent dans les textes d'Isabelle ; Géhenne, la vallée des réprouvés.

Isabelle Eberhardt ne rencontre pas les femmes voilées et rangées dans leur rôle de fille, d'épouse ou de mère. Leur fréquentation lui est interdite puisqu'elle se présente comme Mahmoud Saadi, jeune *taleb* (lettré musulman), costumé en cavalier arabe. Isabelle fréquente les bouges, les bordels. Les femmes qu'elle approche sont les « danseuses », les prostituées du désert, les femmes de la Villa Nègre, qui n'ont plus de nom, sinon celui d'Ouled Nail, ces femmes publiques qui se nomment comme des montagnes de l'Atlas saharien. Isabelle peint en mots somptueux le « Portrait de l'Ouled Nail », celui d'Achoura, la femme répudiée qui fait le « coummerce » de son corps, seul mode d'affranchissement qui fût permis à une femme. Isabelle, enveloppée dans son burnous blanc, sous son identité masculine d'emprunt, est accompagnée d'un serviteur noir ; elle les regarde et les écoute, en fumant du kif et en s'enivrant : « Excellente position pour bien voir. Si les femmes ne sont pas de grandes observatrices, c'est que leur costume attire les regards ; elles ont toujours été faites pour être regardées[1]. » Isabelle rejoint le légionnaire et l'affranchie, ainsi que les déracinés, dans l'effacement identitaire. Ces hommes et ces femmes en rupture avec leur clan faisaient résonner en elle son exclusion essentielle : « Puis mon être solitaire et douloureux lui-même s'effacera de la terre où il aura passé au milieu des hommes et des choses toujours en spectateur, en étranger[2]. »

Dans ses récits, les amours sont dramatiques. Amours impossibles entre les femmes indigènes et les officiers du Bureau arabe, femmes prostituées par amour dans la nouvelle intitulée « Le Major », dans « Yasmina » et dans « Fiancée ». L'amour condamne à l'abandon ou à la mort. Aux portes du désert, dans le Souf algérien, Isabelle ne projette-t-elle pas ses fantômes ? N'est-elle pas née, elle-même, d'une passion amoureuse qui a entraîné l'effondrement du clan Moerder. Par sa liaison avec un homme marié, appartenant à une classe

1. *Sud Oranais*, Les Éditions du Centenaire, 1904-2004, composées par Marie-Odile Delacour et Jean-René Huleu, Paris, Joëlle Losfeld, 2003.
2. *Troisième Journalier, op. cit.*, avril 1904.

sociale inférieure, Nathalie a été bannie de la société du tsar, de la Russie où elle ne pouvait plus vivre ; elle a été reniée par ses enfants aînés. Isabelle ne foulera jamais la terre de ses ancêtres. Les autres figures féminines sorties du rang qui traversent son œuvre sont les sorcières et les femmes devenues folles de douleur : « Oum Zahar » et l'enfant mort ; ce sont aussi les maraboutes, les *derouichas* qui prennent la route du désert, après avoir tout quitté. Les sorcières, les folles, les maraboutes, sont des femmes qui se sont libérées du joug social, qui sont devenues hors classe.

En 1902, Isabelle est accueillie par Lella Zeyneb, une maraboute d'exception qui a succédé à son père, malgré les opposants mâles. Dans cette zaouïa (confrérie, école religieuse), Isabelle rencontre une autre mère idéalisée, une mère arabe drapée dans ses voiles blancs qui l'appelle « ma fille ».

> « Oui, j'aime mon Sahara,
> Et d'un amour obscur,
> Mystérieux, profond, inexplicable,
> Mais bien réel et indestructible. »
>
> Isabelle Eberhardt, Lettre à Augustin de Moerder.

À l'ombre du cheikh

Alexandre Trophimosky meurt en mai 1899. Huit mois plus tard, en août 1900, Isabelle rencontre le spahi Slimène Ehnni, un musulman français ; elle séjournait alors à El Oued, son oasis bien-aimée de la région du Souf. Isabelle devient l'épouse de Slimène. Ce couple étrange est persécuté par les colons qui ne pardonnent pas à Isabelle de vivre avec un indigène ; décidément, elle a toujours été inconvenante ! À la même époque, elle est initiée, avec Slimène, au sein de la confrérie des Kadriyas, dans l'oasis de Guémar, initiation dont elle tiendra secrète la cérémonie[1]. Isabelle s'engagea par serment à une discrétion totale sur tout ce qui concernait la vie de la confrérie. Elle devait obéissance au cheikh de la

1. Dans sa biographie, Edmonde Charles-Roux consacre de belles pages à cet épisode ; Marie-Odile Delacour et Jean-René Huleu, *Le Voyage soufi d'Isabelle Eberhardt*, Paris, Joël Losfeld/Gallimard, 2008.

zaouïa ; elle devenait un *khouan* (frère) et entrait dans une communauté solidaire.

Une fois de plus, Isabelle outrepassait les limites. L'administration française était scandalisée ! Qui avait été initiée ? Isabelle ou Mahmoud ? La femme ou l'homme ? Depuis le début de la colonisation, aucun Européen, et encore moins une Européenne, n'avait pu être initié dans une confrérie musulmane. Les Kadriyas acceptaient les femmes, mais personne ne put croire qu'Isabelle avait accepté d'être initiée en tant que femme. Désormais, Isabelle porte le crâne rasé et arbore un chapelet, elle peut pénétrer dans les lieux interdits aux Français et se rendre de zaouïa en zaouïa pour s'instruire dans la pensée de l'islam, à travers la tradition soufie et le secret maraboutique. Dans une lettre à son frère Augustin, elle décrit le « cheikh des Kadriyas de Guémar, Sid Elhoussine ben Brahim, homme d'un certain âge, marabout vénéré qui est devenu un véritable père pour nous. C'est d'ailleurs lui qui m'a donné l'initiation et le chapelet des Kadriyas ».

Triomphante, Isabelle écrit encore à son frère : « Parmi les cavaliers tu en verrais un, monté sur un fougueux petit alezan doré. Le cavalier, vêtu de gandouras et de burnous blancs, d'un haut turban à voile, portant à son cou le chapelet noir des Kadriyas, la main bandée avec un mouchoir rouge pour mieux tenir les brides. Ce sera Mahmoud Saadi, fils adoptif du Grand Cheikh blanc, fils de Sidi Brahim ![1] » Ainsi, Isabelle forge-t-elle son origine en s'inventant une filiation dans le creuset de la mystique soufie. Je souligne que c'est un fils, Mahmoud, qui est adopté. La fille, Isabelle, demeure innommée, irrémédiablement non reconnue.

En 1901, Isabelle acquiert, par son mariage avec Slimène, la nationalité française. Cette même année, lors d'un pèlerinage, un illuminé, issu d'une confrérie ennemie, tente de la tuer à Behima. Elle reçoit un coup de sabre destiné à sa tête, mais qui la blesse gravement au bras gauche. Pourquoi cet attentat ? Qui a armé le bras de son agresseur ? Isabelle

1. Lettre du 10 décembre 1900 à Augustin de Moerder, *Écrits intimes*, *op. cit.*, p. 253.

dérangeait tout le monde. Beaucoup ne voyaient qu'imposture dans ses choix de vie et dans son adhésion à l'islam. Femme travestie, elle était toujours fauteuse de troubles. Elle fut donc expulsée d'Algérie suite au procès retentissant de son assaillant, qui eut lieu à Constantine. Devenue française, elle put revenir en Algérie.

Slimène n'hésitait pas à la présenter ainsi à ses supérieurs : « Voici Isabelle Eberhardt, ma femme, et Mahmoud Saadi, mon compagnon [...]. » Leurs interlocuteurs étaient quelque peu ébahis ! Ce couple, singulier dans sa mixité, connut les pires humiliations ; il indisposait la société coloniale. La carrière de Slimène s'en ressentit ; devenu interprète administratif, sa destination le sépara de son épouse vagabonde, qui reprit la route du désert.

> « L'esprit du Vagabond quitta son corps
> et s'envola pour toujours vers les jardins enchantés
> et les grands bassins bleuâtres du Paradis des eaux. »
>
> Isabelle Eberhardt, *Amours nomades*.

La rivière couleur safran (Aïn Sefra)

À l'automne 1903, Isabelle Eberhardt, épouse Ehnni, alias Si Mahmoud Saâdi, quittait Alger, qui l'engourdissait de son ennui, pour Aïn Sefra : « Je me laissais aller à une somnolence vague sans joie et sans chagrin, et qui, sans désir aussi, aurait pu avoir la douceur de l'anéantissement. Tout à coup, le combat d'El Moungar survint et, avec lui, la possibilité de revoir les régions âpres du Sud : « J'allais dans le Sud Oranais comme reporter... Le rêve de tant de mois allait se réaliser et si brusquement[1]. »

Fin septembre, Isabelle part pour la frontière algéro-marocaine. Le sud algérien était alors en proie aux guerres tribales et à l'avancée de l'armée française. Victor Barrucand fit appel à Isabelle pour publier, dans l'*Akhbar* et *La Dépêche algérienne*, ses impressions de la vie saharienne en guerre. A-t-elle été la

1. *Sud Oranais, op. cit.*, p. 11.

première femme reporter du guerre ? Edmonde Charles-Roux le suggère dans sa biographie. « La région a toujours été *bled el baroud*, le pays de la poudre ; les tribus de la vague frontière se sont toujours razziées les unes les autres [...], les opérations militaires sont des contre-razzias, des représailles sur les *djiouch*, les pilleurs[1]. » Isabelle accompagne l'armée et elle livre des reportages saisissants de vérité. Elle partage le danger avec les troupes de l'armée française, les légionnaires, les spahis et les auxiliaires indigènes ; il s'agissait des *goumiers*, nomades dirigés par leur caïd, des *sokhars*, les convoyeurs de chameaux et des *mokhazni* dans « leurs longs burnous noirs brodés de rouge sur la poitrine, la ceinture hérissée de cartouches ». Isabelle retrouvait « la volupté profonde de la vie errante, la joie d'être seule, inconnue sous le burnous et le turban musulmans [...][2] ». Néanmoins, les soldats sahariens « savaient bien que Si Mahmoud était une femme. Mais avec la belle discrétion arabe, ils se disaient que cela ne les regardait pas ; qu'il eût été malséant d'y faire allusion et ils continuaient à me traiter comme aux premiers jours en camarade lettré un peu supérieur ».

Incroyable ! Et pourtant... Le général Lyautey venait d'être nommé commandant de la division d'Aïn Sefra. Isabelle lui fut présentée, recommandée par Victor Barrucand. L'entente entre le pacificateur et la nomade fut immédiate. « Personne, disait Lyautey à propos d'Isabelle, ne comprend l'Afrique comme elle. » Grâce à son soutien, Isabelle put circuler en territoire marocain, dans les zones guerrières les plus dangereuses. Les rumeurs malfaisantes reprirent. Isabelle aurait été la maîtresse de Lyautey, ou une espionne à son service. Elle pouvait certes pénétrer dans les zaouïas les plus protégées, notamment dans celle de Kenadsa dont le marabout était très puissant dans la région[3].

En septembre 1904, Isabelle est à bout de forces, ravagée par les fièvres marécageuses : « La fièvre ne m'a quittée que

1. *Sud Oranais, op. cit.*, p. 11.
2. *Ibid.*, p. 12.
3. Isabelle évoque cette « Théocratie » dans des pages d'une grande intensité narrative, in *Sud Oranais*, p. 205.

par intervalles. Je suis sans vigueur, sans endurance. » Elle fut hospitalisée à Aïn Sefra au début du mois d'octobre ; elle était affaiblie par une existence à laquelle aucune femme n'aurait résisté ; elle était usée par son errance sans appel, son goût immodéré du kif et de l'alcool. Elle rentre chez elle le 21 octobre ; elle était pressée de retrouver Slimène, son mari, de rassembler ses papiers et d'envoyer le manuscrit de *Sud Oranais* à son éditeur. À midi, soudain, l'oued, la rivière couleur safran, grossit d'une eau qui emporta la ville basse d'Aïn Sefra. Le corps d'Isabelle fut retrouvé, par les soldats de Lyautey, dans sa maison écroulée. Ce fut Lyautey qui sauva les manuscrits de l'écrivain. Le livre parut un an plus tard. Dans une lettre à Victor Barrucand, datée du 19 novembre 1904, Lyautey fit l'éloge d'Isabelle : « Nous nous étions bien compris, cette pauvre Mahmoud et moi, et je garderai toujours le souvenir exquis de nos causeries du soir [...]. Elle était ce qui m'attire le plus au monde : une réfractaire [...]. Je l'aimais pour ce qu'elle était et ce qu'elle n'était pas. J'aimais ce prodigieux tempérament d'artiste, et aussi, tout ce qui, en elle, faisait tressauter les notaires, les caporaux, les mandarins de tout poil. Pauvre Mahmoud. » Reconnaissance posthume de Mahmoud par un général magnifique ![1] Isabelle a vingt-sept ans lorsqu'elle quitte la route où elle rêvait de se rencontrer elle-même. « Alors, rageusement, pressant les flancs de ma jument blanche, je m'élance dans un galop fou, et le vent du désert tarit mes yeux humides[2]. »

1. Les propos du général Lyautey et sa lettre à Victor Barrucand sont cités par Edmonde Charles-Roux, *op. cit.*, p. 657.
2. Ce furent les derniers mots écrits par Isabelle Eberhardt dans *Sud Oranais*.

Livre III.
Virginité promise

1- La Vierge e(s)t l'enfant

Freud fut un homme du XIXe siècle, révolutionnaire par sa découverte de l'inconscient, mais conservateur quant aux valeurs de la société de son époque. Les féministes n'ont pas manqué de lui reprocher. La théorie freudienne est un carcan pour les femmes ; la geste freudienne, elle, est emballée par le féminin insolite.

Je mettrai en regard *Totem et Tabou* (1913) et « Le tabou de la virginité » (1918)[1]. Dans le premier, Freud formule l'hypothèse d'un temps inaugural de la famille humaine, fondée sur la culpabilité des fils meurtriers et cannibales du père de la horde primitive. Le second explore les multiples retentissements inconscients, surtout chez les primitifs, de la défloration, de l'empreinte première et sanglante qui devient le premier souvenir, la première marque sans souvenir antérieur. Le mot « tabou » fait lien entre les deux textes, l'un portant sur le père et la fonction paternelle, donc sur l'interdit de l'inceste, l'autre étant centré sur la vierge, la jeune fille. L'énigme du féminin rejoint à nouveau celle de la paternité[2]. C'est cette énigme qui sous-tend toute l'élaboration freudienne concernant la sexualité. La virginité, c'est aussi celle de la terre inconnue de l'inconscient qui est une place forte au cœur du sujet humain, source de ses choix et de ses errances et dont il ne prendra jamais possession.

---

1. Sigmund Freud, « Le tabou de la virginité », *OCF. P.*, vol. XV. Ce texte de 1918 complète les « Contributions à la psychologie de la vie amoureuse », après « D'un type particulier de choix d'objet chez l'homme » (1910), *OCF. P.*, vol. X, et « Du rabaissement généralisé de la vie amoureuse » (1912), *OCF. P.*, vol. XI.
2. Cf. supra I, Freud et le féminin, 2, « Angoisse du féminin », et infra IV, L'identité sexuelle en question , 4, « Dans la peau d'un homme ».

La virginité, présente dès *L'Interprétation du rêve*, en particulier dans le rêve de la jeune fiancée anglophone, a la valeur d'un bien précieux à préserver[1].

Dans la correspondance de Sigmund Freud avec sa fiancée, Martha Bernays, qu'il nomme « sa princesse », la virginité appartient au culte qu'il rend passionnément à la jeune fille. Il la met en garde contre les idées dérangeantes de John Stuart Mill, dont il reconnaît cependant qu'il a peut-être été l'homme du XIXe siècle « le plus capable de libérer des préjugés courants ». Mais, à ce philosophe et économiste anglais, « il manquait sur quelques points le sens de l'absurde, par exemple, en ce qui concerne l'émancipation des femmes, et les femmes en général[2] ». Ces propos révolutionnaires heurtent les convictions sociologiques de Freud qui a traduit en allemand quatre essais du défenseur du libéralisme politique. Il lui est impensable « de vouloir lancer les femmes dans la lutte pour la vie à la manière des hommes. Devrais-je, par exemple, considérer ma douce et délicate chérie comme une concurrente [...] ?[3] » Il apporte de l'eau au moulin des féministes qui le persifleront : « Il est possible qu'une éducation nouvelle arrive à étouffer toutes les qualités délicates de la femme, son besoin de protection qui n'empêche nullement ses victoires, de manière qu'elle puisse, comme les hommes, gagner sa vie. Il est généralement possible que, dans ce cas, on ait tort de déplorer la disparition de la chose la plus délicieuse que le monde ait à nous offrir : notre idéal de la féminité[4]. » En ce temps de fiançailles, pour Sigmund Freud « [...] la nature décide de la destinée d'une femme en lui donnant la beauté, le charme et la bonté[5] ». Freud conclut sa plaidoirie dans des termes qui révèlent sa

1. Buffon, lui, critiquait les fausses valeurs attachées à la virginité : « Les hommes, jaloux des privautés en tout genre, ont toujours fait grand cas de tout ce qu'ils ont cru posséder exclusivement et les premiers ; c'est cette espèce de folie qui a fait un être réel de la virginité des filles. La virginité, qui est un être moral, une vertu qui ne consiste que dans la pureté du cœur, est devenue un objet physique dont tous les hommes se sont occupés », cité par Giulia Sissa dans *Le Corps virginal*, Paris, Vrin, 1987.

2. Sigmund Freud, *Correspondance, 1873-1939*, Paris, Gallimard, 1966, Lettre à Martha Bernays, 15 novembre 1883, p. 86.

3. *Ibid.*, p. 87.

4. *Ibid.*

5. *Ibid.*

conception idéalisée d'une féminité virginale : « Non, sur ce point, je m'en tiens à la vieille façon de penser : j'ai la nostalgie de ma Martha, telle qu'elle est et qu'elle voudra elle-même rester ; la loi et la coutume doivent donner à la femme beaucoup de droits dont elle a été privée, mais sa situation demeurera ce qu'elle fut toujours, celle d'une créature adorée dans sa jeunesse et d'une femme aimée dans sa maturité. On pourrait en dire bien davantage sur ce sujet, mais je crois que nous sommes du même avis[1]. » Dans la Vienne de 1883, avant son mariage en 1886, Freud délimite ainsi les rôles impartis à l'homme et à la femme selon les différences qui ont fait leurs preuves ancestrales.

Dans la lettre du 20 décembre 1883, adressée à Martha quelques jours après l'envoi de celle dans laquelle il « lui a attribué pour domaine exclusif la paisible activité de son foyer », il exprime sa fascination pour le virginal incarné par la Madone, la Vierge-mère, la Vierge à l'enfant, pour l'énigme du féminin au centre des « théories sexuelles infantiles » répertoriées par lui en 1908. « La créature adorée » est une des modalités de l'attachement d'un homme pour une femme, de la sujétion d'un homme à une figure féminine maternelle, intacte, figée dans la statuaire sacrée. Freud a sans doute connu les premières images de la Madone lors de ses visites clandestines dans les églises où l'entraînait sa Nannie ; le petit juif rentrait à la maison, tout habité du prêche du curé, et Amalia, la mère de Freud, devait entendre tout ce que faisait le Bon Dieu[2].

Dans cette lettre à Martha Bernays, il évoque son voyage à Dresde en compagnie de son demi-frère Philipp. Il souhaite partager avec Martha sa fascination pour les Madones qu'il a contemplées ; tout d'abord celle d'Holbein, qui « figure la vraie Reine du Ciel telle que l'a rêvée l'esprit du pieux Allemand[3] ». Mais c'est l'autre, celle de Raphaël, qui retient son attention comme tous ceux qui, « recueillis et silencieux,

1. Sigmund Freud, *Correspondance, 1873-1939*, *op. cit.*
2. Sigmund Freud, *Lettres à Wilhelm Fliess*, *op. cit.*, p. 342, Lettre du 15 octobre 1897.
3. Sigmund Freud, *Correspondance, 1873-1939*, *op. cit.*, p. 93.

la contemplaient ». Il écrit à Martha : « Tu la connais certainement, c'est la Sixtine. Assis devant elle, je me disais : "Oh ! Si seulement tu étais ici avec moi [...]". Il émane de ce tableau une beauté fascinante à laquelle on ne peut échapper. » Puis, il compare cette Vierge de Raphaël à la Madone de Holbein, qui « n'est ni une femme, ni une jeune fille, mais sa noblesse, sa sainteté, son humilité, ne permettent pas de douter de son caractère divin. La Vierge de Raphaël, elle, est une jeune fille à qui l'on donnerait environ seize ans et qui, innocente et fraîche, contemple l'univers. Presque malgré moi, l'idée m'est venue qu'elle était une charmante et sympathique bonne d'enfants, n'appartenant pas du tout au monde céleste mais bel et bien à notre monde à nous[1] ». Cette Vierge qui tient « dans ses bras un enfant au regard ardent » suscite le regard de Freud qui reconnaît, peut-être, dans cette vision de la Madone « environnée de nuages composés d'innombrables têtes d'anges », le souvenir d'un autre tableau, où il est l'enfant au regard incandescent.

Des années plus tard, en 1899, une jeune fille pucelle et hystérique, Dora, reconduit Freud vers la Madone Sixtine, sans qu'il se remémore, semble-t-il, l'émotion contemplative qui l'a saisi lui-même à Dresde. Dora a fait la même expérience que Freud. Seule , « elle resta deux heures durant en admiration devant la "Sixtine", rêvant silencieusement[2] ». Comme son psychanalyste, c'est la Madone du tableau qui la ravit. Freud entend que, dans son extase, Dora cherche le sens sexuel de la figure de la Madone, de la mère-vierge, au moment où surgit la question du désir d'un homme adressé à elle, qui est identifiée à un jeune homme, dans le deuxième rêve qu'elle raconte à Freud. Que signifie « la possession d'une femme » ? Telle est l'énigme qui se pose à la jeune fille alors qu'un homme lui manifeste qu'elle pourrait être cette femme ; elle se replie alors sur l'image glorieuse de la Madone, sur le bonheur du couple formé par la mère et l'en-

1. Sigmund Freud, *Correspondance, 1873-1939, op. cit.*, p. 93-94 ; la bonne d'enfants fut un personnage important dans l'univers infantile de Freud.
2. « Fragment d'une analyse d'hystérie », *OCF. P.*, vol. VI p. 275.

fant divin. Dans le transfert, Dora rejoint Freud sur cette interrogation à propos du féminin maternel virginal[1].

Pour Freud, le questionnement se prolonge en 1910, dans *Un souvenir d'enfance de Léonard de Vinci*, texte centré sur la fusion séductrice de la mère et de l'enfant Léonard. La sainte Anne qui représente une double figure maternelle, la Vierge Marie et sa mère, sainte Anne, avec l'enfant Jésus, en l'absence de saint Joseph. Ce tableau trinitaire est une célébration, en l'absence d'un tiers paternel, d'une maternité virginale.

La mère-vierge, intacte, non marquée par la sexualité, hante la sexualité infantile. Elle est présente dans le texte « Le tabou de la virginité ». Selon Freud, les primitifs ont su mettre en place des mesures d'évitement et de protection du groupe social en chargeant le premier acte sexuel d'une dimension de tabou ; en effet, la femme vierge est dangereuse pour l'homme qui va la déflorer, détruire l'hymen ; il convient donc de soustraire l'homme initiateur à l'hostilité de la femme. Freud accentue le caractère dramatique de la première rencontre sexuelle en avançant que c'est un organe qui est détruit ; par la pénétration vaginale, l'homme perfore l'hymen et inflige ainsi à la femme une blessure narcissique ; la femme déflorée voit sa valeur sexuelle diminuée ; l'hostilité de la femme à l'égard de l'homme s'accompagne de l'hostilité et du mépris de l'homme à l'égard de la femme dévalorisée[2].

Les interprétations de Freud seraient invalidées par les travaux des historiens et, en particulier, par l'étude d'Alain Boureau qui déconstruit le mythe du droit de cuissage, du *jus primae noctis* accordant le droit au seigneur du Moyen Âge de passer la première nuit avec une jeune mariée[3].

1. Cf. supra I, Freud et le féminin, 1, « l'Autre fraternel ».
2. Sigmund Freud, « Le tabou de la virginité », *op. cit.*, p. 89-90.
3. Alain Boureau, *Le Droit de cuissage, la fabrication d'un mythe,* XIIIe-XXe *siècle*, Paris, Albin Michel ; Patrick Avrane analyse la thèse de l'historien dans « La vierge, le maître et l'autre », in *L'Extrême droit*, CampagnePremière /, 2001, p. 95-103 ; le droit de cuissage était en réalité une taxe payée au seigneur et autorisant le mariage d'une jeune fille. Patrick Avrane se réfère aux trois formes de manque d'objet définies par Lacan dans le séminaire *La Relation d'objet* (1956-1957) ; ce que Freud nomme castration relève en fait de la frustration et du manque imaginaire. La castration se situe dans le rapport au seigneur, là où la dette appartient au registre symbolique, et elle n'est pas fondée sur le pucelage.

Néanmoins, Freud approfondit le sens de cet acte sexuel de grande portée symbolique, réelle et imaginaire, pour l'homme comme pour la femme.

La défloration entraîne une perte de sang, c'est pourquoi elle est marquée de tabou ; car le sang versé évoque toujours l'idée du sacrifice et l'interdit du meurtre originel de *Totem et Tabou* ; le sang de la vierge et le sang de la menstruation sont tabous parce qu'ils sont associés à des représentations sadiques ; mais c'est aussi la crainte des prémices, la crainte du nouveau qui est à l'origine du tabou : « Peut-être cette crainte est-elle fondée en ceci que la femme est autre que l'homme, qu'elle apparaît éternellement incompréhensible et mystérieuse, étrangère et pour cela hostile. L'homme redoute d'être affaibli par la femme, d'être contaminé par sa féminité et de se montrer alors incapable[1]. » Apparaît ici le thème de la réaction de l'homme dans la conjonction sexuelle. La virginité masculine est passée sous silence. « La première fois » pour l'homme est comme taboue ; le premier acte sexuel n'a pas pour le sexe masculin le caractère sanglant qu'il a, mais pas toujours, chez la femme. À l'époque de Freud, et bien après, les garçons étaient « déniaisés » au lupanar, ou par une femme plus âgée, initiatrice, experte en sexualité. Freud insiste sur la patience de la jeune fille qui, elle, devait attendre le mariage pour connaître l'épanouissement de sa sexualité, tandis que l'homme, lui, n'attendait pas et arrivait au mariage déjà sexuellement expérimenté. L'expérience clinique nous enseigne que, pour un homme, la première rencontre sexuelle avec une femme, rencontre au cours de laquelle il doit faire ses preuves, peut aussi être dramatique, traumatisante. La découverte du féminin non familier éveille parfois une intense angoisse de castration et un désir de fuite devant le sexe autre.

La conception freudienne du complexe de castration sous-tend son analyse du tabou de la virginité chez les primitifs. Freud se représente l'hymen, qui n'est qu'une membrane,

1. « Le tabou de la virginité », *op. cit.*, p. 86.

comme un organe ; cette membrane, protectrice de la fente, de l'ouverture abyssale, n'a, logiquement, qu'un temps dans le développement physiologique féminin ; elle entre en résonance avec un organe archaïque imaginaire normalement transitoire dans la maturation psychosexuelle de l'enfant. Cet organe surinvesti, c'est le pénis imaginaire maternel ; objet des projections infantiles de la fille et du garçon, il protège du réel troublant de la différence des sexes, il est « objet de perspective » et, dans le cas de la défloration, il englobe à la fois l'hymen, comme membrane du réel corporel, et la virginité comme ouverture sur l'inconnu, sur le non visible, le non identique[1]. Le féminin étrange, étranger, suscite la pensée, la théorie, mais aussi la crainte. La vierge est un objet sacré, idéalisé, parce qu'elle est intacte, « complète ».

Le texte sur « Le tabou de la virginité » condense, dans son abord anthropologique, la conception freudienne de la sexualité humaine, du complexe de castration chez l'homme et chez la femme. En 1937, dans « Analyse avec fin et analyse sans fin », ce sera le refus du féminin qui sera défini comme le « roc biologique » pour les deux sexes.

Freud n'a pas une vision optimiste de l'union de l'homme et de la femme : « La défloration n'a pas seulement pour conséquence culturelle d'enchaîner durablement la femme à l'homme ; elle déchaîne aussi une réaction archaïque d'hostilité envers l'homme, qui peut revêtir des formes pathologiques se manifestant assez fréquemment par des phénomènes d'inhibition dans la vie amoureuse [...]. Le déconcertant tabou de la virginité, la crainte avec laquelle, chez les primitifs, l'époux évite la défloration, trouvent dans cette réaction hostile leur pleine justification[2]. » Dans ce

1. Guy Rosolato définit « l'objet de perspective » comme « tout objet matériel ou mental, qui focalise, par rapport à une organisation, un point de fuite, une aire où se concentrent une question, une ouverture, un mystère au lieu même où se constitue une prolifération de couverture, de "cache". Il s'agit donc d'une manifestation localisée de limite, d'"interface", précisément entre le visible et l'invisible et, d'une manière plus générale, entre le connu et l'inconnu », « L'objet de perspective dans ses assises visuelles », in *Pour une psychanalyse exploratrice dans la culture*, Paris, PUF, 1993, p. 29.

2. « Le tabou de la virginité », *op. cit.*, p. 96.

texte, Freud aborde comment une femme rencontre l'Autre en elle-même dans le rapport sexuel avec un homme, comment l'altérité, dans le sexuel, peut surgir pour l'un et l'autre sexes : « Après avoir dénombré les motifs de la réaction paradoxale de la femme à la défloration, réaction qui se prolonge à l'état de trace dans la frigidité, on peut déclarer en résumé que *la sexualité inachevée de la femme* se décharge sur l'homme qui lui fait connaître l'acte sexuel pour la première fois. Mais alors le tabou de la virginité prend tout son sens et nous comprenons la prescription qui enjoint d'éviter de tels dangers, précisément à l'homme qui doit s'engager dans une vie commune durable avec cette femme. À de plus hauts stades de culture, l'estimation de ce danger a cédé le pas à la promesse de sujétion et sûrement aussi à d'autres motifs et à d'autres tentations ; *la virginité est considérée comme un bien auquel l'homme ne doit pas renoncer*[1]. »

La virginité, garante de la pureté de la filiation

Dans de nombreuses sociétés, islamiques notamment, l'honneur des pères, des fils, des frères, des maris, est toujours une affaire sérieuse. Il dépend de la vertu, de la chasteté des femmes. Notre société laxiste, aux mœurs apparemment libérées, a déplacé la question de l'appartenance. L'honneur, c'est-à-dire l'honneur du nom, de la lignée, a perdu sa valeur. Cependant, en dehors des sociétés occidentales, le code de l'honneur conserve son sens, tel *le nif*, le point d'honneur, dans la société des Berbères de Kabylie étudiée par Pierre Bourdieu dans *La Domination masculine*. Dans cette organisation sociale, les femmes sont des « instruments symboliques de production ou de reproduction du capital symbolique représenté par la lignée dont la pureté est établie sur la chasteté virginale des filles ; tout le système des alliances repose sur le postulat de la virginité des femmes[2] ». Cette

1. « Le tabou de la virginité », *op. cit.*, p. 93-94 ; c'est nous qui soulignons.
2. Pierre Bourdieu, *La Domination masculine*, Paris, Seuil, 1988, p. 11-59.

gravité sociale n'est pas sans évoquer celle, mise en scène autrefois dans *L'Abuseur de Séville*. Dans cette pièce de Tirso de Molina, le protagoniste transgresse le tabou de la virginité, primordial dans la société traditionnelle du siècle d'or espagnol et il contrevient à la pureté du sang et du nom[1]. Le livre de Samira Bellil, *Dans l'enfer des tournantes*, est un témoignage autobiographique poignant sur les dérives actuelles du code de l'honneur et sur la virginité sacrifiée[2]. Jeune femme issue d'une famille maghrébine immigrée, Samira Bellil raconte son expérience d'adolescente vivant dans une cité de banlieue. Fille de parents algériens eux-mêmes maltraités violemment dans leur famille respective, elle fut victime de viols collectifs, de « tournantes ». Elle décrit les rapports de forces et de domination instaurés par les petits caïds qui règnent sur les caves ; gare aux filles qui prétendent ressembler aux garçons et qui ne reconnaissent plus les principes de l'éducation traditionnelle des filles ! Elle dénonce la discrimination que cette loi des cités fait subir aux filles. Les garçons en sacrifient certaines pour protéger la virginité de leurs sœurs. Humiliée, sa réputation ayant été brisée, Samira Bellil fut rejetée par sa famille. Elle entreprit une longue psychothérapie qui lui permit de porter plainte contre ses violeurs.

Le point sacré : l'enfant-vierge

Dans notre société en pleine mutation, les places sont fluctuantes, incertaines, et il est difficile de discerner qui incarne « la vierge. » Juridiquement, l'autorité paternelle est devenue l'autorité parentale ; le terme de co-parentalité s'est imposé. La famille telle que l'ont connue nos grands-parents a éclaté ; elle ne repose plus sur la transmission du patrimoine moral et économique ; le lien de filiation est en « mal d'institution » : « La famille n'est plus pensée comme institution parce qu'elle

1. Cf. infra III, Virginité promise, 3, « Don Juan et Le Nom-du-Père », et 4, « La fille du Commandeur ».
2. Samira Bellil, *Dans l'enfer des tournantes*, Paris, Denoël, 2003 ; elle s'engagea dans le mouvement « Ni putes, ni soumises ». Elle mourut précocement, à l'âge de 31 ans.

est devenue une institution impensable[1]. » En particulier, avec les avancées de la science et de la médecine, avec la procréation médicalement assistée, le lien père-enfant ne va plus de soi. La filiation peut se réduire au seul lien biologique ; mais le droit offre de multiples possibilités à l'individu de devenir parent. En effet, quand les techniques médicales interviennent dans la procréation, que signifie « reconnaître un enfant comme sien[2] » ? La question de la virginité s'en est trouvée déplacée.

Depuis la découverte de la contraception, les jeunes gens ont des relations sexuelles plus précoces ; la crainte d'une grossesse hors mariage retenait nos grand-mères d'avoir une vie sexuelle avant l'engagement nuptial ; celle qui passait outre risquait de se retrouver « fille perdue », « fille mère ». Aujourd'hui, les adolescents découvrent tôt la sexualité (entre 14 et 16 ans). « La première fois » conserve toujours son importance ; le sens profond du passage, de l'entrée dans la sexualité adulte, demeure souvent inconscient, ainsi qu'en témoignent les femmes dans leur cure psychanalytique ; souvent, de nombreuses séances d'analyse sont nécessaires pour que les émotions, les sensations liées à cette expérience, puissent être évoquées, même si elle n'a pas été traumatique. Parfois, elle est présentée « comme un coup pour rien », ce qui confirmerait l'analyse de Freud à propos de la défloration. Pour les jeunes garçons, il s'agit bien souvent de montrer leurs capacités viriles.

1. Selon l'expression d'Irène Théry dans l'article intitulé « Différence des sexes et différence des générations. L'institution familiale en déshérence », *Esprit*, décembre 1996. Ce numéro présente un ensemble d'articles consacrés au malaise dans la filiation ; Pierre Legendre, *L'Inestimable Objet de la transmission*, Paris, Fayard, 1985 ; Élisabeth Roudinesco, *La Famille en désordre*, Fayard, 2002, p. 242-243, est plus optimiste sur l'évolution de la famille : « [...] aux pessimistes qui pensent que la civilisation risque d'être engloutie par des clones, des barbares bisexuels ou des délinquants de banlieue, conçus par des pères hagards et des mères en errance, on fera remarquer que ces désordres ne sont pas nouveaux – même s'ils se manifestent de façon inédite –, et surtout qu'ils n'empêchent pas la famille d'être aujourd'hui revendiquée comme la seule valeur sûre à laquelle personne ne peut ni ne veut renoncer. »

2. Évelyne Sullerot, *Pilule, sexe, ADN, trois révolutions qui ont bouleversé la famille*, Paris, Fayard, 2006.

Face à la procréation, les femmes des sociétés occidentales évoluées ont acquis un pouvoir de décision ; elles choisissent maintenant d'avoir ou non un enfant ; elles décident du nombre de leurs enfants et du moment de leur naissance. Un renversement est intervenu. Grâce aux nouvelles législations, une femme, enceinte d'un homme devenu géniteur lors d'une brève rencontre de hasard, peut imposer à cet homme d'assumer socialement sa paternité. Serait-ce le renversement de la relation de domination ?[1] Les cures psychanalytiques retentissent des échos de ces bouleversements entraînant de lentes, mais profondes mutations dans les rapports entre les deux sexes.

La maltraitance

La pratique psychanalytique est confrontée à la maltraitance. J'évoque ici le travail thérapeutique avec les enfants placés ou, plus exactement, déplacés ; il s'agit fréquemment de jeunes victimes d'abus sexuels qui ont été retirées de leur famille ; les parents de ces fillettes ou de ces garçons ont souvent été déchus de leur autorité parentale. Le lien parental est, en tout cas, disqualifié. À l'autorité parentale destituée se substitue une autorité administrative et judiciaire que l'enfant identifie difficilement du fait de la complexité de sa prise en charge et du nombre d'intervenants. L'autorité est diffractée au moment où la loi symbolique mise à mal est recouverte par une vicariante loi juridique. Pour être protégé, l'enfant se retrouve exclu. Les effets dévastateurs de cette position sont imprévisibles.

J'insiste sur le déplacement. La question de la virginité réapparaît maintenant dans l'idéologie de la protection de l'enfant, avec tous les effets négatifs inhérents à toute idéologie. Une machinerie administrative, judiciaire, éducative, prend en charge l'enfant maltraité[2]. Celui-ci, souvent victime

1. Cf. infra IV, L'identité sexuelle en question, 1, « Transfert et mésalliance ».

2. Claire Brisset, *Rendre justice aux enfants*, Anne Carrière, 2006, p. 51, constate que « le système français de protection de l'enfance n'est pas toujours armé pour répondre à ses missions ».

d'abus incestueux, se retrouve en position d'objet dans le déplacement qui est censé le défendre. Coupé de sa structure familiale réelle, il devient la victime expiatoire qui a fait éclater la vérité de la maltraitance, de l'abus ; de fait, il est à l'origine de l'éclatement et de la dispersion de la famille. La victime devient bourreau lorsque l'adulte abuseur est condamné par la justice. Le signalement de l'abus a pour effet de désagréger la famille en tant qu'unité sociale. Si le père est incarcéré, la famille perd la plupart du temps ses ressources financières.

Cet enfant, garçon ou fille, devient objet de rebut tout-puissant ; il est clivé, saccagé. Il est source de revenus non négligeables pour une famille d'accueil mieux rémunérée parfois que ses propres parents dans leur profession. Dans la maltraitance, l'enfant vierge, soustrait à sa famille, à ses repères, à son ancrage symbolique, devient comme « la fille perdue » qui avait perdu sa virginité. L'enfant déplacé est l'objet de projections d'amour et de haine ; bien qu'il soit l'objet des soins et de la sollicitude des services sociaux prenant le relais et la place des parents, il est néanmoins « désarrimé ». L'enfant qui a été profané et qui, par conséquent, est vulnérable, suscite des désirs de surprotection ou de profanation renouvelés. L'enfant vierge, abîmé, peut se diaboliser et activer à nouveau l'abus chez l'adulte, dans une identification à l'agresseur ; la maltraitance, en particulier séductrice, produit en chaîne un déferlement pulsionnel dans lequel l'enfant reproduit sur d'autres l'abus qu'il a subi lui-même ; il reproduit, inlassablement, la scène traumatique, pour l'exorciser.

Dans la prise en charge thérapeutique des enfants maltraités, ces mécanismes défensifs et réactionnels qui suscitent la sidération, la séduction et la compassion chez l'analyste ne doivent pas être sous-estimés. En outre, l'extraterritorialité de l'analyste par rapport aux instances de tutelle de l'enfant ne l'empêche pas d'être perçu par celui-ci comme inclus dans l'ensemble qui l'a soustrait à sa famille. Comment, dans ces conditions, peut s'établir une relation de confiance ? Tel est l'enjeu de la relation transférentielle.

La révélation de l'inceste ou de la maltraitance se produit souvent à l'école ; ensuite, ce sont les services sociaux, chargés de la protection des mineurs, qui prennent en charge l'enfant. Les entretiens de « dévoilement » au sein de l'Aide sociale à l'enfance, sont toujours perturbants pour l'enfant, même s'ils lui apportent un soulagement. Comment, en tant que psychanalyste, puis-je aider cet enfant à se reconstruire ? C'est généralement d'abord un psychologue de l'Aide sociale à l'enfance qui écoute la détresse de l'enfant ; sa demande d'aide psychologique est rarement immédiate.

Comment peut s'engager une psychothérapie ? Je propose, quand l'enfant est d'accord, de le rencontrer une fois avec son éducateur référent. Il y a la plupart du temps des démarches juridiques en cours, un procès est souvent à l'horizon ; plusieurs juges et plusieurs avocats interviennent, respectivement pour l'enfant et le parent. L'enfant maintiendra-t-il sa plainte, confirmera-t-il l'aveu ? Le poids du contexte judiciaire, de la mise en accusation d'un parent, ne facilite pas la libre parole de l'enfant victime. Lors du premier entretien, la maltraitance, l'abus subis par l'enfant sont énoncés par l'éducateur, de même que l'histoire familiale est mise en perspective. Je suis attentive à ce qui est énoncé de la filiation. La maltraitance en cache souvent une autre ; bien souvent, c'est toute une lignée maltraitée qui apparaît avec des enfants battus, violés sur plusieurs générations.

Aider ce petit héros traumatisé qui a traversé le miroir, c'est d'abord accepter que l'enfant se taise, qu'il ne puisse dire l'irreprésentable ; il s'exprime par son regard, ses postures, sa gestuelle ; son image corporelle et sa place dans sa famille se manifestent dans ses dessins. Des limites sont posées. Elles tracent le cadre où la parole et le silence seront les seuls instruments de sa reconstruction, y compris de son identité sexuée. À un moment ou à un autre, est énoncé l'interdit de l'inceste auquel nous sommes tous soumis ; la différence des sexes et des générations est affirmée, et les territoires du corps, des émotions, des pensées ne se confondent pas. Je parie toujours sur l'avenir pour que du sujet se restaure, qu'émerge la part d'énigme dans cet excès de réel qui risque de nous submerger, moi et l'enfant, dans le transfert.

Écouter le « pas dire », le « pas savoir » afin que l'enfant puisse se réapproprier un espace privé, mental et corporel. Toute intrusion de l'analyste, souvent induite par l'enfant, toute question peuvent être vécues comme une reproduction du viol. Il est indispensable de laisser se déposer, dans le transfert, la toute-puissance imaginaire et le sentiment de culpabilité destructeur. L'enfant endosse la responsabilité de l'acte criminel, la faillite de sa famille, la honte et le déshonneur de sa famille ; il n'est pas rare qu'il reproduise, en tant qu'acteur, la scène traumatique en maltraitant ou en tentant de séduire d'autres enfants. Dans le meilleur des cas, cet enfant, objet sacré, objet déchet, fait vivre à l'analyste cette épreuve. Il est alors indispensable de ne pas s'y soustraire. C'est le moment où le corps archaïque pulsionnel s'anime, où les fantasmes et la sexualité infantile sont avivés, surtout quand l'enfant est pubère ou prépubère.

La maltraitance, l'inceste n'annulent pas la relation parentale ; ils n'annulent pas la génération. Dans le cas où le père est abuseur de sa fille ou de son fils, le père quitte sa place dans la génération et se retrouve au niveau générationnel de son enfant. L'enfant ne prend pas la place de l'adulte, dans une simple réalisation du fantasme œdipien ; c'est le père qui s'infantilise. Dans certains cas, celui-ci n'est pas nécessairement pédophile ; il s'est laissé emporter par un raptus incestueux au moment où sa fille est devenue pubère. Le corps métamorphosé de sa fille a relancé pour lui la question du féminin, surtout si sa femme n'est plus sa partenaire sexuelle. La mère supporte, alors, elle seule, telle la mère d'une horde primitive, toute la génération parentale. S'il s'agit d'une fille, le risque majeur est qu'elle ne parvienne pas à se séparer de cette mère archaïque.

Dans la société actuelle, la violence faite aux enfants, la pédophilie, le meurtre des innocents, sont des forfaits jugés intolérables, car ils sont un échec face au mal dans une société hasardeuse ; le recours au droit est permanent pour des citoyens livrés à eux-mêmes dans un individualisme exorbitant, qui s'exerce aux dépens de l'intérêt des générations à venir. Notre société laïcisée, du fait des chambardements dans l'institution familiale, du malaise dans la filiation, a sacralisé (et donc aussi sacrifié) l'enfant sur l'autel d'une autorité paternelle effondrée[1]. Ainsi, l'être le plus fragile devient le fondement quasiment théologique du monde. Nouveau renversement. Il symbolise, à la fois, la promesse et l'incertitude de l'avenir de notre civilisation. Il est devenu le point sacré, transcendant, de l'inconnu au fond de l'être humain.

1. Georges Vigarello, *Histoire du viol*, Paris, Seuil, 1998, p. 274-275. Cette étude historique remarquable peut se lire comme une histoire de la virginité.

2- Freud et le castillan

Dans une lettre du 7 mai 1923, Freud écrit en espagnol à son premier traducteur, Luis López Ballesteros : « Étant jeune étudiant, le désir de lire "l'immortel Don Quichotte" dans le texte me conduisit à apprendre sans professeur la belle langue castillane[1]. » Freud exprime alors son intense émotion et sa vive gratitude à l'égard de son correspondant, non psychiatre et non psychanalyste, qui avait si bien compris et traduit sa pensée.

Quarante-deux ans se sont écoulés depuis son apprentissage de l'espagnol, indissociable de son amitié adolescente avec Eduard Silberstein ; la correspondance qu'il adresse à celui-ci en est le vibrant témoignage ; de nombreuses lettres écrites par Freud à son ami sont émaillées de citations et de mots en langues étrangères, en anglais, en français, en italien. Dans cet ensemble de missives, l'espagnol joue un rôle particulier, qui attire l'attention du lecteur et suscite son intérêt. En effet, cette langue, étrangère et adoptée, surgit, entre 1870 et 1881, comme une curiosité sur la scène freudienne, puis elle la quitte et semble frappée de refoulement ou devenue forclose. Freud en perd l'usage.

Eduard et Sigmund

Cadet de quelques mois de Sigmund Freud, Eduard Silberstein est né le 27 décembre 1856, dans la ville roumaine de Jassy ; sa famille est enracinée dans une forte communauté juive ; ses parents l'envoyèrent à Vienne, où il fut

1. Sigmund Freud, *G.W.*, Frankfurt am Main, Fischer Taschenbuch Verlag, tome XIII, 1999, p. 442.

condisciple de Sigmund Freud au Realgymnasium puis à l'Obergymnasium ; il étudie ensuite le droit à Leipzig[1].

Ils partagent le même goût pour la philosophie, le même enthousiasme pour les cours de Franz Brentano, pour l'œuvre de Feuerbach, une égale aisance dans la pratique des langues étrangères. Cette correspondance exprime avec éclat l'appétit de savoir de Freud, ses exceptionnelles capacités sublimatoires. L'étude et l'impécuniosité sont ses principales préoccupations. Freud est pauvre ; son ami a grandi dans un milieu familial prospère. Freud manque d'argent, mais il a des dons intellectuels qui lui font remporter des succès scolaires, puis universitaires. La science et la littérature le passionnent de la même manière. À l'époque de cette correspondance, Freud tient également un journal dont il ne reste pas trace. Comme il en sera plus tard de la correspondance avec Wilhelm Fliess, le lecteur ne dispose que des lettres de Freud à Silberstein ; celles d'Eduard à Sigmund se sont évaporées, ou bien ont été détruites.

Était-ce une façon pour Freud de clore des chapitres de sa vie et de sa mémoire ? En tout cas, les destinataires de ses lettres demeurent invisibles. Quel était leur style, quelle était leur sensibilité dans le dialogue ? Nous ne pouvons que laisser libre cours à notre imagination. Une lettre du 9 septembre 1875 exprime l'élan passionnel que Freud manifeste envers Silberstein, qui rappelle, après coup, le lien fusionnel avec Fliess : « Je suis impatient de renouer l'an prochain avec nos heures d'étude et de promenade, lorsque, après une séparation de douze mois, à la seule exception d'une rencontre de trois jours, nous pourrons à nouveau échanger propos contre propos, et si Dieu veut, pensée contre pensée[2]. » Cette amitié débuta vers 1870. L'édition française de la correspondance publie en appendice une lettre de Freud du 22 avril 1928 adressée au président de la Loge B'nai B'rith de Braila, où Silberstein s'est établi : « J'ai passé plusieurs années de mon

1. Sigmund Freud, *Lettres de jeunesse*, traduites de l'allemand par Cornélius Heim, introduction de Walter Boehlich, Paris, Gallimard, 1990.
2. *Ibid.*, p. 169.

enfance et de mon adolescence dans une étroite amitié, je peux même dire une union fraternelle, avec lui. Ensemble, nous avons appris l'espagnol sans professeur, lu Cervantès ; nous avons signé les lettres que nous nous adressions des noms de deux perros en el hospital de Sevilla : Scipione et Berganza[1]. »

Mais c'est surtout dans une lettre à Martha Bernays datée du 7 février 1884, trois ans après la fin de la correspondance avec Silberstein, que Freud évoque son ami et le rôle de l'espagnol : « Nous nous sommes liés à un moment où l'on ne considère pas l'amitié comme un sport ou un avantage mais où l'on a besoin d'un ami pour vivre avec lui. À dire vrai, après les heures passées sur les bancs de l'école, nous ne nous quittions pas. Ensemble nous avons appris l'espagnol, nous avions notre mythologie à nous et nos noms secrets empruntés à un dialogue du grand Cervantès. Dans notre livre espagnol de lecture, nous avions découvert un jour un dialogue humoristico-philosophique entre deux chiens tranquillement couchés devant la porte d'un hôpital et nous nous attribuâmes leurs noms dans nos écrits et dans notre conversation, Silberstein s'appelait Berganza et moi Cipion. Combien de fois n'ai-je pas écrit ces mots : *Querido Berganza* et signé : *Tu fidel Cipion, perro en el Hospital de Sevilla.* Nous formions ensemble une étrange société savante, l'Academia Castellana (A.C.), et avions écrit en collaboration une grande quantité d'œuvres facétieuses qui doivent se trouver encore dans mes vieux papiers [...][2]. »

Le portrait d'Eduard se profile : « Sa pensée ne s'élevait pas volontiers vers les sommets, il restait dans le domaine de l'humain ; son horizon, ses lectures, son humour, tout était bourgeois, légèrement philistin [...]. » Sigmund s'est attribué le prénom qui résonne avec les deux célèbres Scipion, l'Africain, celui qui fut le vainqueur d'Hannibal le Carthaginois, et Scipion Emilien, son petit-fils, le général

1. Sigmund Freud, *Lettres de jeunesse*, *op. cit.*, p. 252. Freud appartenait à la branche viennoise de la loge depuis 1897.
2. *Ibid.*, p. 261.

stoïcien. Comme envoûté par ces glorieuses réminiscences, Freud se drape, à l'égard de Silberstein, dans une toge de grand frère protecteur et volontiers moralisateur.

L'Academia española

Eduard et Sigmund étudièrent l'espagnol sans maître, sans grammaire, sans dictionnaire, en s'appuyant sur la seule lecture d'un recueil de textes littéraires. Leur société secrète, dont ils étaient les deux seuls membres, l'Academia Española, avait un sceau, reproduit dans l'édition française à la fin de l'ouvrage ; les initiales en étaient inversées : E.A., sans doute par inadvertance de la part des deux académiciens. Voici les abréviations du langage de la société secrète : m.d.l.A.E : miembro de la Academia Española ; p.e.e.h.d.s. qui signifie : perro en el hospital de Sevilla (chien à l'hôpital de Séville) ; dans ce langage codé, Séville désigne Vienne. Les lettres ou fragments de lettres rédigés en espagnol sont publiés tels quels dans l'édition allemande. Dans l'édition française, les lettres en espagnol, ou dans des langues autres que l'allemand, sont imprimées en italique, et traduites en français ; il n'est donc pas possible d'apprécier précisément comment Freud dominait la langue castillane. Le recueil de textes littéraires dans lequel il a puisé son savoir n'a pas été identifié par l'éditeur, Walter Boehlich. Dans les lettres à Silberstein, Cervantès est mis à l'honneur par Freud, qui clame sa délectation à la lecture de *Don Quichotte* et du *Colloque des chiens,* modèle de cette correspondance.

Freud mentionne aussi deux autres auteurs : Ramón Mesonero Romanos (1803-1882), écrivain des us et coutumes de son époque *(costumbrista)*, également poète dans la même veine, et Fernán Caballero, pseudonyme de Cecilia Böhl de Faber (1796-1877) ; celle-ci était la fille d'une Andalouse et d'un hispaniste allemand renommé, Juan Nicolás Böhl de Faber (1770-1863), qui introduisit en Espagne les idées de August Wilhelm von Schlegel (1767-1865) sur le romantisme et le théâtre du Siècle d'or. Telle George Sand, sa fille prit un pseudonyme masculin – pour se faire un nom qui la distinguât de son père ? Son roman le plus connu, *La Mouette*[1], roman de mœurs (*La Gaviota*, 1849), décrit, sur le mode romantique, les coutumes andalouses. En 1856, elle publie, dans la même inspiration, *La Famille Alvareda*, qui inaugure le courant réaliste en littérature. Dans la lettre 64 du 13 août 1876 à Silberstein, Freud annonce : « Mort Fernán Caballero, ou Cecilia Böhl de Faber, qui était femme [?], notre auteur et fille d'un marchand allemand, passa les douze premières années de son enfance en Allemagne[2]. » Freud cite les noms de ces auteurs, mais non leurs œuvres, dont des extraits devaient figurer dans le livre de textes qu'il étudiait. Dans la lettre 23 du 20 août 1873 à Silberstein, il évoque « un fameux poète castillan[3] » qui n'est autre que lui-même, s'enhardissant à rimer en espagnol : « Ce poète illustre n'est pas Cervantès, ni Caballero, ni don Ramón Mesonero Romanos, c'est Don Cipion qui a fait ce quatrain en un moment lyrique[4]. »

Sous les auspices de Cervantès

C'est assurément l'auteur de *Don Quichotte* qui éblouit Freud au point de l'inciter à apprendre le castillan dans l'un des textes illustres du Siècle d'or espagnol et de la littérature universelle. Nonobstant, l'influence sur Freud de l'œuvre de Cervantès (1547-1616) demeure énigmatique[5] ; elle ne s'affirme réellement que dans les lettres de jeunesse. Alors que Shakespeare, Goethe et Schiller sont abondamment cités en appui de ses élaborations théoriques, ce n'est pas le cas pour Cervantès, qu'il convoque rarement. Il ne s'y réfère pas lorsqu'il théorise l'opposition fondamentale en psychanalyse

1. Traduit par D. Teotimo, Paris, édité par Bleriot, 1882. Citons également du même auteur, *Nouvelles andalouses, scènes de mœurs contemporaines*, traduit par A. Germond Delavigne, Paris, Hachette, 1871.
2. *Ibid.*, p. 199.
3. *Ibid.*, p. 74. Voici le poème en question : « *Sin manos no se puede agarrarse/ y sin pecho no abrazarse/ y sin ojos no mirarse/ y no amarse sin verdad* ». (Sans mains on ne peut saisir/ et sans poitrine pas embrasser/ et sans yeux pas regarder/ et pas aimer sans vérité.)
4. *Ibid.*, p. 74.
5. Sadi Lakhadari, « Freud et Cervantès », *Savoirs et clinique*, n° 6, Transferts littéraires, Érès, octobre 2005, p. 81-86 ; l'auteur approche avec élégance ce « transfert littéraire » en parcourant conjointement l'œuvre de Freud et celle de Cervantès.

entre fantasme et réalité ; pas davantage à propos de la représentation, de la construction des idéaux ou encore de l'univers de la folie.

Il fait la part belle à Don Quichotte, qu'il désigne comme messager auprès de son ami Silberstein et de sa fiancée. À Eduard, il écrit dans la lettre 38 du 30 janvier 1875 : « Il y a peu, j'ai quand même lu un chapitre de *Don Quichotte*, ce qui m'a fait vivre une petite idylle [...][1]. » Puis, le 31 décembre 1874 : « Je sais bien qu'un Don Quichotte serait plus digne de l'esprit de l'A.E., mais je ne peux revenir sur la préférence que j'ai donnée au livre profane. Si toutefois tu veux quand même posséder un Don, je t'offre le mien, car j'ai malheureusement toujours moins de temps pour me plonger dans notre noble langue espagnole[2]. »

Mais c'est surtout dans la correspondance avec Martha Bernays qu'il manifeste son admiration pour *Don Quichotte* : « J'ai entre les mains un exemplaire de *Don Quichotte* illustré par Gustave Doré et passe avec lui plus de moments qu'avec l'anatomie du cerveau. Tu as bien raison, petite Princesse, ce n'est pas une lecture pour jeune fille. Quand je t'ai envoyé ce livre, j'avais complètement oublié les nombreux passages crus et rebutants en soi qui s'y trouvent[3]. » Freud souhaite partager avec Martha le plaisir intense que lui procure cette lecture : « As-tu lu *Don Quichotte* et te souviens-tu de ce qu'exige des chevaliers qu'il a vaincus notre héros ? Il faut qu'ils aillent à Toboso pour y baiser la main de l'incomparable Dulcinée. Or mes six élèves te baisent la main[4]. » À cette occasion, Freud exprime sa conception de l'éducation des jeunes filles, qui doivent être protégées de la brutale sexualité. Le temps d'une missive, Martha Bernays est devenue Dulcinée, la

1. *Lettres de jeunesse, op. cit.*, p. 127.
2. *Ibid.*, p. 119.
3. Sigmund Freud, lettre du 22 août 1883, *Correspondance, op. cit.*, p. 53 ; les lettres du 23 août, du 8 septembre 1883, irradient la même ferveur pour « le spirituel chevalier Don Quichotte de la Manche ».
4. Sigmund Freud, *Correspondance, op. cit.*, p. 140, lettre du 17 novembre 1884.

femme idéalisée, inaccessible. Souvenons-nous que Freud est habituellement plutôt shakespearien quand, à l'instar de Josef Breuer, il lui arrive de nommer la femme de son cœur, « sa Cordélia[1] ».

Freud ne partage pas vraiment les idées féministes de l'économiste anglais John Stuart Mill (1806-1873), dont il traduisit l'essai sur Platon[2]. Dulcinée et Cordélia ne sont-elles pas des métaphores du féminin éternel qui, à elles seules, traduisent la vision freudienne de l'identité féminine et du rôle social de la femme ? En contrepoint, dans une lettre du 29 août à la même Martha, il décrit ses impressions après une représentation de *Carmen*, l'opéra de Bizet : « La canaille donne libre cours à ses appétits et nous, nous nous privons. Nous nous privons afin de maintenir notre intégrité, nous ménageons notre santé, notre capacité de jouir de la vie, nos émotions, nous nous gardons pour quelque chose sans même savoir pourquoi. Et c'est cette habitude de réprimer constamment nos pulsions naturelles qui fait de nous des êtres raffinés[3]. » Carmen, la gitane, la femme fatale, rappelle à Sigmund Freud ses longues et chastes fiançailles, son choix de l'abstinence. Après les années de jeunesse, la référence à *Don Quichotte* deviendra rare[4].

Cipion et Berganza

Ces deux noms de chiens, adoptés par Eduard Silberstein et Sigmund Freud, proviennent des *Nouvelles exemplaires* de Cervantès ; il s'agit des deux brefs récits publiés en 1613, *Le*

1. Sigmund Freud, *Correspondance, op. cit.*, p. 50.
2. *Lettres de jeunesse, op. cit.*, p. 215, lettre 74 à Silberstein du 10 août 1879 : « On peut dire de moi que je ressens douloureusement la privation du noble idiome castillan, et pour remédier à cette situation, je me propose de m'offrir un nouveau livre espagnol en récompense, lorsque je recevrai les honoraires de ma traduction. » Cf. infra III, Virginité promise, 1, « La Vierge e(s)t l'enfant ».
3. Sigmund Freud, *Correspondance, op. cit.*, p. 60.
4. Sadi Lakhdari, *op. cit.*, p. 85, en signale la récurrence dans *Psychopathologie de la vie quotidienne* (1901), *Le Mot d'esprit dans ses rapports avec l'inconscient* (1905), *Totem et Tabou* (1913) ; dans une lettre du 2 février 1920 à Georg Groddeck lors de la parution de son roman *Der Seelensucher* (1921) [*Le Chercheur d'âmes*, Gallimard, 1993] ; Freud percevait une ressemblance entre ce roman et « l'immortel prototype de tous les romans humoristiques, *Don Quichotte* », *Correspondance, op. cit.*, p. 359.

Mariage trompeur et *Le Colloque des chiens*[1] par lesquels s'achèvent les *Nouvelles exemplaires*. Ces deux fictions sont intimement liées, l'une étant à l'origine de l'autre. Le premier récit est narratif, le second, dialogué, est, dans une mise en abîme, intriqué à l'action du premier. Le récit à la troisième personne raconte la rencontre entre le capitaine Campuzano et son ami, l'avocat Peralta. Le capitaine sort de l'hôpital de la Résurrection de Valladolid, où il s'est fait soigner pour une maladie vénérienne contractée pendant son mariage, dont il relate le désastre. Il s'était laissé abuser par l'apparente richesse de celle qui n'était qu'une prostituée, tandis que cette dernière avait misé sur les biens fallacieux du capitaine. Tout n'était que faux-semblant ! Elle n'était qu'une rouée, il n'était qu'un roublard, tous deux au royaume de l'illusion et de la tromperie. C'est au pied de son lit de misère, où « il sue les bubons » selon la méthode d'alors, que le capitaine entend le dialogue des deux chiens de l'aumônerie. Ceux-ci sont étonnés d'avoir reçu soudainement le don de parole et ils craignent qu'il leur soit retiré aussi vite qu'il leur a été miraculeusement accordé. Cipion, en bon esprit critique, comme formé à l'école de Socrate, n'épargne pas son ami Berganza, qui lui conte sa vie picaresque, durant laquelle il est passé de maître en maître. Le dialogue savoureux n'en est pas moins une satire de la société en décomposition sous le règne de Philippe III (1598-1621) et de son favori, le cynique duc de Lerme. *Le Colloque des chiens* peint une Espagne sombre, inquisitoriale, qui persécute les sorcières, les gitans, qui expulse les Morisques (décret de 1609) – l'expulsion des Juifs datant de 1492 –, qui interdit le théâtre et exclut les comédiens de la société.

Dans ces *Nouvelles exemplaires*, le raffinement ne caractérise pas les personnages féminins, qui sont prostituées ou bien sorcières. *Le Mariage trompeur* a pour héroïne Doña

1. Cervantès, *Le Mariage trompeur* (*El Casamiento engañoso*), *Le Colloque des chiens* (*Coloquio de Cipión y Berganza*), texte original et version française par Maurice Molho, Paris, Aubier, 1992. *Nouvelles exemplaires*, traduction et notes par Jean Cassou, Paris, Gallimard, coll. « Bibliothèque de la Pléiade », 1949 ; nouvelle édition, sous la direction de Jean Canavaggio, traduction et notes de Jean-Marc Pelorson, Paris, Gallimard, coll. « Bibliothèque de la Pléiade », 2001, .

Estefania de Caicedo, qui est une ribaude, et *Le Colloque des chiens* attribue un rôle central à une lignée de sorcières. La parole canine n'est-elle pas l'effet d'un sortilège ? Une sorcière révèle à Berganza qu'il n'est pas un chien, mais un homme métamorphosé en chien ; il serait le fils de la sorcière Montièle et il aurait été métamorphosé en chien par une autre sorcière, la redoutable Gamache. Cipion, qui, lui aussi, serait le fils ensorcelé de la Montièle, est révolté à l'idée de cette origine infamante : « La Gamache n'était qu'une fausse masque, la Cagniçarez une menteuse, et la Montièle une sotte, matoise et maligne, soit dit sans l'offenser si d'aventure elle est notre mère, ou peut-être la tienne, car pour moi je n'en veux point pour ma mère[1]. »

Le féminin perfide, ou pour le moins *unheimlich*, semble être le fil rouge qui relie *Le Mariage trompeur* et *Le Colloque des chiens*. Catin véreuse ou jeteuse de sorts, la femme finit toujours par s'accoupler avec le malin et par enfanter quelque monstre. Sans nul doute, les obsessions de l'Inquisition, la pureté du sang et le secret des origines nouent la trame des *Nouvelles exemplaires* de Cervantès. Comment s'étonner alors que Sigmund Freud, le découvreur de la scène primitive, ait été captivé par ces textes, qu'il s'en soit imprégné, au point de s'approprier le signifiant d'un nom ?

La langue codée

Dans la correspondance entre Sigmund Freud et Eduard Silberstein, *Le Mariage trompeur,* origine du *Colloque des chiens,* n'est, à aucun moment, allégué ; le contenu thématique du *Colloque des chiens* n'est pas explicitement évoqué. Cependant, les motifs que sont le féminin énigmatique, la dure vie picaresque et la reconnaissance dans un milieu adverse entrent en résonance avec la correspondance adolescente et en forment le tissu.

Sur un ensemble de soixante-dix-neuf lettres, vingt-quatre lettres ou fragments de lettres sont écrits dans un espagnol

1. *Le Colloque des chiens, op. cit.*, p. 191.

fautif mais compréhensible, tel qu'il est revu par l'éditeur[1]. Freud ne connaissait pas l'hébreu ; en revanche, il a grandi au contact du yiddish maternel et des langues de sa petite enfance, notamment le tchèque que parlait sa Nannie. Nous pouvons supposer qu'à Freiberg, en Moravie, le brassage de populations était tel que la mosaïque et le métissage linguistiques ont dû tinter de manière indélébile aux oreilles du jeune Sigmund. En effet, par la manière dont il hispanise les mots allemands ou bien français ou italiens, son castillan prend souvent toutes les apparences d'un sabir, d'un bricolage linguistique. Il emploie le verbe *bufelar* pour *büffeln* (bûcher), *geigolina* pour *Geige* (violon) ; des mots latins sont hispanisés de façon inattendue : *desiderium* devient *desiderio* au lieu de *deseo* ; il écrit *ostendere* au lieu de *ostentar* ; des mots français renaissent en mots espagnols : livraison devient *libracion*, il traduit vacances par *vacancias*, chemin de fer par *camino de hierro*[2]. Freud a une façon fantaisiste de conjuguer les verbes *venir, haber, tener* (avoir) ; il confond souvent l'espagnol et l'italien ; pour signaler une ruse, il évoque un *ruso*, alors qu'en espagnol le mot qui s'impose est *astucia*. Selon quelle logique Freud créait-il une forme linguistique hispanisée ? Selon les traces d'une langue maternelle refoulée ? La jouissance à inventer, à écrire ces signifiants inouïs, à créer cette langue gémellaire, est à fleur de lettres. Il est important de souligner que la référence au ladino n'apparaît qu'une fois, dans la lettre 20 du 2 août 1873 à Silberstein : « J'ai parlé avec un âne de boutique (moi j'ai parlé, lui a fait des ia) qui est capable d'écrire aussi bien en castillan

1. Je remercie Fernand Cambon qui m'a donné accès au texte espagnol, dans l'édition allemande, et qui m'a éclairée sur une expression idiomatique tout à fait à propos : *Das kommt mir spanisch vor* [Pour moi, c'est de l'espagnol, ça me paraît de l'espagnol], équivalant en français à « Pour moi, c'est de l'hébreu ». Cette expression figure dans le *Lexikon der sprichwörtlichen Redensarten*, de Lutz Röhrich. Freud aurait-il, à la va-vite, appris l'espagnol à la place de l'hébreu, la langue sacrée de ses pères ?

2. *Lettres de jeunesse, op. cit.*, p. 21. L'éditeur Walter Boehlich relève ces exemples en faisant rebondir lui-même des erreurs quant aux mots en espagnol : *desio* au lieu de *deseo*, *ostender* à la place de *ostentar*. « Il est impossible de savoir si Freud associait consciemment ou inconsciemment, autrement dit, s'il espérait seulement que le mot latin ou français qu'il connaissait coïncidait avec sa forme hispanisée, ou si de telles associations se produisaient pour ainsi dire mécaniquement, sans que Freud sût très bien comment il en venait au mot qu'il utilisait », *ibid.*, p. 21-22.

qu'en judéo-espagnol. Je me fais un plaisir de communiquer au grand linguiste que tu es quelques résultats de mes investigations. Au lieu de *para qué* ils disent *para lo qué*, pour *aprender* ils emploient *embesar* (litt : embaiser) ; ils ne connaissent pas le parfait, mais parlent le plus souvent au prétérit : "Yo non tuve nada". Ils prononcent le e final comme un i[1] ». Nous remarquons que Freud communique cette observation ethno-linguistique sur un ton moqueur, qui ridiculise le commis judéo-espagnol à travers sa manière de parler. Freud exprimerait-il, en la circonstance, un désaccord ancestral entre Ashkénazes et Séfarades ?

En castillan, que nous qualifions de langue-couverture, au sens où Freud écrira plus tard les « Souvenirs-couverture[2] », il s'adresse à son ami dans la lettre du 17 juillet 1873 : « J'espère que tu ne montres à personne mes billets, si quelqu'un te demande de les voir, parce que je désire écrire en toute franchise et sur tous les sujets qui me viennent à l'esprit[3]. » Freud souhaite s'épancher en toute liberté sur les questions qui le taraudent, en particulier sur la gent féminine, qui est au cœur de la correspondance. Dans la langue codée, les jeunes filles désirées sont nommées « principes[4] », telles Gisela Fluss[5] et Ichtyosaura, personnage mythique, souvent

1. *Lettres de jeunesse, op. cit.*, p. 60-61, selon le traducteur, l'âne de boutique désigne le commis (*Comptoir-Esel*) ; dans son livre, *Les Errants de la chair*, Paris, Calmann-Lévy, 1998, p.186-187, Jean-Pierre Winter fait l'hypothèse que Freud ait étudié l'espagnol pour retrouver la tradition marrane ; le judeo-espagnol étant la langue secrète des marranes.

2. *Über Deckerinnerungen* (1899), « Des souvenirs-couvertures », *OCF. P.*, vol. III, p. 265-266.

3. *Lettres de jeunesse, op. cit.*, p. 54, « *Espero que ni muestras mis cartillas a nadie, si alguien se las pide de tí porque quiero escribir con toda ingenuidad y sobre todas las cosas que (se) me empeñan* ».

4. Le mot « principe » évoque l'origine, le commencement ; il entre aussi en résonance avec *príncipe* qui, en espagnol, signifie « prince » ; dans les échanges codés, le féminin est remplacé par le masculin. Couverture ? Marque de l'énigme du féminin ? Une lettre du 22 août 1874, abonde dans le sens de notre interprétation : « Nous offrons à la solidité de notre A. E. *renovada y confirmada* deux sacrifices, deux princesses ou *Reinas, que antes en nuestro reino han imperado* » (Reines qui autrefois ont régné sur notre royaume), *ibid.*, p. 88-89. S'agit-il de Gisela Fluss et de Ichtyosaura ?

5. Lettre 22 du 16 août 1873 : « Les *Ríos* avec leurs petites rivières et les autres arrivent à Vienne dans les premiers jours de septembre », *ibid.*, p. 68. À partir du mot *Fluss*, signifiant « rivière » en allemand, Freud désigne par *Ríos* (forme plurielle de *río*, « rivière ») tous les membres de la famille Fluss ; dans le texte original, Freud emploie le terme *arroyos*, qui signifie « ruisseaux », pour désigner les enfants Fluss. Autre occurrence : « Quand le système hydrographique des *Ríos* viendra à Vienne, je m'éloignerai souvent d'eux et je crois que, plus souvent encore, ils ne s'apercevront pas de mon absence », *ibid.*, p. 73.

confondu avec Gisela, qui sont au cœur des fantaisies des deux adolescents.

Dans une lettre du 30 janvier 1872, Freud, tel Don Quichotte, compare la princesse de ses rêves à la jouvencelle en chair et en os, qui ne remporte pas le concours : « Combien je me suis trompé ! Car l'image de cette personne que m'a peinte Votre Grâce n'est pas adéquate. Je m'attendais à voir une vierge héroïque et vengeresse et j'ai vu une simple jeune fille replète et joyeuse. Bref, elle ne peut se comparer à Icht[1]. » Ces silhouettes féminines nous conduisent aux antipodes des vauriennes des *Nouvelles exemplaires* de Cervantès ! Freud confie à Silberstein son inclination silencieuse pour Gisela : « Au lieu de me rapprocher, je me suis éloigné d'elle, et personne, pas même elle, n'en sait plus là-dessus que Sa Majesté le roi des Turcs [...]. Mais à présent vous avez le devoir de ne laisser tomber mes lettres aux mains de personne, à supposer que vous souhaitiez que je continue à vous parler de mes sentiments[2]. » Le charme du « principe » ne peut résister au temps, à l'épreuve de réalité. Freud analyse son sentiment amoureux qui « a fait son apparition comme un beau jour de printemps ; seuls mon absurde hamletisme, ma timidité mentale m'ont empêché de trouver agrément et plaisir à m'entretenir avec cette jeune fille, à demi naïve, à demi cultivée[3] ».

Les « principes » vont et viennent dans le paysage d'Eduard et de Sigmund : « Le charme des principes ne commence à fleurir qu'en été [...][4] » Parfois, l'horizon se dépeuple, la déception surgit, Gisela s'en est allée, Ichtyosaura est mariée à un autre, et Freud devient sentencieux : « La faute n'en incombe à aucun principe mais, entre autres choses, à une certaine absence de principes ; les anciens ne servent plus à rien, les nouveaux ne sont pas encore trouvés ; c'est précisément un temps de transition[5]. »

1. *Lettres de jeunesse, op. cit.*, p. 35.
2. *Ibid.*, p. 43.
3. *Ibid.*, p. 48.
4. *Ibid.*, p. 129.
5. *Ibid.*, p. 130.

Le nom d'Ichtyosaura, qui est un nouveau nom de code, revient dans la correspondance, comme un leitmotiv, sans qu'on puisse l'attribuer à une jeune fille en particulier. Comme « principes », il englobe, sans doute, toute la série féminine, il en est le paradigme. Ce nom est à relier à la formule insolite qu'utilise Freud pour signer sa lettre du 2 août 1873 à Silberstein : « Seigneur du Lias et Prince du Crétacé[1]. » Il nomme « Iguanodon » un personnage non identifié dans le cercle de relations des deux amis. Nous entrons dans un nouvel univers métaphorique qui plonge dans une période géologique reculée ; en effet, l'ichtyosaure est un reptile marin fossile qui vécut de la fin du Trias au début du Crétacé supérieur et l'iguanodon est, quant à lui, un reptile dinosaurien du Crétacé. Tous ces signifiants expriment la longue marche de l'être adolescent, les différentes étapes de sa mutation, les couches profondes avant la métamorphose. Ils sont extraits d'un poème de Joseph Viktor von Scheffel, intitulé « L'ichtyosaure », alors en vogue parmi les étudiants[2]. Comment mieux traduire la rencontre – *unheimlich* – de l'autre sexué, dans la préhistoire de la vie d'homme ! Freud proclame clairement ce temps révolu : « Une circonstance aussi rare que le mariage d'un principe mérite effectivement un effort spécial [...]. Ici s'achève cette ère géologique, ici, j'enterre la baguette magique qui a contribué à sa formation. Qu'un nouveau temps commence, exempt de forces aux effets occultes, un temps qui n'aura besoin ni de poésie, ni de fantaisie. Que personne ne cherche un principe en dehors du présent, dans le Quaternaire ; qu'il ne le cherche nulle part ailleurs que chez les enfants des hommes et non pas dans l'horreur des âges préhistoriques, quand des créatures sauvages, des humains impunis, respiraient l'oxygène de l'atmosphère [...][3]. »

Dans l'épreuve de détachement de Freud, en particulier à l'égard de la langue castillane, nous relevons l'influence des

1. *Lettres de jeunesse, op. cit.*, p. 66.
2. *Ibid.*, p. 258-259. En appendice de l'édition française, le poème figure, traduit en français ; le lecteur peut également se reporter à l'introduction de Walter Boehlich, p. 22-23.
3. *Ibid.*, p. 179, lettre 57 du 1er et 2 octobre 1875.

deux voyages initiatiques évoqués dans la correspondance. Tout d'abord son séjour, en août 1875, dans sa famille anglaise, installée à Manchester. « Je vis dans la maison de mon frère aîné en compagnie de ses enfants, mes neveux et mes jolies nièces, je vois quelquefois mon frère cadet qui a épousé, il y a trois ans, une femme très sage et aimable, je regarde les rues, les lieux de plaisir, les édifices et les gens de cette ville [...][1]. » La langue anglaise refoule le castillan ! Jacob Freud et son fils Emanuel avaient l'ambition que Sigmund ait le projet de devenir commerçant comme son frère et qu'il épouse sa cousine Pauline. À l'occasion de ce voyage longtemps désiré et souvent différé, Freud rejoint son enfance ; il renoue avec ses compagnons de jeux, John et Pauline[2]. À son retour à Vienne, un changement inattendu s'opère ; Freud met un terme à ses rêves de jeunesse, « il enterre la baguette magique ». Les prémisses de cette mutation peuvent se lire dans une lettre du 3 août 1875, envoyée de Manchester, à Eduard Silberstein : « Sache enfin que le castillan que j'écris ici n'est que la ruine de l'édifice que nous avons élevé tous les deux en des jours écoulés[3]. »

Le second voyage a lieu en terre italienne, en avril 1876 ; Freud se rend à Trieste, doté d'une bourse pour étudier les organes reproducteurs des anguilles ! « Sachez que Trieste est une très belle ville et que les bêtes sont de très belles bêtes[4]. » Freud fait-il référence aux anguilles ou aux femmes ? Au sujet de ces dernières, il avoue à son ami : « Il est vrai que, durant la première journée de mon séjour triestin, il m'avait semblé que cette ville n'était peuplée que de déesses italiennes, ce qui me faisait peur ; mais quand, le lendemain, j'ai parcouru les rues, plein d'espoir, je n'ai plus été capable d'en découvrir aucune, et depuis ce temps, la vue d'une belle donna compte parmi les choses les plus rares qui m'arrivent dans la rue[5]. »

1. *Lettres de jeunesse, op. cit.*, p. 167-168.
2. Ces ambitions familiales traversent le texte de 1899, « Des souvenirs-couverture », déjà cité.
3. *Lettres de jeunesse, op. cit.*, p. 168.
4. *Ibid.*, p. 181.
5. *Ibid.*, p. 194.

Les femmes peuvent être louches ou bien inquiétantes, surtout lorsque leur fécondité devient trop manifeste. Son regard sur le corps des femmes enceintes est d'autant plus intense que la reproduction est l'objet de sa recherche scientifique !

L'existence de « la célèbre A.E. » (Academia española) touche à sa fin ; elle est devenue obsolète, inhérente au temps de passage. Freud projette sa disparition : « Je t'invite à passer chez moi par un beau soir d'hiver où nous brûlerons ensemble nos archives, dans un autodafé solennel[1]. » Je rappelle que les lettres d'Eduard Silberstein ont subi ce sort. Pourquoi Freud ressent-il la nécessité d'affirmer, par des actes retentissants, sa subjectivité en mouvement ?

Je conclurai sur une interrogation. Si l'engouement pour Cervantès demeure énigmatique, l'absence de référence à Don Juan l'est tout autant, dans cette correspondance adolescente où défilent les jeunes filles et les femmes. Dans les premières années de la psychanalyse, marquées au sceau de la théorie de la séduction, et, plus tard, dans la suite de l'œuvre, l'ombre et la cape de Don Juan n'inspireront pas la plume de Freud. « L'homme sans nom » apparaît furtivement dans deux lettres à Fliess : « Je t'envoie ci-joint le catalogue de toutes les belles[2] » ; pour évoquer les résumés de ses travaux scientifiques, Freud s'identifie à Leporello dans le *Don Giovanni* de Mozart. Dans la lettre du 24 janvier 1895, Don Juan a droit de cité : « Tout collectionneur est un Don Juan Tenorio de substitution tout comme le conquérant des sommets, le sportif, etc. Ce sont des équivalents érotiques[3]. »

E.T.A. Hoffmann est un auteur de prédilection dont Freud se nourrit pour élaborer son texte « *Das Unheimliche* » (1919) (L'inquiétant) qui s'appuie sur « L'homme au sable » et sur « Les élixirs du Diable ». Deux autres textes de E.T.A. Hoffmann sont curieusement absents des références de Freud : « Don Juan » et « Informations sur les récentes for-

1. *Lettres de jeunesse, op. cit.*, p. 207.
2. Sigmund Freud, *Lettres à Wilhelm Fliess*, 1887-1904, traduit de l'allemand par Françoise Kahn et François Robert, Paris, PUF, 2006, p. 311, lettre du 25 mai 1897.
3. *Ibid.*, p. 144.

tunes du chien Berganza[1] ». En effet, E.T.A. Hoffmann s'enchantait lui aussi à la lecture de Cervantès. Pourtant, Freud reste muet sur ces contes. Preuve, s'il en est, qu'à cette époque, les liens subtils que Freud entretenait avec le monde hispanique étaient décidément rompus. Le temps du castillan était passé. L'espagnol, pour Sigmund Freud, fut seulement une langue de passage.

1. « Contes, fantaisies à la manière de Callot », tirés du *Journal d'un voyageur enthousiaste, 1808-1815*, éd. Albert Béguin, Paris, Gallimard, coll. « Folio », 1987.

3- Don Juan et le Nom-du-Père

Le dramaturge Lope de Vega affirme, dans le « Discours pour un art nouveau de faire les comédies », que « les cas d'honneur sont les meilleurs, car ils émeuvent profondément tout le monde[1] » ; ils représentent « tout ce qui va de la Genèse au Jugement Dernier[2] ». Il précise, en outre, dans *L'Étoile de Séville*, que l'honneur est « un pur cristal qu'un souffle suffit à ternir[3] ».

L'honneur n'est pas univoque ; il a sa propre déclinaison. En espagnol, *el honor* est l'honneur envers soi, l'estime qu'un individu a de lui-même. La *honra* est l'estime qu'autrui porte à l'honneur d'un individu ou d'une famille, c'est le renom familial. La *fama* est le renom, l'estime sociale qui est accordée à une personne, et la *honrilla*, est le point d'honneur. À l'époque baroque de *L'Abuseur de Séville*, l'honneur est l'héritage de la lignée, fondée sur la foi chrétienne. Les *conversos*, les judéo-convers ou marranes, ayant du sang juif ou arabe, sont dénués d'honneur. La monarchie garantit le principe et le fondement de l'honneur en la personne du roi ou du prince héritier, lesquels sont tabous. Le roi, seul dépositaire, répartit l'honneur entre les membres de la noblesse. Le père de Don Juan, Don Diego Tenorio, en bénéficie en tant que favori du roi, gardien de la justice, maître des lois sinon

1. Lope de Vega, *L'Art nouveau de faire les comédies*, traduction de Jean-Jacques Préau, Paris, Les Belles-Lettres, 1992, p. 327-328. Lope de Vega (1562-1635) est, avec Tirso de Molina et Calderón de la Barca, l'un des dramaturges éminents du Siècle d'or espagnol.
2. *Id.*
3. Charles-Vincent Aubrun, *La Comédie espagnole*, 1600-1700, Paris, PUF, 1966 ; C. Chauchadis, *Honneur, morale et société dans l'Espagne de Philippe II*, Paris, éditions du CNRS, 1984 ; J. M. Losada-Goya, *L'Honneur au théâtre*, Paris, Klincksieck, coll. « Témoins de l'Espagne », 1994.

de la Loi. Quant à son fils, Don Juan, il jongle avec la confusion. Il ne tient pas sa parole, il n'a pas d'honneur au sens de *el honor* ; il attente à la *honra* de sa famille, de son père, le grand chambrier du roi, comme un « fils à papa ». Dans le désaveu de son origine, il proclame à la duchesse Isabelle : « Qui suis-je ? Un homme sans nom[1]. » Don Juan s'accorde tous les droits. Ainsi déclare-t-il à Aminte, la jeune paysanne qui vient de se marier avec Batrice :

> « C'est mon père qu'après le roi on
> Estime et on révère, et de ses lèvres, à la
> Cour, dépendent la mort ou la vie[2]. »

Don Diego Tenorio est un Grand de la maison d'Espagne. *Sin honor*, *sin honra*, mais *con fama*, son fils a la réputation d'être l'« Abuseur de Séville ». En temps de paix, il n'a pu obtenir la gloire par les armes, Don Juan s'affirme à travers la *burla*[3], le sacrilège de l'honneur, devenu le but de son existence oisive. L'offense du Commandeur exige l'affrontement létal, la rencontre avec le Père Mort[4]. Don Juan est « mal famé », aussi son valet Catherinon lui dit-il : « Je sais bien que tu es le châtiment des femmes[5]. » Le mot *castigo* (châtiment) exprime à la fois l'idée de châtier et de mater[6]. Dans cette société figée par le code de l'honneur irréfragable, Don Juan

1. Tirso de Molina, *L'Abuseur de Séville* (*El Burlador de Sevilla*, 1620), Paris, Aubier, 1991, texte original et version française par Pierre Guenoun, acte I, p. 27 : « *Quién soy ? un hombre sin nombre* » (en espagnol, les deux substantifs présentent une grande proximité phonétique. J'adopte dans ce livre l'orthographe des noms choisie par le traducteur).
2. *Ibid*, p. 143-144, acte III.
3. Ce mot désigne aussi bien la moquerie que la tromperie.
4. Ce concept est élaboré par Freud dans *Totem et Tabou* (1912-1913), *OCF. P.*, vol. XI ; dans les *Essais sur le symbolique*, Paris, Gallimard, 1969, Guy Rosolato, approfondit ce concept dans une perspective lacanienne.
5. Tirso de Molina, *L'Abuseur de Séville, op. cit.*, acte I, p. 76.
6. Dans son ouvrage, *El donjuanismo femenino* (*Le Donjuanisme féminin*), Ediciones Península, Barcelona, 2000, p. 129, Elena Soriano écrit : « Don Juan n'est pas attiré par les femmes malhonnêtes, les catins, les dévergondées et les débauchées et en aucune façon par les prostituées – il est incapable de payer pour son plaisir. Ses proies favorites, ce sont les jeunes vierges, les épouses ou fiancées honnêtes, les novices de couvent, bref, les seules qui puissent lui donner l'occasion de bafouer l'honneur de ceux qui sont liés à ces femmes, dépositaires de cet honneur par héritage plus ou moins inconscient de l'ancestrale conception sacrée de la maternité. »

joue son destin, faisant fi de la structure symbolique pour mieux la mettre en évidence. Il se gausse du Nom-du-Père. Après le viol de la duchesse Isabelle, attribué au duc Octavio, le roi de Naples s'écrie : « Il n'existe donc point de places assez sûres, de gardes, de valets, d'imprenables remparts, de créneaux fortifiés pour arrêter l'amour, si sa force d'enfant pénètre jusqu'aux murs[1]. »

Don Juan défie sur un mode pervers la loi confondant le père imaginaire, celui de la toute-puissance infantile, avec le père symbolique, c'est-à-dire le Père Mort, à l'origine de l'histoire humaine. Don Juan est le digne fils du père de la horde primitive évoqué par Freud dans *Totem et Tabou* ; il serait le fils du père d'avant l'histoire de l'humanité, du père dont le meurtre fonde le temps premier de l'histoire. Le père de la horde primitive jouit de toutes les femmes aux dépens des fils. Où est donc la mère dans ce drame primitif, mythique ? Car, s'il y a du fils, il y a nécessairement de la mère et du père. Don Juan se situe hors du temps symbolique, hors filiation, il refuse d'être père ; ainsi les scènes de séduction s'inscrivent-elles dans une temporalité qui exclut la scène primitive. Le père symbolique est celui qui transmet la loi, laquelle interdit l'inceste.

Dans la société du Siècle d'or espagnol, le roi est le tenant-lieu de l'Autre symbolique : il ordonne la restitution des biens symboliques et le partage des femmes[2]. Il répare les affronts d'honneur ; il apparie les personnes en fonction de l'honneur ; il rend l'honneur aux personnes déshonorées.

Don Juan joue et jouit de la confusion entre le père imaginaire, gardien des lois, et le père symbolique, garant de la loi et de la généalogie. Or, la confusion est toujours de nature incestueuse. La névrose est un compromis avec le désir incestueux. Don Juan est dans la confusion incestueuse lorsqu'il séduit des femmes interdites parce qu'elles sont destinées,

1. Tirso de Molina, *L'Abuseur de Séville, op. cit.*, acte I, p. 37.
2. Le roi s'adressant à Don Diego : « Il n'est pas bien qu'Octave soit le réparateur d'une semblable offense. La reine l'appuyant, Done Anna m'a prié qu'au marquis je pardonne. Elle a perdu son père et besoin d'un mari : cette protection qui soudain lui manqua, Done Anna la regagne en épousant Mota », *ibid.*, acte III, p. 173.

promises, selon la loi des échanges sociaux, à un autre[1]. Isabelle est promise au duc Octave. Done Anna d'Ulloa est destinée, selon la volonté du roi, à Don Juan, pour honorer son père le Grand Commandeur Don Gonzale d'Ulloa ; mais Anna se refuse au projet paternel et veut se marier avec son cousin, le marquis de la Mota ; elle désire se donner à lui. Aminte, la jeune paysanne vient tout juste de se marier avec Batrice.

À l'époque de la publication de *L'Abuseur de Séville*, en 1630, [...] « l'Espagne du XVIIe siècle était un corps à tradition patriarcale qui craquait de toutes parts sous une poussée matriarcale particulièrement vive. Les pères avaient, théoriquement, à la romaine, droit de vie et de mort sur les mères et sur les filles qui se montraient légères. En fait, les mères et les filles étaient si délurées que les pères n'avaient aucune autorité[2] ». Tel est le commentaire de Pierre Guenoun, dans son introduction à l'édition française de *L'Abuseur de Séville*. À l'acte I, la déclaration du duc Octavio, qui croit avoir été trompé par Isabelle, irait dans ce sens : « Oh ! femme ! Fausse monnaie dont je m'efforce encore de mesurer l'aloi ! [...]. Mais ta noirceur perfide, je ne l'éprouve plus à la touche de ton honneur [...][3]. » Elena Soriano confirme également cette interprétation : « Le prototype donjuanesque fut certainement imaginé comme le miroir obscur ou la pierre de touche de la situation idéologique d'une société nouvelle et puissante, en pleine de crises de valeurs, qui éprouvait déjà le doute rationaliste devant les dogmes en vigueur, la tentation de les mettre en question, le défi envers les pouvoirs établis dominants, mais qui conservait encore intègre la foi religieuse essentielle, la terreur des forces surnaturelles et de la destinée outre-tombe[4]. »

1. Otto Rank écrit : « Don Juan ne périt pas du fait des excès de sa vie voluptueuse, ni parce qu'il a outrepassé les bornes de la morale. C'est d'avoir surestimé sa propre valeur, d'individu libre sans égard pour les convenances, que périt Don Juan, bref, victime héroïque, qui s'est cru supérieure, non seulement à toutes les lois humaines, mais aussi à toutes les institutions divines », in *Don Juan et le Double*, Paris, Payot, 1973, p. 136.
2. Tirso de Molina, *L'Abuseur de Séville, op. cit.*, p. 11.
3. *Ibid.*, p. 46-47.
4. Elena Soriano, *op. cit.*, p. 26.

Les jeunes femmes séduites par Don Juan sont vierges, promises ou, dans le cas d'Aminte, tout juste épousées. Quant à Thisbé, elle est la plus vierge d'entre elles ; très jeune, elle aurait une quinzaine d'années ; Amphryse, le jeune pêcheur, son amoureux transi, soupire après elle.

Don Juan transgresse le tabou de la virginité. Il séduit les femmes prohibées. La mère, elle, demeure dans d'ombre ; elle est absente de la scène dramatique ; sans doute peut-on invoquer les canons du théâtre classique qui protègent la personne de la mère, qui est taboue. Dans *Histoires d'amour*, Julia Kristeva suggère que cette absence a peut-être « un rôle prépondérant dans l'assurance du conquérant. En effet, rien ne nous est dit de la mère de Don Juan, et on peut supposer que l'absolu de cette beauté qui l'excite en permanence, c'est *elle*, en définitive : originaire, inaccessible, interdite[1]. » De son côté, Monique Schneider formule l'hypothèse que « le mythe de Don Juan, mettant en scène un transgresseur poursuivi par des femmes qui brandissent un droit lésé, renoue ainsi avec le mythe d'Oreste, lui-même poursuivi par les Érinyes de sa mère morte [...]. Une opération matricide semble présider aux deux parcours, bien qu'elle revête, sur l'une et l'autre scène, une forme différente. Spectaculaire dans un cas, elle ne se présente, dans l'autre cas, que comme étouffée et implicite ; matricide par omission en quelque sorte. La mère ne fait l'objet d'aucune agression, mais elle se trouve presque exclue du discours[2] ».

Don Juan bafoue l'honneur qui est une figure du phallus symbolique, tel qu'il est le pivot de la théorie psychanalytique lacanienne. L'honneur est ce par quoi la société fonctionne. Le bâton du Commandeur de l'ordre de Calatrava représente le phallus symbolique, l'autorité. Chaque noble porte une épée ; à l'acte II, dans son duel avec Don Juan, Don Gonzalle d'Ulloa brandit la sienne, pour sauvegarder l'honneur de Done Anna, sa fille. Chaque noble a sa part en usufruit de ce phallus symbolique.

1. Julia Kristeva, *Histoires d'amour*, Paris, Denoël, et Gallimard, coll. « Folio essais », 1983, p. 255.
2. Monique Schneider, *Don Juan et le procès de la séduction*, Paris, Aubier, 1994, p. 226.

Durant les années 1953-1956, Jacques Lacan, influencé par *Les Structures élémentaires de la parenté* de Claude Lévi-Strauss, élabore sa théorie de la fonction symbolique en commentant la nouvelle d'Edgar Poe, « La lettre volée ». Dans cette nouvelle, l'honneur de la reine, femme intouchable, interdite, est mis à mal[1]. Dans la pièce de Tirso de Molina, tous les personnages masculins mentent pour sauver le bien précieux : *el honor*, dans son éclat phallique[2]. Pour préserver l'honneur, le roi, le père et l'oncle de Don Juan prennent beaucoup de libertés avec la vérité[3].

Transgresser les interdits

L'interdit fondamental qui constitue le socle de la société humaine est celui de l'inceste ; il est le principe organisateur de la différence des sexes et des générations. Don Juan, lui, se complaît dans le mélange. Par ses menées séductrices, les femmes sont mises hors champ symbolique. Don Juan entremêle les classes sociales, il se divertit de la mésalliance ; ses proies sont deux femmes nobles, Isabelle et Anna, et deux paysannes, Aminte et Thisbé. Il séduit les deux femmes de haut rang, par effraction nocturne, sous le masque de l'amant ; quant aux deux villageoises, elles succombent à son discours galant et à ses promesses de mariage[4].

Don Juan trahit la confiance dans l'amitié. Il ravit Isabelle au duc Octave ; il tente de posséder Anna aux dépens du marquis de la Mota. Il offense le roi en fuyant devant la rigueur de la loi[5]. Il insulte les lois de l'hospitalité, si puissantes dans

1. Jacques Lacan, *Écrits*, Paris, Seuil, 1966, p. 11-66.
2. Cf. Guy Rosolato, « L'objet de perspective dans ses assises visuelles », *op. cit.* ; cf. supra, III, Virginité promise, 1, « La Vierge e(s)t l'enfant ». L'honneur assujetti à la virginité comme « objet de perspective ».
3. Elena Soriano, *op. cit.*, p. 123 : « D'une part, l'honneur, toujours attribut masculin, repose sur la conduite sexuelle de la femme elle-même : épouse, fille, mère, sœur, etc. ; d'autre part, l'honneur conserve son caractère viril personnel, intransmissible, qui se manifeste dans les comportements sociaux et les vertus civiques. »
4. Dans *Le Mythe de Don Juan*, Paris, Armand Colin, 1976, Jean Rousset met en évidence les invariants du mythe, en particulier le groupe féminin.
5. Tirso de Molina, *L'Abuseur de Séville, op. cit.*, acte I, p. 31, Don Pedro, le père de Don Juan s'exclame : « Dis, scélérat, n'était-ce pas assez de commettre en Espagne, avec rage et fureur singulière, une aussi noire traîtrise auprès d'une noble dame ? [...] Non, il faut encore qu'à Naples, et au palais royal, et sur une femme de si haut rang ? »

la généreuse Andalousie, toujours imprégnée des coutumes de l'islam. Il pénètre dans la chaumière de Thisbé, qui est la demeure de son père. Puis il est accueilli à la noce d'Aminte et de Batrice. Gassenne, le père d'Aminte, l'invite avec son valet au banquet du mariage. Don Juan dépasse les bornes, il franchit le seuil des espaces interdits, profane le seuil du palais, pénètre dans les enclos sacrés. Ces effractions sont autant de métaphores du viol du corps intime féminin[1]. Thisbé l'exprime avec force à l'acte I : « Ah, chaumière, vil instrument de ma souillure et de mon infamie ! Antre sauvage de brigands que mon outrage protégea ![2] » Don Juan tue un vieillard, figure paternelle, en la personne du Commandeur de l'ordre de Calatrava, qui est un ordre militaire et religieux. Il défie la providence.

La souillure du Nom-du-Père

Dans la société du Siècle d'or, l'honneur de la femme est l'affaire du père et du frère, puis du mari. Quand elle est sans père, sans frère, sans mari, elle se déguise en homme et elle s'empare de l'épée, de l'emblème phallique pour venger son honneur. Déshonorée, elle est en quelque sorte éjectée du champ symbolique, régi par l'ordre phallique. Ainsi en est-il de Rosaure dans *La Vie est un songe* de Calderón de la Barca (1636) ; la jeune femme a été déshonorée par Astolphe, comme sa mère l'avait été par Clothalde. C'est en reconnaissant l'épée dont est porteuse Rosaure que Clothalde reconnaît son enfant, qu'il croit être un fils, car Rosaure est habillée en homme[3].

Don Juan veut être le premier à *gozar una mujer*, à « jouir de la chair d'une femme[4] ». Ce *gozar una mujer* est la traduction castillane du *cognoscere faeminam* latin. Don Juan veut toujours passer avant « l'autre ». Comment ne pas reconnaître le désir incestueux dans ce désir d'être le premier

1. Monique Schneider analyse avec pertinence ce qu'elle appelle « la structure de seuil », in *Don Juan...*, *op. cit.*, p. 128-138.
2. Tirso de Molina, *L'Abuseur de Séville*, *op. cit.*, p. 83.
3. Calderón de la Barca, *La Vie est un songe*, traduction et introduction de Bernard Sesé, édition bilingue, Paris, Flammarion, coll. « GF »,1992, Première Journée, v. 366-474.
4. Ainsi traduit par Pierre Guenoun.

homme pour une femme ? Ce lointain désir universel a rencontré un écho dans le *jus primae noctis*, l'imaginaire droit de cuissage du seigneur du Moyen Âge[1]. Dans cette perspective, Don Juan s'identifie au patriarche médiéval qui est une figure paternelle par excellence.

La figure du séducteur sévillan peut être éclairée à la lumière de la psychologie freudienne de la vie amoureuse, en particulier dans le texte « D'un type particulier de choix d'objet chez l'homme[2] ». La première des conditions de ce choix est celle du « tiers lésé » ; « son contenu veut que l'intéressé ne choisisse jamais pour objet d'amour une femme qui est encore libre, donc une jeune fille ou une femme seule, mais seulement une femme sur laquelle un autre homme époux, fiancé, ami, peut faire valoir des droits de propriété[3] ». Dans la clinique psychanalytique, cet élément inconscient se rencontre dans la perversion, mais aussi dans la névrose obsessionnelle. Don Juan, lui, lèse au moins quatre hommes : Octave, le promis d'Isabelle ; Amphryse, qui convoite Thisbé ; le marquis de la Mota, prétendant de sa cousine Anna ; Batrice, le jeune époux d'Aminte.

Gabriel Telléz, de son nom de plume Tirso de Molina, est un religieux de l'ordre de la Merci ; dès 1600, alors qu'il a une vingtaine d'années, son existence monacale l'a écarté de la vie érotique et du corps des femmes. Dans sa condition, écrire des œuvres profanes, des comédies, représente une transgression. Le moine dramaturge est divisé entre ses charges religieuses, ses responsabilités à l'intérieur de l'ordre, et l'écriture féconde de ses œuvres profanes. Sa date de naissance (1571 ?) et son ascendance demeurent mystérieuses. La question du Nom-du-Père – Tirso de la Molina était-il le fils d'un duc ? – est peut-être le fil rouge de la destinée du héros de sa pièce. Comme son personnage au visage couvert, Tirso de Molina aurait sans doute pu s'exclamer : « Qui suis-je ? Un homme sans nom. »

1. Cf. supra, 1, « La Vierge e(s)t l'enfant ».
2. Sigmund Freud (1910), *OCF. P*, vol. X, p. 187-200.
3. *Ibid.*, p. 192.

L'ombre du corps maternel et sa jouissance interdite planent dans *Don Juan*. Dans la perspective freudienne « Du rabaissement généralisé de la vie amoureuse[1] », Don Juan semble vouloir prouver que toute femme, à l'image de la mère, est une putain. Son auteur, Tirso de Molina, est sans doute peu enclin à l'indulgence à l'égard de la femme et de sa jouissance, à une époque où le patriarcat était affaibli et où le matriarcat régnait de fait. Anna de Ulloa, la fille du Commandeur, passe outre le désir du roi et celui de son père, de la marier au fils de Don Pedro, le favori du roi. De même, la duchesse Isabelle anticipe sur ses noces légitimes avec le duc Octave. Pierre Guenoun n'hésite pas à parler de « justice masculine contre l'immoralité féminine, de fermeté masculine face à la sournoiserie féminine», mais, ajoute-t-il, « cette justice s'exerce à la façon de représailles et elle aboutit à remplacer l'équité par la méchanceté[2]. »

L'Abuseur de Séville pose la question de la jouissance féminine, de la femme qui n'est pas mère. Don Juan refuse d'être père. La dramaturgie de Don Juan repose sur la filiation. La femme en est la pièce maîtresse, dans la perspective de la procréation, de la sauvegarde du nom et des biens. Comme aujourd'hui, dans les pays islamiques, les hommes du Siècle d'or entendent contrôler la sexualité et la fécondité des femmes.

Don Juan Tenorio, l'Abuseur, l'homme sans nom, se retrouve dans les bras de la jeune pêcheuse Thisbé, la plus innocente des femmes séduites ; Don Juan est sauvé des eaux par la jeune fille. Freud nous rappelle le message des rêves : « Quand une femme sauve quelqu'un d'autre (un enfant) de l'eau, elle se reconnaît par là, telle la fille du roi dans la légende de Moïse, comme sa mère, celle qui l'a mis au monde[3]. » Thisbé, la plus vierge de toutes, la moins enchaînée à l'homme, dans l'eau et le feu des sens, est emportée

1. Sigmund Freud, « Contributions à la psychologie de la vie amoureuse II » (1912), *OCF. P.*, vol. XI, p. 127-141.
2. Tirso de Molina, *L'Abuseur de Séville, op. cit.*, p. 11, Introduction.
3. Sigmund Freud, « D'un type particulier d'objet », *op. cit.*, p. 200.

dans la jouissance qui l'aliène, jouissance de l'Autre, jouissance Autre.

> « Il a joui de ma chair !
> Au feu, au feu, bergers de l'eau, de
> L'eau ! Amour, démence ! Mon cœur est
> Embrasé[1]. »

Don Juan met en acte la « souillure » du Nom-du-Père dans le corps féminin. L'ordre symbolique est présent à travers le code de l'honneur, tandis que le corps virginal est souillé par « l'homme sans nom[2] ». Le fantasme de toute-puissance sur la jouissance de la femme interdite est un fantasme d'inceste avec la mère. En maîtrisant le lien érotique à l'Autre, Don Juan veut résoudre l'énigme du féminin et de la paternité. Cette énigme flamboie dans le domaine sans nom où le Commandeur emmène Don Juan Tenorio.

---

1. Tirso de Molina, *L'Abuseur de Séville, op. cit.*, p. 82-85.
2. Mary Douglas, *De la souillure* (1967), traduit de l'anglais par Anne Guérin, préface de Luc de Heusch, Paris, La Découverte, 1992. Selon l'anthropologue anglo-saxonne, les notions de souillure et de pollution sont au fondement de la transgression. La « saleté » profane et la « souillure » sacrée contribuent à la constitution d'un ordre symbolique qui fonctionne par inclusions et exclusions. Par son acte, Don Juan éjecte la femme déshonorée du champ symbolique. Cf. supra III, 1,« La Vierge e(s)t l'enfant » .

4- La fille du Commandeur

Dans *L'Abuseur de Séville*, la mort est, pour Don Juan Tenorio, une belle lointaine, qu'il rejoindra dans un temps qui prend, pour lui, les couleurs de l'éternité, celles de l'inaugural toujours renouvelé[1]. Dans le duel à mort entre Don Juan et le Commandeur s'affrontent Éros et Thanatos, le désir et la loi. Le Commandeur qui incarne le père Mort, le père Symbolique, est le garant des valeurs de la communauté humaine. En l'occurrence, Don Gonzalo d'Ulloa, Commandeur de l'ordre de Calatrava, est une figure surmoïque, qui soutient le code social de l'honneur, pierre angulaire de la société.

Alors qu'il est agonisant, Don Gonzalo maudit Don Juan, anticipant ainsi sur la victoire du père mort : « Je suis mort… / On ne perd jamais pour attendre… / Mon courroux te poursuivra…[2] » Cependant, ce duel, capital pour le déroulement de la pièce, en recouvre un autre, celui dans lequel Done Anna d'Ulloa défie le Commandeur, son père. Ce duel se trame dans l'ombre œdipienne ; l'offenseur n'est rien moins que le père du ressentiment.

Sur la scène inconsciente, il s'agit d'une manifestation du complexe d'Œdipe féminin. La déception amoureuse, liée au renoncement à l'objet d'amour incestueux, est à l'origine de fantasmes et de vœux de mort adressés au père et provoqués par le ressentiment. Si la mère est destinataire de ces vœux

---

1. Tirso de Molina, *L'Abuseur de Séville* (*El Burlador de Sevilla*, 1620), Paris, Aubier, 1991, texte original et version française par Pierre Guenoun, qui traduit le leitmotiv « *Tan largo me lo fiáis* » par « Si lointaine est votre échéance ».
2. *Ibid.*, acte II, v. 539-540, p. 116-117.

hostiles, le père n'est pas davantage épargné ; dans l'accès à la castration, une fille renonce à obtenir un enfant du père. Ainsi, pour des motifs différents, à la fin du complexe d'Œdipe, le garçon et la fille forment le même fantasme de meurtre du père[1].

La pièce de Tirso de Molina met en scène une situation triangulaire décalée par rapport à la situation œdipienne classique. C'est un duel à trois : Don Juan, Done Anna et le Commandeur. Je souligne que la mère n'a pas d'existence scénique[2]. Les protagonistes féminins de la pièce, Isabelle, Thisbé, Aminte et Anna semblent déprises des liens maternels ; par contre, Aminte est nantie d'un père qui voit loin pour sa fille et pour lui-même quand, à l'horizon, se profile le mariage avec Don Juan ; Gassenne est un père sans foi ni loi ; n'avait-il pas accordé la main de sa fille à Batrice ? Les autres femmes, Isabelle, Thisbé, ne sont pas situées dans leurs relations familiales. Le roi tient lieu de père pour Isabelle ; il est le garant de son honneur et devra la pourvoir d'un mari pour réparer le déshonneur ; Anna, elle, a un père représentant toutes les lignées des pères ; Don Gonzalo incarne l'autorité paternelle, il est le Père par excellence pour qui l'honneur est affaire de vie ou de mort.

Le décalage entre un père prépondérant et une mère invisible ne serait-il pas l'expression d'un désir œdipien ? Ce que Pierre Jean Jouve affirme à propos de la Donna Anna de Mozart vaut également pour la Done Anna de Tirso de Molina : « Il n'y a point de figure maternelle auprès de Donna Anna : elle est pour ainsi dire sans mère, vivant auprès du père et pour le père[3]. » L'écrivain souligne le désir de vengeance qui se manifeste au moment du duel, lorsque la fille s'enfuit en laissant le père en danger face au séducteur.

1. Guy Rosolato, *Essais sur le symbolique*, Paris, Gallimard, 1969, p. 47.
2. Cf. supra III, 3, « Don Juan et le Nom-du-Père » ; la mère de Don Juan et celle de Done Anna n'ont pas d'existence théâtrale.
3. Pierre Jean Jouve, *Le Don Juan de Mozart*, Fribourg et Paris, Egloff, 1942, p. 68-71.

Jusqu'au point de la structure

Dans *Le Mythe de Don Juan*[1], Jean Rousset propose une analyse structurale du mythe à travers ses différentes versions. Il distingue les invariants du mythe de ses variations dans l'histoire littéraire. Ces invariants sont au nombre de trois : les apparitions du Mort, Anna et le groupe féminin, le héros. Dans son approche rigoureuse qui éclaire le sens du personnage, il souligne le rôle de Done Anna « qui a pour fonction de relier le Prédateur au Mort » ; elle est une figure de liaison interne indispensable entre les protagonistes de la pièce. Jean Rousset la nomme « la fille du Mort ». Comme dans un rêve, le détail le plus infime, le moins visible, le moins lumineux, entrant en résonance avec une représentation plus intense, devient porteur de la signification du rêve. En l'occurrence, c'est Don Juan qui occupe le devant de la scène.

Done Anna, elle, est en retrait, en coulisse. Cette figure clef est absente de la scène ; elle ne paraît pas au regard du spectateur ; elle est une voix. Seuls ses cris ont une présence scénique ; à la fin de la pièce, elle ne se joint pas au groupe des femmes abusées par Don Juan ; elle ne crie pas justice, comme Isabelle et Thisbé qui demandent réparation au roi ; Done Anna est à part, sa stratégie vengeresse est autre. Done Anna est celle par qui advient le dénouement tragique, par qui le meurtre du Commandeur est perpétré[2]. Elle est aussi la femme dont les hommes parlent. Elle occupe le champ du discours d'où est retranchée la mère. Elle est celle dont rêvent les hommes ; ils louent ses attraits, ses vertus. Ainsi son père, Don Gonzalo, célèbre-t-il la grâce de Done Anna auprès du roi qui lui demande s'il a des enfants : « Une fille, grand roi, bellissime et jolie. / Sur son divin visage, la nature apporta ses soins les plus choisis[3]. » Done Anna est celle que le roi veut pourvoir d'un mari : « Je

---

1. Jean Rousset, *Le Mythe de Don Juan*, Paris, Armand Colin, 1976, p. 41.
2. Après Jean Rousset, Jean-Yves Masson souligne le rôle privilégié de done Anna qui éclipse les autres personnages féminins : « [...] c'est par elle, si l'on y songe, que tout arrive [...]. » Il interprète l'absence scénique du personnage : Anna est une fille dont le corps a été confisqué par le Commandeur, son père. Cf. Sarah Kofman et Jean-Yves Masson, *Don Juan et le refus de la dette*, Paris, Galilée, 1991, p. 33-37.
3. Tirso de Molina, *L'Abuseur de Séville, op. cit.*, acte I, p. 73 et 75, v. 863-865.

veux que, de ma main, elle soit mariée[1]. » Par ailleurs, le marquis de la Mota, après avoir conversé avec son ami Don Juan et évoqué les bas-fonds de la Séville vénale, lui avoue son tourment : « Je poursuis l'impossible [...][2]. »

Don Juan suppose que l'élue du marquis ne répond pas aux sentiments que celui-ci éprouve pour elle. Son ami le détrompe : « Si fait. Elle m'accorde des faveurs et semble m'estimer[3]. » Il avoue à Don Juan, intrigué, qui est la belle : « Done Anna, ma cousine, qui vient d'arriver de Séville[4]. » Don Juan interroge le marquis de la Mota : « Est-elle jolie ? » Le marquis a la réponse fatidique qui suscite, chez Don Juan, le désir, toujours renouvelé, d'abuser l'Autre : « À la perfection, car en Done Anna d'Ulloa, / la nature a parfait son ouvrage[5] » ; « Vous verrez la plus grande beauté que / Les yeux du roi puissent voir[6]. »

Le marquis de la Mota apprend à Don Juan que le roi a fiancé Done Anna sans qu'on sache qui a obtenu ce privilège. Ni l'un ni l'autre n'est informé qu'elle a été promise à Don Juan, selon la loi des alliances arrangées par le roi et le Commandeur, pour la préservation de l'honneur des deux lignées. Don Gonzalo, le père de Done Anna, s'adressant au roi à l'acte I, prononce les mêmes mots que le marquis de la Mota, le cousin de sa fille : « La nature apporta ses soins les plus choisis » (*se esmeró naturaleza*) et le marquis s'exclame qu'en Done Anna d'Ulloa : « La nature a parfait son ouvrage » (*se extremó naturaleza*) ; la répétition du mot « nature » (*naturaleza*) le met en relief ; il fait lien entre le père et le cousin.

1. Tirso de Molina, *L'Abuseur de Séville, op. cit.*, p. 74-75, v. 866-867. Auparavant, le roi voulait la marier au duc Octave pour réparer l'affront subi par celui-ci. Le roi ne se soucie pas des sentiments partagés par le duc Octave et la duchesse Isabelle ; de même, sans égard pour son penchant à l'égard de son cousin, Done Anna est utilisée pour la sauvegarde de l'honneur sur lequel repose la société.
2. *Ibid.*, p. 97, v. 217.
3. *Ibid.*, p. 99, v. 216-217.
4. *Ibid.*, v. 219- 220.
5. *Ibid.*, v. 224-225.
6. *Ibid.*, v. 227-228.

« Je poursuis l'impossible »

C'est dans ces termes que le marquis confie à Don Juan son projet amoureux. L'impossible ne renvoie pas à un amour non partagé puisqu'Anna aime son cousin. Le marquis explique cet impossible : « Le roi l'a fiancée, sans qu'on sache avec qui[1]. » Le marquis est un homme de la parentèle de Done Anna ; lorsqu'il se confie à Don Juan, il s'adresse en fait au promis de Done Anna. Le marquis de la Mota se heurte donc au roc exogamique. Désirer l'impossible signifie, au niveau inconscient, désirer l'objet incestueux. L'impossible ferait ici référence à l'interdit de l'inceste.

À l'acte II, Done Anna, trompée par un Don Juan masqué, lui remet un billet ; ni elle, ni lui n'est identifié ; de cette scène, où Done Anna n'est qu'une voix – serait-ce celle de l'inconscient ? –, le sens sera dévoilé à l'heure du dénouement tragique. Dans ce billet, pour contrecarrer le projet de son père de la marier à Don Juan[2], Done Anna donne rendez-vous au marquis de la Mota pour des noces secrètes, la nuit suivante :

> « « Mon père barbare, trahissant ses devoirs,
> En secret m'a promise, sans que
> je pusse résister : je ne sais si je pourrai
> vivre, alors qu'il m'a donné la mort. Si,
> comme il est justice, tu donnes tout son
> prix au tendre amour que j'ai pour toi,
> et si le tien n'est pas mensonge, montre-le en
> cette occasion. Pour que tu voies que je
> t'estime, viens ce soir à la porte qui sera
> ouverte à onze heures, et tu pourras,
> cousin, cueillir les fruits de ton espoir en
> atteignant au but que poursuit ton amour[3]. »

1. Tirso de Molina, *L'Abuseur de Séville, op. cit.*, p. 99, v. 230-231.
2. Jean-Yves Masson écrit avec justesse : [...] « pour se venger, puisque l'honneur du père, selon le code de l'époque, est dans la fille comme l'honneur du mari est dans l'épouse ou celui du frère dans la sœur, doña Ana souhaite, par son geste, infliger à son père une mort métaphorique [...] doña Ana exprime clairement une intention parricide qui la range, elle aussi, au nombre des coupables de la pièce », *Don Juan..., op. cit.*, p. 35.
3. Tirso de Molina, *L'Abuseur de Séville, op. cit.*, p. 100-101, v. 272-289.

Un ange noir

Érigée en blason du Commandeur, Done Anna, sa fille, est une métonymie de l'honneur immaculé. Pour faire reconnaître son désir de femme, elle se métamorphose en sombre diamant. Elle n'est pas un pur cristal, comme la Doña Inés du *Don Juan Tenorio* romantique. Dans cette pièce, Inés aime Don Juan et meurt d'amour pour lui. À la fin du drame, elle sort de son tombeau pour sauver l'âme du damné[1]. La Done Anna du théâtre baroque de Tirso de Molina est tout habitée d'une ire assassine. Elle ne clame pas sa plainte auprès du roi, comme les autres femmes abusées par Don Juan. Elle n'est pas une victime de son désir ; elle est désir en acte. Don Juan tombe dans son piège ; il devient la proie de la fille du Commandeur :

> « Menteur ! Tu n'es pas le
> Marquis ! Tu m'as trompée [...][2]. »

Dans les coulisses, Don Juan affirme qu'il est le marquis. Done Anna hurle : « Barbare ennemi, tu mens, tu mens ![3] » La fureur retentissante de Done Anna a arrêté Don Juan dans son élan d'abuseur. L'honneur est sauf. Tirso de Molina emploie avec génie la forme de la prétérition pour exprimer le suspens de l'acte. À la fin de la pièce, lors de la rencontre brûlante avec le Commandeur, Don Juan en appelle à l'indulgence de ce dernier :

> « Ah ! je brûle... Ne me serre pas tant !...
> Avec ma dague je te tuerai... Mais
> Ah ! Je m'épuise en vain à porter

1. José Zorrilla (1817-1893), *Don Juan Tenorio* (1844), traduit et présenté par Bernard Sesé, Paris, José Corti, coll. « Romantique », n° 67, 1997, acte II, scène 3, p. 235, Doña Inés : « Moi pour toi / j'ai donné mon âme / Et Dieu par mon intercession / t'octroie ton salut incertain. / Mystère aux simples créatures / Incompréhensible à jamais, / Et seuls, en une vie plus pure, / Les justes comprendront un jour / Que l'amour a sauvé don Juan / Au pied même de la sépulture. »
2. Tirso de Molina, *L'Abuseur de Séville, op. cit.*, acte II, p. 115, v. 509-510.
3. *Ibid.*, v. 513.

> des coups dans le vent. Je n'ai pas profané ta
> fille... Elle avait démasqué ma ruse avant
> que je...[1] »

Don Gonzalo, lui aussi, fut victime du manège de sa fille. Entendant les cris de celle-ci, il avait sursauté :

> « La voix que j'entends est celle de
> Done Anna[2]. »
> Toujours en coulisse, celle-ci proclama son verdict :
> « N'y a-t-il donc
> Personne pour mettre à mort ce traître,
> Homicide de mon honneur ?[3] »

Or le crime n'avait pas eu lieu. Don Juan n'avait pas abusé de Done Anna.

« Tuez-le[4] »

Done Anna, au cœur du triangle fatal, organise une mise à mort, dans un désir de vengeance à l'égard de son père. Comme identifiée au père offensé, elle lance un ordre impérieux, d'une grande violence : « Tuez-le » ; les deux hommes, le Commandeur et l'Abuseur se retrouvent confondus ; par ricochet, le père tombe, blessé à mort, sous l'épée de Don Juan. Le père du ressentiment n'est-il pas visé sur la scène inconsciente ? « Tuez-le » est un énoncé performatif ; l'ordre est acte dans son énoncé même. Il réalise le fantasme inconscient du meurtre du père. Don Juan était un obstacle pour Done Anna, qui a jeté son dévolu sur son cousin et qui refusait d'être mariée à Don Juan. Le Commandeur et Don Juan s'interposèrent, l'un et l'autre, entre elle et son objet incestueux. Le marquis entrait, en effet, dans la série des objets de substitution du père.

1. Tirso de Molina, *L'Abuseur de Séville, op. cit.*, p. 189, v. 957-962. Dans sa traduction, Pierre Guenoun, rend parfaitement l'élan arrêté.
2. *Ibid.*, p. 115, v. 512-513.
3. *Ibid.*, v. 514-516.
4. *Ibid.*, v. 521.

Avatar du complexe d'Œdipe féminin, le fantasme de meurtre du père, souvent profondément refoulé, est la manifestation du dépit amoureux de la fille ; celle-ci renonce difficilement au père qui interdit la jouissance incestueuse. Sur l'Autre scène, la mort et la sexualité sont des compagnes inséparables. À en perdre le souffle, Éros et Thanatos emportent Don Juan et la fille du Commandeur dans leur ballet éternel.

5- Rives adolescentes

La clinique des adolescentes met en évidence que cet âge comporte de nombreux risques, y compris de mort. Les modifications corporelles font disparaître le corps d'enfant et surgir le corps de femme. Cet événement fait mourir la petite fille ; l'impubère s'efface ; la nubile voit le jour, au bord d'une rive incertaine, et dans une angoisse aux racines lointaines, au cœur de l'intérieur corporel et psychique. L'adolescente doit se séparer du premier objet d'amour, la mère, pour se risquer à rencontrer l'Autre en soi et en l'autre sexe[1]. Le chemin de la rencontre sexuelle adulte est escarpé. Les angoisses dysmorphophobiques, liées à une image corporelle en mutation, ne sont pas rares.

L'écoute de jeunes patients transsexuels m'a rendue sensible à cette expérience conflictuelle du corps sexué : à l'adolescence, avec la puberté, le mirage s'éclipse ; les signes sexuels secondaires sont inexorables ; les seins profilent la silhouette

---

1. « Maman, je suis une autre ! », s'exclamait une adolescente après sa première relation sexuelle. Dominique Guyomard interroge le narcissisme du lien dans « La folie maternelle : un paradoxe ? », in *La Folie maternelle ordinaire*, Paris, PUF, coll. « Petite Bibliothèque de psychanalyse », 2006, p. 113-129, et « L'archaïque du lien et la mémoire du corps », in *Invention du féminin*, Paris, CampagnePremière /, 2006, p. 87-100 ; ce premier temps pulsionnel est réveillé à l'adolescence avec les enjeux de séduction étayés sur le narcissisme d'objet ; dans « La jouissance de la marquise et le plaisir de la comtesse », in *La Disposition perverse polymorphe*, sous la direction de Patrick Guyomard, Paris, Odile Jacob, 1999, Patrick Avrane lit dans la correspondance de la marquise de Sévigné avec sa fille, la comtesse de Grignan, ce qu'est la relation d'emprise maternelle sur une fille demeurée dans le désir de sa génitrice. La marquise – précise Patrick Avrane – perdit sa mère à l'âge de sept ans. Le lien mère-fille prime sur tous les autres et, pour la marquise, la séparation est un arrachement, une jouissance dans la peine. Annie Birraux, dans *Le Corps adolescent*, Paris, Bayard, 2004, analyse le chambardement narcissique lié à la sortie de l'enfance et à la puberté ; Dans *Adolescences… Rencontre avec le féminin*, Érès, 2002, Serge Lesourd interroge le passage vers la sexualité adulte et la rencontre de l'Autre sexe.

féminine ; les hanches affirment leurs rondeurs ; dans une rage destructrice – les mutilations existent –, ces jeunes filles bandent leurs seins ; leur corps entier se dérobe au regard, aux caresses ; leur désir est celui d'un corps androgyne, d'un retour à un temps immémorial, où la nature ne se serait pas égarée dans la répartition des sexes. Le sang des règles inscrit le corps dans la périodicité vivante ; ces sujets le ressentent comme un scandale, un outrage à leur liberté. Il faut contenir ce flux, le contrarier, ainsi que toute la loi humaine selon laquelle les deux sexes sont radicalement distincts[1].

À l'adolescence, quelle que soit l'organisation psychique du sujet, les théories sexuelles infantiles s'affolent, au rythme des pulsions dirigées vers un nouvel objet sexuel. En particulier, pour les jeunes filles, les pulsions reviennent au schème archaïque, oral-anal, lorsque la sexualité génitale fait signe. La visibilité des transformations donne toute sa prégnance au regard, à la pulsion scopique. Le féminin ne va pas de soi. La féminité, dans ses atours, en est la face manifeste. Le féminin est réceptacle ; dans sa latence[2], il n'apparaît pas dans le miroir.

Mademoiselle Else

Un personnage féminin, né de l'imagination d'un créateur, incarne le drame adolescent côté fille. Il s'agit de *Mademoiselle Else*, d'Arthur Schnitzler[3]. Ce roman dépeint la Belle Époque viennoise décadente, cette époque déjà tournée vers la modernité, qui perpétue néanmoins l'ancien code social. Les femmes demeurent toujours la propriété des hommes – père ou mari – qui règnent en maîtres sur leur foyer[4].

---

1. Cf. infra IV, L'identité sexuelle en question, 2, « La répudiation du sexe », et 4, « Dans la peau d'un homme ».
2. Jacques Lacan, « De nos antécédents », in *Écrits*, Paris, Seuil, 1966, p. 70 : « [...] une petite fille se confrontant nue au miroir : sa main en éclair croisant, d'un travers gauche, le manque phallique. »
3. Arthur Schnitzler, *Mademoiselle Else*, [*Fraulein Else*] (1924) traduit de l'allemand par Dominique Auclères, Paris, Stock, 1980.
4. Jacques Le Rider, *Arthur Schnitzler ou la Belle Époque viennoise*, Paris, Belin, coll. « Voix allemandes », 2003, et *Modernité viennoise et crise de l'identité*, Paris, PUF, 2000.

Mademoiselle Else, engendrée par le génie de Schnitzler, est une jeune fille très freudienne[1]. Mais à la différence de Dora et de la jeune homosexuelle, Sidonie Csillag, qui sont conduites par leur père au cabinet du Professeur, Else est encombrée des bêtises paternelles, et ne sait à quel saint se vouer. Nous pouvons imaginer un autre scénario où Else prendrait par la main son immature géniteur et le conduirait auprès du docteur de l'âme, à l'instar de certains adolescents qui viennent chez le psychanalyste pour faire soigner le parent malade.

Freud était interpellé par ses jeunes patientes au bord du rivage, au seuil de la sexualité adulte, par ces jeunes filles dans la promesse et pas encore dans l'épanouissement sexuel, ni dans la maternité[2]. Était-ce un écho du charme auquel Freud succombait adolescent ? Les cures de ses jeunes patientes hystériques révèlent l'écueil sur lequel elles ont échoué. Contrairement à Schnitzler, Freud était rétif à donner voix au féminin en lui. Or, les cures psychanalytiques des adolescentes nous requièrent, dans le transfert, sur ce rivage, où le féminin se dissocie du maternel.

Le merveilleux portrait d'Else par Schnitzler est d'une grande acuité psychologique. Il va droit au cœur de la question de l'adolescente d'hier et d'aujourd'hui. Freud en témoigne lui-même dans une lettre à Arthur Schnitzler : « Je pense que je vous ai évité par une sorte de crainte de rencontrer mon double. Non que j'aie facilement tendance à m'identifier à un autre ou que j'aie voulu négliger la différence de dons, qui nous sépare, mais plongeant dans vos splendides créations, j'ai toujours cru y trouver, derrière l'apparence poétique, les hypothèses, les intérêts et les résultats que je savais être les miens[3]. »

---

1. Diane Chauvelot, *op. cit.*, p. 180 : « Or, là où la misère de la fiction devient le tragique du réel, c'est quand Lili Schnitzler, âgée de 25 ans, se tire une balle dans le corps au cours d'une crise d'hystérie. Elle n'a que le temps de s'écrier : "Je ne voulais pas mourir ! C'est un instant d'énervement !", avant de tomber morte. Tout Vienne alors de murmurer qu'elle était morte tout comme la petite Else du roman de son père. »
2. Cf. supra III, Virginité promise, 1, « La Vierge e(s)t l'enfant.
3. Sigmund Freud, *Correspondance, 1873-1939*, Lettre du 14 mai 1922 à Arthur Schnitzler, Paris, Gallimard, 1966.

Le monologue d'Else

Au début du roman, Else est boudeuse ; elle se doute que le cousin Paul et Cissy Mohr ont une liaison. À la fin du roman, quand Else s'enfonce dans la nuit, après avoir bu le verre de véronal, le même couple est présent. Cissy est l'amante, dans ce couple adultérin ; ailleurs, elle est femme de son mari et mère de famille. Else est excitée, dégoûtée, par ce couple illicite ; pour elle, Paul est un frère, comme Rudy. La séduction n'est d'ailleurs pas exclue du lien entre Paul et Else : « Mais il n'est pas mal [...] avec son col ouvert et son visage de mauvais grand garçon. Si seulement il voulait ne pas poser [...][1]. » Elle se défend de cette attirance : « Faut-il te le certifier noir sur blanc, chère tante, que je ne songe pas à Paul, fût-ce en rêve. Je n'aime personne. Je ne suis pas amoureuse[2]. » Tous les personnages masculins sont convoqués dans le monologue de la jeune fille : Paul, Rudi, le frère, Fred, le soupirant et plusieurs autres.

Else ne sait pas trop bien ce qu'elle désire. « J'aimerais me marier en Amérique mais pas avec un Américain ou épouser un Américain et ne pas vivre en Amérique[3]. » Une chose et son contraire, au moment du passage, dans une vive tension de la différence entre les sexes. Qui est-elle donc dans le regard de l'autre ? Coup de tonnerre ! « Pourquoi est-ce que je marche si lentement ? Aurais-je peur de la lettre de maman ? Elle ne sera certainement pas agréable[4]. » Tourbillon des pensées. Tourbillon identitaire : « Je ne suis pas amoureuse... Peut-être ne puis-je pas tomber amoureuse ? C'est curieux, car je suis sensuelle. Oui, mais altière aussi et inabordable, Dieu merci ![5] », « Cher papa, tu m'en causes des soucis ![6] » Else a choisi son pôle identificatoire : ce sera papa. « Je me demande s'il a jamais trompé maman ? Certainement, plutôt deux fois qu'une. Maman est assez

1. Arthur Schnitzler, *Mademoiselle Else, op. cit.*, p. 8.
2. *Ibid.*, p. 10.
3. *Ibid.*, p. 8.
4. *Ibid.*, p. 9.
5. *Ibid.*, p. 10.
6. *Ibid.*

sotte. De moi, elle ignore tout[1]. » Cette question revient à plusieurs reprises dans le roman : la mère d'Else n'est pas du côté de la séduction ; elle est dénigrée par sa fille[2]. Pourtant, tout le drame tourne autour de la lettre de la mère. La demande maternelle devient le pivot du conflit de la jeune fille. Else n'aura de cesse de dévaloriser sa mère dont la demande est impérieuse. Comment Else peut-elle faire face ? « Je prendrai un peu de véronal[3]. » Elle évoque justement sa féminité : « J'ai déjà passé une mauvaise nuit, hier. Évidemment, l'approche des jours critiques, des tiraillements dans les jambes et le reste...[4] » Else se dédouble, s'interpelle : « Mademoiselle Else, si vous vous décidiez à décacheter cette lettre[5]. » Au moment où Else cherche appui pour son désir, le couple parental s'effondre et exige d'elle le salut. C'est le monde à l'envers ! Rudi, le frère aîné, substitut paternel, est absent, défaillant ; Else n'a plus de boussole !

Le poison maternel. La chute des idéaux

La lettre de la mère est le poison même. Else se défend : « Le style de maman est effroyable[6]. » Le contenu est implacable : Else est condamnée à trouver trente mille florins pour sauver son père ; celui-ci est un célèbre avocat d'affaire véreux qui a détourné l'argent destiné à des orphelins. Le père est menacé de prison. « Scandale sans précédent ». « Poursuis, poursuis maman, où veux-tu en venir ?... et que puis-je, moi, dans tout cela ?[7] », « Mais, quoi, quoi, qu'est-ce qu'on me veut ?[8] »

Que vuoi ? Au moment où Else est en pleine mutation, ne sachant où diriger ses pas, son être, la demande maternelle active une angoisse ancienne : que veux-tu de moi ? Qu'est-elle, otage phallique dans le désir de l'Autre, de la mère, en

1. Arthur Schnitzler, *Mademoiselle Else, op. cit.*, p. 10.
2. Comme Dora qui rejetait sa mère du côté de la névrose de la ménagère avec, dans le transfert, une complicité de Freud.
3. Arthur Schnitzler, *Mademoiselle Else, op. cit.*, p. 15.
4. *Ibid.*, p. 14.
5. *Ibid.*, p. 17.
6. *Ibid.*, p. 18.
7. *Ibid.*, p. 20.
8. *Ibid.*

l'occurrence ? Else est d'abord Mademoiselle, la fille de la maison, de ses parents ; célibataire, elle appartient à sa famille. Sa mère le lui rappelle instamment : « Il m'a semblé que, si tu voulais, pour l'amour de nous, parler à ce Dorsday [...][1]. » Ce dernier est un richissime marchand d'art qui a déjà tiré d'affaire le père d'Else, criblé de dettes.

Le poison s'infiltre : « Tu sais que Dorsday était un de nos intimes... Il a toujours eu un grand faible pour toi...[2] » Else comprend que sa mère la met en vente ! « Ils veulent que je tape Monsieur von Dorsday[3] ». « Je parlerai à Dorsday, originaire d'Eperies et je le taperai, moi, l'altière, l'aristocrate, la marquise, la mendiante, la fille de l'escroc[4]. » Mademoiselle Else est liée au Nom-du-Père ! La mère est celle qui manigance, qui brade sa fille. « Comment maman voit-elle la chose ?[5] » La rivalité mère-fille se faufile à travers les requêtes maternelles. Else représente une valeur marchande pour sa mère ; la vénalité de la mère tue la petite fille qui est sommée d'obtempérer au désir de l'adulte. Else ploie sous les mensonges maternels. Elle ne croit plus en sa mère. « Crois-moi, ma chérie, la démarche que je te demande n'a rien d'humiliant [...][6]. » C'est le marchandage de sa féminité qui avilit la jeune fille.

Toutes les phrases maternelles sont contestées. « Papa a commencé par avoir des scrupules. Il a même essayé de s'arranger de deux côtés différents. Mais il est rentré désespéré[7]. » Else s'insurge : « Papa sait-il seulement être désespéré ?[8] » Comble de la manigance et de l'offense : la mère infantilise le père et réclame l'adhésion de sa fille. « Mon enfant tant aimée, je suis navrée que tu sois mêlée si jeune à de telles histoires, mais crois-moi, papa n'en est fautif que pour une bien petite part[9]. »

1. Arthur Schnitzler, *Mademoiselle Else, op. cit.*, p. 21.
2. *Ibid.*
3. *Ibid.*, p. 25.
4. *Ibid.*, p. 29-30.
5. *Ibid.*, p. 25.
6. *Ibid.*, p. 23.
7. *Ibid.*
8. *Ibid.*
9. *Ibid.*, p. 24.

Comme tous les adolescents, Else ne supporte pas le rabaissement de son père idéalisé : « Papa toujours de bonne humeur[1] » ; papa s'écroule et maman raconte des bobards. Tout l'être de la fille s'abîme à faire surgir le vrai. L'adolescente a perdu confiance dans les adultes. Else a perdu ses repères : « Je suis si seule ! Je n'ai ni amies, ni ami. Où sont-ils tous ? Qui épouserai-je ? Mais qui demandera la main de la fille d'un escroc ?[2] » La relation d'appartenance se resserre à l'heure où Else pourrait prendre son envol. Le père d'Else n'est pas à même de la séparer de sa mère ; par sa défaillance d'homme et de père, il la ramène, pieds et poings liés, vers la mère tentaculaire, archaïque, prédatrice. « Jeune fille de bonne famille, haha, bonne famille ! Le père dilapide des biens de mineurs. Pourquoi m'as-tu fait cela, papa ?[3] »

À l'heure du choix d'objet érotique, Else est instrumentalisée par sa mère. Elle est livrée par elle à un homme de l'âge du père. L'amour œdipien pour le père, sous la pression maternelle, se transforme en une identification forcenée au père. À père scandaleux, fille scandaleuse ! Else ne peut s'identifier à sa mère : « Maman a dû être une épouse fidèle. Moi, mais je ne serai pas fidèle ![4] » Contre-modèle. Else endosse le personnage imposé par sa mère. Le poison agit. « Je ferai chambre à part et j'aurai mille amants [...] cela me dégoûte. » Sa mère n'est plus désirable ; Else évoque la castration maternelle : « Je ne comprendrai jamais notre mode de vie. Il est vrai que maman n'a plus de bijoux [...][5]. » Surgit alors l'angoisse : « Il est effrayant et gigantesque ce Cimone, comme s'il allait dégringoler sur moi [...][6]. » La chute de la montagne figure la perte des repères ascendants. Le père ne vectorise plus le désir féminin de sa fille. Celle-ci est ramenée à une toute-puissance infantile, où les extrêmes se confondent, le haut et le bas s'inversent, comme dans un moment

1. Arthur Schnitzler, *Mademoiselle Else, op. cit.*, p. 26.
2. *Ibid*, p. 32.
3. *Ibid.*, p. 33.
4 *Ibid.*, p. 32.
5 *Ibid.*, p. 37.
6. *Ibid.*, p. 35.

phobique. Else tente de se protéger : « Maman est seule parce qu'elle n'est pas assez intelligente et qu'elle ne sait rien de nous, ni de moi, ni de Rudi, ni de papa. Mais elle ne s'en doute pas et Rudi pas plus qu'elle[1]. » La mère fait couple avec son fils. « Je voudrais partir et vivre comme il me plaît. Si papa file en Amérique, je le suivrai[2]. » Échapper, échapper au désir maternel. « Que papa se tue ! Moi aussi, je me tuerai ![3] »

Aucun homme ne peut prendre la place du père. « Le Docteur Froriep est peut-être le seul homme qui m'aurait rendue heureuse... Pourquoi a-t-il disparu... du moins pour moi ? À cause de papa ? Sans doute...[4] » Le père et la fille sont indissolublement attachés. N'est-ce pas le seuil que doit franchir toute adolescente : renoncer au père pour rencontrer un homme ? La vague qui entraîne Else au large et l'éloigne du rivage est puissante . L'image du soupirant salvateur est fugitive : « Si Fred était là. Il n'a rien d'un séducteur, mais je l'accepterais s'il avait de l'argent. Seulement après surgirait un faune, et la catastrophe serait consommée ![5] »

Je ne veux que vous voir...

Quel est ce désir d'homme ? Que lui dit ce Dorsday ? : « Else, seriez-vous femme si vous ne vous en étiez aperçu. *Je vous désire*[6]. » Il précise le marché : « Si jamais il vous fallait un million, Else, nous en reparlerions... bien que je ne sois pas un homme riche. Mais pour cette fois je me montrerai modéré, tout comme vous. Pour cette fois je ne veux qu'une chose, Else, je ne veux que... vous voir[7]. » Else feint de ne pas comprendre : « Il est fou, il ne fait que me voir...[8] » Dorsday explicite : « Je ne vous demande rien, sinon le droit de contempler votre beauté avec recueillement durant un quart

1. Arthur Schnitzler, *Mademoiselle Else, op. cit.*, p. 38.
2. *Ibid.*, p. 38-39.
3. *Ibid.*, p. 56.
4. *Ibid.*, p. 36.
5. *Ibid.*, p. 34.
6. *Ibid.*, p. 58.
7. *Ibid.*, p. 60.
8. *Ibid.*

d'heure[1]. » Cette demande entre en résonance avec la requête maternelle. Le trouble d'Else devient hystérie : « Je ne me vends pas. Non jamais, je ne me vendrai. Je me donnerai. À l'homme de mon choix, je me donnerai. Me vendre, ah non. Je veux bien être une dévergondée mais pas une putain ![2] » Else résiste aux injonctions maternelles. « Maman est sotte, se met à son bureau et écrit la lettre. Papa, n'a pas osé, lui. J'aurais dû me méfier tout de suite. Mais vous ne réussirez pas. Non, papa, tu as admis avec certitude que je subirais n'importe quelle vilenie, plutôt que de te voir subir les conséquences de ta criminelle légèreté[3]. »

Else raconte sa vie familiale, semblable à celle de bien des adolescents : « Les uns vous témoignent un peu de tendresse parce qu'on est jolie, les autres s'inquiètent quand on a la fièvre ; on vous envoie à l'école, on vous fait apprendre le piano et le français ; on vous paie des vacances et on fête votre anniversaire de naissance à grands renforts de cadeaux. Mais à table, la conversation est vide ; personne ne se demande ce que je pense, personne ne veut connaître l'angoisse qui me ronge[4]. » Else exprime son malaise d'adolescente face à la vacuité subjective des adultes. Ceux-ci ne coïncident pas avec ce qu'ils montrent d'eux-mêmes. Le monde est apparences… Devenir le centre de l'attention. Alors, l'exhibitionnisme ? Pourquoi pas ! « Le regard de papa, parfois, exprimait un soupçon de compréhension, mais si fugitif ! Son métier l'absorbait aussitôt, ou ses soucis, le jeu à la Bourse, et sans doute plus secrètement une femme (rien de bien reluisant, entre nous), alors, je me retrouvais seule[5]. »

Prenez exemple sur moi. J'ose, moi, la vierge

« Me montrer nue pour cinquante mille florins à un vieux monsieur, moi, pour sauver un chenapan de la correction-

1. Arthur Schnitzler, *Mademoiselle Else, op. cit.*, p. 61.
2. *Ibid.*, p. 67.
3. *Ibid.*, p. 68.
4. *Ibid.*, p. 80-81.
5. *Ibid.*, p. 81.

nelle ![1] » L'esclandre se prépare, au plus fort de l'identification à son père. « De quel droit M. von Dorsday jouirait-il d'un privilège ? Si lui me voit, que chacun me voie. Oui ! L'idée est merveilleuse. Tous me verront, le monde entier me verra. Et après le véronal. Non, pas le véronal... à quoi bon ?[2] » Le « vieux monsieur » et le « chenapan » ne font qu'un ! Dorsday est un double du père. Dorsday a les moyens que le père a perdus. Else songe à l'autre femme, comme pour son père trompant sa mère : « Sa maîtresse actuelle n'est rien de bien reluisant "entre nous"[3]. »

L'avocat a détourné les biens des mineurs. La chasteté d'Else, métonymie de sa féminité, est le bien détourné par le père, à l'instigation de la mère. Le scénario hystérique œdipien est à l'œuvre. « ... Je retire ma robe. Qui sera le premier ? Toi, cousin Paul ?... Nue, toute nue... Comme Cissy m'enviera ![4] » La figure paternelle se modifie : Paul s'y substitue, par le lien de parenté. Cissy, sa maîtresse, est une rivale figure maternelle. Elle est le double féminin de la mère, sur le versant sexuel de la féminité séductrice. Paul et Cissy forment le couple primitif du scénario d'Else. Ces deux protagonistes occupent la première scène du roman et assistent à la dernière.

L'exacerbation du regard, au cœur de la scène hystérique, évoque inévitablement le choc traumatique de la découverte de la différence des sexes, ravivé à l'adolescence. « Prenez exemple sur moi. J'ose, moi, la vierge ![5] », affirme Else au moment de la rencontre du désir de l'autre. Que cache-t-elle « sous le manteau » ? La série des biens détournés par le père ? Quelle est la valeur de sa féminité dans le regard de l'Autre, dans le désir maternel ? « Je traverserai le hall et personne ne soupçonnera qu'il n'y a rien sous ce manteau, rien que moi...[6] » Else voile et dévoile, en passant par les reflets

1. Arthur Schnitzler, *Mademoiselle Else*, *op. cit.*, p. 99.
2. *Ibid.*
3. *Ibid.*, p. 65.
4. *Ibid.*, p. 100.
5. *Ibid.*
6. *Ibid.*, p. 105.

phalliques, pour devenir. « Je ne serai plus cette demoiselle Else que l'on voudrait accoupler avec un quelconque M. Willomitzer. Ainsi, je les duperai tous, les salauds, Dorsday, le premier, et après je me réincarnerai...[1] »

Else sort du système des alliances pour devenir elle-même. Elle rejoint les fantasmes de prostitution que rencontre toute adolescente, toute femme, dans la découverte de son corps génital. « De mes deux mains j'ai caressé mes hanches en prétendant ignorer qu'on me regardait... Oui, voilà comment je suis, me voilà au naturel. Une dévergondée. Et chacun le sent[2]. » Se livrer au regard pénétrant pour mieux protéger l'enclos précieux. Le corps se prête dans un éclat phallique pour sauvegarder son intégrité, inentamée. Else n'a pas cédé. Elle ne s'est pas donnée[3].

Maman est une meurtrière !

Le corps de la petite fille doit mourir pour faire vivre la femme. « Else, l'autre, est déjà morte. Sûrement, que je suis morte. Sans absorber de véronal... Que c'est simple ! J'ai la situation en main ![4] » L'adolescente repasse par les pulsions archaïques sur le chemin de la génitalité adulte. Else retrouve la mère-sorcière des premières frustrations orales. Le véronal est le breuvage empoisonné qui flue tout au long du roman, comme le mauvais lait des paroles maternelles dont elle tente de se sevrer[5].

« Ils sont tous des assassins ! Dorsday et Cissy et Paul et Fred aussi est un assassin et maman est une meurtrière. Ils diront que c'est un suicide. C'est vous qui m'avez tuée, vous,

1. Arthur Schnitzler, *Mademoiselle Else, op. cit.*, p. 99.
2. *Ibid*, p. 66.
3. Helene Deutsch, *Problèmes de l'adolescence* (1967), traduction française, Paris, Payot, coll. « Petite Bibliothèque Payot », 1991, p. 113. La liberté sexuelle est revendiquée par les filles comme une exigence de l'égalité des sexes. « C'est en même temps une brèche dans la place forte à l'intérieur de laquelle l'idéal du moi s'est édifié, tout autant pour cette génération que pour les précédentes. »
4. *Ibid.*, p. 102.
5. *Ibid.*, p. 110. Helene Deutsch, évoque la recherche compulsive des gratifications orales chez les adolescentes : « [...] elles fument, elles boivent, elles se droguent sans faire de distinction ; dans certains cas particuliers, leur agressivité accrue peut les amener à des actes d'un effet destructeur stupide. »

vous, vous tous[1] » La plainte d'Else est aussi vive que sa dévalorisation de sa mère est virulente : « maman est idiote »; elle est démunie ; Else, dans une toute-puissance infantile imaginaire, a les moyens de sauver, par conséquent de perdre, son père et sa mère. !

Dans sa conférence de 1933 consacrée à « La féminité », Freud analyse les motions hostiles à l'égard de la mère qui font suite à un puissant attachement. « Il ne s'agit pas, dans cette étape du développement d'un simple changement d'objet. L'acte de se détourner de la mère se produit sous les signe de l'hostilité, la liaison à la mère peut devenir très frappante et se maintenir toute la vie ; elle peut plus tard être soigneusement surcompensée ; en règle générale, une partie d'elle est surmontée, une autre partie subsiste[2]. »

Tout au long du roman, la mère d'Else est évoquée de façon négative : elle est sotte, elle est menteuse, elle n'est pas désirable, le père lui étant nécessairement infidèle ; la fille bien-aimée se met sur les rangs des rivales de la mère ! Else brosse un portrait peu avenant de sa mère ; tous les griefs à son encontre sont destinés à justifier son hostilité. À travers la revendication d'Else résonnent les réclamations qu'expriment les adolescentes d'hier et d'aujourd'hui lorsqu'elles sont confrontées à la castration. Selon elles, le manque imaginaire pourra toujours recevoir son dédommagement ! L'avidité insatiable d'une demande d'amour sans limites. « Le reproche à l'encontre de la mère qui remonte le plus loin est qu'elle a dispensé trop peu de lait à l'enfant, ce qui lui est imputé comme un manque d'amour [...]. C'est à ce retrait du sein que se rattache vraisemblablement aussi l'angoisse d'empoisonnement. Est poison la nourriture qui vous rend malade[3]. » À l'aube de son destin de femme, Else se replie sur une mère dévorante, en l'absence d'un père qui assume son désir d'homme. Le père d'Else ne délivre pas sa fille de l'antre maternel ; il la contraint à y demeurer.

1. Arthur Schnitzler, *Mademoiselle Else, op. cit.*, p. 131.
2. Sigmund Freud, « La féminité », *OCF. P.*, vol. XIX, p. 204.
3. *Ibid.*, p. 205.

Livre IV.
L'identité sexuelle en question

1- Transfert et mésalliance

> « Car il convient de méditer que ce n'est pas seulement par une assomption symbolique que la parole constitue l'être du sujet, mais que, par la loi de l'alliance, où l'ordre humain se distingue de la nature, la parole détermine dès avant la naissance, non seulement le statut du sujet mais la venue au monde de son être biologique. »
>
> Jacques Lacan « Variantes de la cure-type », *Écrits*, 1966.

> « Les rapports entre hommes et femmes d'une part, parents et enfants de l'autre, constituent le nœud des relations humaines. Le sceau qui les marque est transmis dès le sein maternel à l'enfant, et celui-ci, avant de faire ses premiers pas, s'est déjà assimilé un style particulier de rapports entre les sexes tout en apprenant à exclure les autres. »
>
> Margaret Mead, *L'un et l'autre sexe*, 1966.

Un curieux face-à-face

Le psychanalyste reçoit l'analysant dans un lieu, un espace, dans un temps donné ; ce lieu est marqué d'histoire. Le psychanalyste se prête au regard de l'analysant, lequel accroche son histoire infantile, ses signifiants, son vécu affectif, ses pensées et ses émotions dans ce lieu d'accueil. Il s'agit d'une opération pour le moins énigmatique ; comment l'un et l'autre s'embarquent-ils ? En fin de parcours, au terme de la cure analytique, logiquement, le voile se lève sur le face-à-face inaugural, et bien souvent dans l'après-coup.

Le transfert se décline en positif ou négatif ; il met en jeu les positions sexuées différentes, selon quatre possibilités : l'analyste est un homme et l'analysante, une femme ; l'analyste est une femme et l'analysant un homme ; l'analyste est un homme et l'analysant est aussi un homme ; l'analyste est une femme et l'analysante également. Précisons que ces positions sexuées, sociales, ne recouvrent pas nécessairement les positions sexuées inconscientes qui sont, elles, intriquées, selon une autre logique.

En 1912, dans « Sur la dynamique du transfert », Freud écrit : « Il correspond bien aux relations réelles existant avec le médecin que l'imago paternelle (selon l'heureuse expression de Jung) devienne déterminante pour cette insertion. Mais le transfert n'est pas lié à ce modèle et il peut aussi s'effectuer d'après l'imago maternelle, fraternelle, etc.[1] » La verticalité de l'ascendance paternelle s'impose comme évidente dans le repérage du transfert, mais celui-ci inclut également la figure maternelle et l'horizontalité de la fratrie.

Quel personnage essentiel de l'histoire infantile est convoqué lors de la première entrevue entre l'analysant et l'analyste ? Qui le sait ? Cette convocation s'exerce, à l'insu de l'un et de l'autre, comme lors d'un coup de foudre inédit. Ni l'un ni l'autre ne le sait. Image furtive d'un père, sourire bienveillant d'une aïeule… Ce n'est pas lui, ce n'est pas elle, et pourtant…[2]

Dans le déroulement de l'analyse, dans le transfert, le sujet déploie la construction de sa personnalité, consciente et inconsciente. Il la met à plat, en perspective, grâce au support de l'écoute de l'analyste[3]. L'un et l'autre jouent une partie où la mise est aussi forte d'un côté que de l'autre. Les termes d'accrochage, d'accueil, situent la dynamique du transfert sur le

1. Sigmund Freud, *OCF. P.*, Paris, PUF, 1970, p. 108.

2. Dans *Bouvard et Pécuchet* (1881), Flaubert écrit : « Ainsi leur rencontre avait eu l'importance d'une aventure. Ils s'étaient tout de suite accrochés par des fibres secrètes. D'ailleurs, comment expliquer les sympathies ? Pourquoi telle particularité, telle imperfection indifférente ou odieuse dans celui-ci enchante-t-elle dans celui-là ? Ce qu'on appelle le coup de foudre est vrai pour toutes les passions », Pocket, 1999, p. 26. Cette observation s'applique également à la passion transférentielle. Freud l'écrit avec force dans « Sur la dynamique du transfert » (*op. cit.*, p. 108-109) : « Les particularités du transfert sur le médecin, par lesquelles ce transfert excède la mesure et la nature de ce qui peut se justifier froidement et rationnellement, deviennent compréhensibles si l'on considère que ce ne sont justement pas les seules représentations d'attente conscientes, mais aussi celles qui sont tenues en réserve ou inconscientes, qui ont instauré ce transfert. Ce qui donne au transfert son aspect particulier, c'est le fait qu'il dépasse la mesure et s'écarte de par son caractère même et son intensité de ce qui serait normal, rationnel. »

3. Sylvie Sesé-Léger « L'inattendu », in *L'Invention du féminin, op. cit.*, p. 143.

versant de l'adoption, qui est réciproque. L'analysant pénètre dans l'univers de l'analyste, que celui-ci soit sobre, neutre, dépouillé, ou qu'il ressemble à une caverne baroque ; de toute évidence, la personnalité de l'analyste, ses goûts, se manifestent dans ce lieu où travaille le psychisme ; ce lieu, je le nomme « chantier de la perlaboration ».

Porteur de son roman familial, l'analysant franchit le seuil d'un intérieur singulier, *unheimlich*, au sens où Freud l'emploie dans le texte sur l'inquiétante étrangeté (1920), le familier étranger ; *Heim*, c'est la maison, le foyer, le chez soi, le lieu de l'intime[1]. L'analyste adopte, le temps d'une aventure à deux, l'analysant et son histoire[2]. Il entre dans la danse des identifications sur l'axe vertical des ascendants-descendants et sur l'axe horizontal des liens de fratrie et des liens d'alliance, auxquels l'analysant le convie dans son cheminement inconscient. Il y a enchevêtrement des multiples figures réelles, symboliques et imaginaires transgénérationelles qui composent l'infantile inconscient du sujet[3]. De son côté, l'analyste engage son inconscient, ses signifiants primordiaux, qui se traduisent dans ses interprétations, dans sa façon de conduire la cure. Lacan l'énonçait dans ces termes : « Disons que dans la mise de fonds de l'entreprise commune, le patient n'est pas seul avec ses difficultés à en faire l'écot. L'analyste aussi doit payer : payer de mots sans doute, si la transmutation qu'ils subissent de l'opération analytique, les élève à leur effet d'interprétation ; mais aussi payer de sa personne, en tant que, quoi qu'il en ait, il la prête comme support aux phénomènes singuliers que l'analyse a découverts dans le transfert ; oubliera-t-on qu'il doit payer de ce qu'il y a d'essentiel dans son jugement le plus intime, pour se mêler d'une action

1. Sigmund Freud, « L'inquiétant », *op. cit.*
2. Joyce MacDougall utilise le terme suggestif de « voyage » pour caractériser la cure analytique, in *Éros aux mille et un visages*, Paris, Gallimard, 1996. Le voyage est un mouvement dans le temps passé à partir de l'actuel du transfert et dans l'espace ; il est déplacement pour la retrouvaille du centre de gravité du sujet. Philippe Porret affirme dans son livre, *Joyce McDougall, une écoute lumineuse*, Paris, CampagnePremière /, 2005, p. 36 : « Elle donnera pignon sur rue dans la langue à l'ineffable que faisait entendre le mot "voyage". »
3. Cf. supra I, Freud et le féminin, 1, « L'Autre fraternel ».

qui va au cœur de l'être (*Kern unseres Wesens*, écrit Freud) : y resterait-il seul hors jeu ?[1] »

La mésalliance ou le faux rapport

À l'orée de la découverte de la psychanalyse, Freud postule, dans les *Études sur l'hystérie* (1895), que « le transfert au médecin se réalise par une *fausse association* » ; le contenu d'un désir inconscient surgit, en effet, dans le conscient, mais sans que le souvenir permette de situer ce désir dans le passé. Ainsi le désir actuel, érotique, est-il attaché, par une compulsion associative, à la personne du thérapeute qui est devenu le centre des préoccupations du sujet. « Dans cette *mésalliance* [Freud l'écrit en français] à laquelle je donne le nom de faux rapport, l'affect qui entre en jeu est identique à celui qui avait jadis incité ma patiente à repousser un désir interdit. Depuis que je sais cela, je puis, chaque fois que ma personne se trouve ainsi impliquée, postuler l'existence d'un transfert et d'un faux rapport[2]. » Autrement dit, l'alliance est, en creux, au cœur de l'analyse ; avec le mot « alliance » se déroule toute une série signifiante : mariage, couple, lignée, enfants, famille, relations de parenté ; c'est dans ce creuset que se travaille le matériau réel, symbolique et imaginaire de l'inconscient, c'est-à-dire l'objet même de la psychanalyse. Ainsi, dès ses premières élaborations théoriques, Freud rencontre-t-il le roc de la parenté[3].

Ce que l'analyste et l'analysant découvrent, c'est qu'un sujet, une personne se construit en tensions. Il est intéressant de lire et d'interpréter ces tensions dans les positions individuelles sexuées, dans les opérations de parenté, dans le choix des alliances, dans les filiations. Pour se construire, le sujet dispose d'un jeu des cartes très limité. L'opération s'effectue à

1. Jacques Lacan, « La direction de la cure et les principes de son pouvoir », in *Écrits*, Seuil, Paris, 1966, p. 587. La citation de Freud se trouve dans *L'Interprétation du rêve, op. cit.*, chapitre IV, « La déformation de rêve. »
2. Sigmund Freud, « Psychothérapie de l'hystérie », in *Études sur l'hystérie*, traduit de l'allemand par Anne Berman, Paris, PUF, 1967, p. 245-246.
3. Cette remarque fait écho à la formule de Freud concernant le « roc d'origine » : « […] car, pour le psychique, le biologique joue véritablement le rôle du roc d'origine sous-jacent », in « Analyse avec fin et analyse sans fin », *op. cit.*, p. 268.

partir d'un petit nombre d'éléments qui forment la combinatoire de l'histoire familiale ; celle-ci s'échafaude sur l'axe vertical – ascendants et descendants sur quatre générations – et sur l'axe horizontal de la fratrie.

Il y a bien du jeu, comme en témoigne la scène transférentielle, du ludique dans la construction de la personne, enracinée dans le social, mais aussi du dramatique. Chaque sujet doit résoudre l'énigme de son histoire, dans une traversée épique, parfois héroïque.

Le féminin entravé

Cent ans après l'invention de Freud, les psychanalystes débattent toujours sur le développement féminin, théâtre de tumultueux mouvements d'aller et retour entre l'objet primaire et les objets secondaires.

Dans la perspective freudienne, une translation asymétrique s'opère, chez le garçon et chez la fille. Pour le garçon : « Son premier amour est sa mère ; elle le reste aussi dans la formation du complexe d'Œdipe et au fond pendant toute sa vie[1]. » Pour la fille également, la mère et ses substituts, la nourrice, la dispensatrice des soins, est également le premier objet d'amour. Pour les deux sexes, les premiers investissements objectaux s'étayent sur la satisfaction des besoins vitaux. Pour le garçon, la mère est l'objet d'amour pré-œdipien ; elle demeure l'objet d'amour œdipien. Pour la fille, le père devient l'objet d'amour œdipien. Il y a donc changement d'objet. À ce changement s'ajoute le changement de zone érogène ; le clitoris cède la place au vagin. Deux épreuves se profilent pour l'avènement de la féminité d'une fille, dont le garçon est, lui, exempté. Il conserve son même organe érogène et son objet d'amour premier. Alors, comment s'opère le transfert de la mère au père ? Comment disparaît le puissant attachement de la fille à la mère ? Comment la sexualité clitoridienne se transforme-t-elle en sexualité féminine vaginale ?

1. Sigmund Freud. « La féminité », *OCF. P.*, vol. XIX, p. 202.

Il n'y a pas seulement changement de zone érogène et changement d'objet ; il y a mutation dans l'affect. L'éloignement de la mère intervient pour la fille sous le signe de l'hostilité. L'amour devient haine ; cette transformation peut – écrit Freud – constituer l'essentiel de la personnalité féminine : « Une telle haine peut devenir très frappante et se maintenir toute la vie ; elle peut plus tard être soigneusement surcompensée ; en règle générale, une partie d'elle est surmontée, une autre partie subsiste[1]. » Selon le reproche le plus ancien et le plus virulent, la mère a donné trop peu de lait à l'enfant ; ce qui est équivalent à un manque d'amour ; le sevrage, ou la perte du sein maternel, est vécu comme un dommage irréparable.

À cet égard, Freud dialogue avec les anthropologues : « Chez les peuples primitifs, les enfants sont nourris au sein maternel jusqu'à deux ou trois ans [...]. Je ne serais absolument pas surpris que l'analyse d'un primitif, à qui il était encore loisible de téter le sein maternel alors qu'il savait déjà courir et parler, mit au jour le même reproche[2]. » Il conclut que le retrait du sein peut entraîner chez tous les humains toutes sortes d'angoisses, en particulier des angoisses d'empoisonnement. Une nouvelle métamorphose advient : le bon objet nourrissant se transforme en poison, en aliment maléfique[3].

Pour le garçon, la déception amoureuse liée à l'interdit de l'inceste ne remet cependant pas en question le lien à la mère. Il renonce à l'objet incestueux au profit de la conservation narcissique de son organe sexuel. La fille prend la mesure de la différence sexuelle anatomique et ne pardonne pas à la mère son désavantage ; elle la rend responsable de cette injustice. Cette réclamation portera dorénavant sur toutes les frustrations de l'existence. L'amour de la fille s'adressait donc à la mère phallique, toute-puissante, celle des premières satisfactions et des intenses excitations.

1. Sigmund Freud. « La féminité », *op. cit.*, p. 205.
2. *Ibid.*
3. *Ibid.* Cf. supra III, Virginité promise, 5, « Rives adolescents » ; *Problèmes de l'adolescence, op. cit.*, p. 110, Helene Deutsch interprète le retournement de la pulsion orale, en particulier chez les adolescentes, sur le chemin de la féminité et de la découverte de la sexualité génitale.

C'est à partir de la dévalorisation de l'objet maternel que la fille transfère sur le père sa demande érotique. Une nouvelle translation intervient : le désir de pénis se transforme en désir d'enfant. Freud en déduit que « le désir de pénis est le désir féminin par excellence ». Avec une grande clairvoyance, il ne se trompe pas sur la signification des jeux de poupées, apparemment prometteurs d'une vocation maternelle. Ils ne sont pas l'expression de motions pulsionnelles passives, féminines. Ils traduisent le renversement de la relation mère-enfant ; la fille substitue l'activité à la passivité subie par elle, bébé.

Entrant dans la phase œdipienne, la petite fille envisage désormais sa mère comme une rivale à éliminer, pour jouir du père. Le fil qui relie la fille à la mère préœdipienne est néanmoins indestructible[1]. Freud admet que l'intensité de cet attachement lui a, un temps, échappé : « Le complexe d'Œdipe de la fille a longtemps dissimulé à notre regard sa liaison pré-œdipienne à la mère, qui pourtant est si importante et laisse derrière elle des fixations si persistantes[2]. »

Le complexe d'Œdipe et le complexe de castration du garçon et de la fille ne concordent pas. Cela contribuerait-il à nourrir le verdict lacanien selon lequel « il n'y a pas de rapport sexuel » ? Le signifiant « homme » et le signifiant « femme » n'ont pas de séjour dans l'inconscient, et les complexes de castration et d'Œdipe, chez l'homme et la femme, ne se recouvrent pas. L'Œdipe du garçon, lui, vole en éclats et cède le pas au surmoi sévère qui devient son héritier ; à l'opposé du garçon, c'est le complexe de castration qui prépare, pour la fille « le complexe d'Œdipe au lieu de le détruire ; sous l'influence de l'envie de pénis, la fille est évincée de la liaison à la mère et elle entre dans la situation œdipienne comme dans un havre[3] ». La durée de ce séjour est indéterminée. Infinie ? En sort-elle jamais ?

1. Sigmund Freud, « De la sexualité féminine », *op. cit.*, p. 10.
2. *Ibid.*, p. 212.
3. *Ibid.*, p. 212-213.

Le choix d'objet érotique, l'alliance

Parfois, la femme choisit son partenaire amoureux selon l'idéal narcissique de l'homme qu'elle aurait voulu être – pour séduire sa mère ? Si elle est restée attachée à son père, elle optera pour un amant selon le modèle paternel. Freud affirme que « c'est la phase de tendre liaison préœdipienne qui est décisive pour l'avenir de la femme ; [...] En outre, c'est dans cette identification qu'elle acquiert pour l'homme l'attractivité qui embrase chez lui en état amoureux sa liaison œdipienne à la mère. Sauf qu'ensuite ce n'est très fréquemment que le fils qui obtient ce que le mari avait brigué pour lui-même[1] ».

Dans la translation de la mère vers le père, le vieux contentieux entre la fille et la mère persiste ; la charge hostile de la relation affective ambivalente est restée attachée à la mère ; le nouvel objet d'amour, « l'époux qui avait d'abord hérité du père, recueille aussi avec le temps l'héritage de la mère[2] ». Mais une autre translation survient. La fille devient mère et accède à une identification à la mère jusque-là repoussée ; toute sa libido est absorbée par ce nouvel état qui fait resurgir les vieux démons ; ceux-ci risquent d'attaquer la relation érotique avec le partenaire. La vision freudienne, certes, est noire, mais est-elle si éloignée de la vérité ?

Il arrive toutefois que l'horizon s'illumine : « Seul le rapport au fils apporte à la mère une satisfaction sans restriction ; c'est en fin de compte, de toutes les relations humaines, la plus parfaite, celle qui est le plus exempte d'ambivalence. Sur le fils, la mère peut transférer l'ambition qu'elle a dû réprimer chez elle, attendre de lui la satisfaction de tout ce qui lui est resté de son complexe de masculinité[3]. » La boucle est bouclée. L'alliance fait retour sur la filiation : « Le mariage lui-même n'est pas assuré tant que la femme n'a pas réussi à faire de son mari aussi son enfant et à agir à son égard le rôle de la mère[4]. »

1. Sigmund Freud, « De la sexualité féminine », *op. cit.*, p. 218.
2. *Ibid.*, p.216-217.
3. *Ibid.*, p. 217.
4. *Ibid.*

Il y a bien entremêlement entre les liens de filiation et ceux de l'alliance. Ce trait signe combien, malgré tout, malgré la prohibition de l'inceste – constitutive de la communauté humaine, selon Lévi-Strauss –, l'inconscient passe toujours par-dessus bord, par-dessus tous les bords, dans un jeu de substitutions, pour accéder à l'objet interdit. La libido s'épuise dans l'entreprise qui aboutit à une rencontre imparfaite : « On a l'impression que l'amour de l'homme et celui de la femme sont éloignés l'un de l'autre d'une différence de phase psychologique[1]. » Qu'est-ce qui, du réel sexuel, viendrait rendre certaine la rencontre ? Le mirage de la complétude s'évanouit.

Tout le drame tourne autour d'un personnage central, la mère, à partir duquel s'ordonnent les différentes translations. Le devenir d'une femme ressemblerait donc au parcours du combattant ; les multiples translations évoquées représentent des temps d'épreuve. Dans la perspective freudienne, le jeu est, d'une certaine façon, bloqué par la logique phallique, qui uniformise et s'oppose à la découverte heureuse de l'altérité.

Le partage du même, la castration maternelle

Que transmet la mère dans le rapport de son corps à celui de sa fille ? Une reconnaissance ou un refus, une négation de leur « mêmeté[2] » ? La mère est la première séductrice – dit Freud[3] –, par les soins corporels donnés à l'enfant, elle a le pouvoir de rendre érogène le corps de l'enfant, mâle ou femelle ; la fille en conservera un émoi et un dépit, inapai-

1. Sigmund Freud, « De la sexualité féminine », *op. cit.*, p. 218.
2. Chantal Maillet et Sylvie Sesé-Léger, « Jouissance et division », *op. cit.*, p. 129-141. Dans cet article, nous analysons les effets du stade du miroir chez la fille, du rôle joué par le regard maternel sur le corps de la fille, sur le regard de la fille prenant appui sur le regard maternel dans la rencontre de son image corporelle. Cf. Jacques Lacan, « Le stade du miroir », *Écrits*, Paris, Seuil, 1966 ; et Donald W. Winnicott, « Le rôle de miroir de la mère et de la famille dans le développement de l'enfant », *Jeu et Réalité, L'espace potentiel*, Paris, Gallimard, 1975, p. 153-162. Dans son livre *Entre mère et fille : un ravage*, Paris, Pauvert, 2000, Marie-Magdeleine Lessana interroge la relation d'une femme à sa mère qui « semble le terrain privilégié où le fait d'habiter un corps féminin mobilise toutes sortes de tourments entre elles », p. 7. S'appuyant sur l'article de Jacques Lacan, « L'Étourdit », *Scilicet*, n° 4, Paris, Seuil, 1973, elle se penche sur le destin du lien d'une fille à sa mère, en le situant du côté du ravissement ; au lieu du « continent noir » se profile le corps maternel érotique qui « ravit » la fille, qui l'emporte hors de sa propre féminité. Ce ravissement est tout autant rapt qu'enchantement.
3. Dans « Trois essais sur la théorie sexuelle », *OCF. P.*, vol. VI, p. 123.

sables. Les soins, le lait de la mère sont excitants, calmants, inoubliables, irremplaçables. Et, sous l'effet d'une faim insatiable qui excède le besoin, le lait devient poison.

Dès l'adolescence, la castration féminine se joue dans le refus ou l'acceptation du partage ; de quel partage ? Celui du pouvoir de séduction : la mère accepte ou refuse de partager la féminité avec sa fille, avec ses filles ; le partage est vertical mais aussi horizontal. Telle fille, telle sœur, cristallise, aux yeux de la mère ou du père, la séduction féminine aux dépens des autres filles, des autres sœurs[1]. Pour une mère, la castration signifie que sa fille peut être désirable, elle aussi, aux yeux du père, du frère, des hommes ; qu'un jour, elle aussi, pourra enfanter[2]. Une mère accepte-t-elle de partager son pouvoir, réel, sur le corps de son enfant, sur le corps de son partenaire ? Mais quel est donc ce pouvoir des femmes sur leur propre corps, sur celui de leurs enfants, sur celui de leurs hommes ?

La Shéhérazade des *Mille et Une Nuits* incarne cette question[3]. Narratrice habile, par ses histoires enchâssées dans le récit nocturne, elle captive Chahriar, le roi fou de rage et de douleur d'avoir été trompé par sa femme. Par vengeance, il veut exterminer le genre féminin[4]. Farouche, il décide d'épouser chaque nuit une vierge pour l'égorger au petit matin. Un jour, ne restent plus que les filles du vizir, Shéhérazade et sa sœur Douniazade ; leur père est menacé de mort lui aussi s'il ne peut procurer de nouvelles vierges au roi dément.

1. Ahmed Farid Merini, « Les secrets d'une stratégie » (à propos des *Mille et Une Nuits*), *Sigila*, n° 13, printemps-été 2003 ; « Le nom et le féminin », *La Clinique méditerranéenne*, n° 8, « D'une femme à l'autre », Érès, 2005 ; *Le féminin en miroir, entre Orient et Occident*, Paris, CampagnePremière /, 2005.

2. Cf. supra II, Héritière ou bâtarde ?, 2, « Sidonie et le défi du nom ». Tel est le drame de « la jeune homosexuelle » en butte à la rivalité de sa mère, qui s'emploie à accaparer la féminité et les mâles.

3. *Les Mille et Une Nuits*. Contes traduits par Jamel Eddine Bencheikh et André Miquel, Paris, Gallimard, coll. « Bibliothèque de la Pléiade », 3 volumes, 2005, première traduction complète en français, à partir de l'édition de Bulaq, du nom de la ville égyptienne où le texte a été imprimé pour la première fois, en 1835.

4. « La femme et le lien social : à propos des *Mille et Une Nuits* », *op. cit.*, p. 206, A. F. Merini analyse avec subtilité les circuits de jouissance créés par l'énigme du féminin. Le roi fou, délivré de sa vengeance meurtrière, est saisi du désir de savoir, et du féminin.

Shéhérazade sauve son père en s'offrant au roi qui lui ravit sa virginité. Par son geste et son choix, le massacre des femmes est ainsi arrêté. Le roi accepte la présence de sa jeune sœur, Douniazade, et, chaque nuit, Shéhérazade enjôle le roi par ses contes dont elle suspend le récit, par son esprit et son imagination vagabonde jusqu'à la nuit suivante. Les contrées fabuleuses, les princesses emprisonnées, la ruse, la trahison, le rachat, la survie, tout ce paysage légendaire a les couleurs du féminin immaîtrisable.

Dans le triangle formé par le roi, Shéhérazade et Douniazade, la sœur vierge, la jouissance se dit entre les mots. Du tissu textuel sourd l'inattendu plaisir de raconter et d'entendre. Le roi, tenu en haleine, voulait percer le secret de la jouissance féminine, mais les deux sœurs n'en ont pas le savoir ; ni l'une ni l'autre n'en est la dépositaire exclusive ; entre Shéhérazade et Douniazade est mise en scène le partage du féminin, de l'une à l'autre, sous le regard de l'homme roi. Durant les mille nuits, Shéhérazade mit au monde trois enfants, qu'elle cacha au roi, jugé inapte à la paternité. Énigme du féminin et de la paternité[1] ! Mais tout est bien qui finit bien : Chahriar renonça à son courroux ; il déclara sa flamme à Shéhérazade et reconnut pour siens les enfants engendrés par lui, à son insu, et enfantés par elle[2].

Margaret Mead : comment les sexes coexistent

Dans *L'un et l'autre sexe* (1948)[3], la vision qu'a Margaret Mead des relations entre les sexes est moins pessimiste que celle de Freud. Ce livre est revigorant[4] ; écrit après la Seconde Guerre mondiale, il souffle un vent propice à l'har-

1. Cf. supra I, Freud et le féminin, 2, « Angoisse du féminin ».
2. « La femme et le lien social », *op. cit.*, p. 214.
3. *Male and female*, traduction française, Paris, Denoël/Gonthier, 1966, coll. « Folio Essais », 1988.
4. Dans son article « Margaret Mead », in *Dictionnaire des sciences humaines*, Paris, PUF, 2006, coll. « Quadrige », p. 758-759, Anne Raulin considère qu'elle élabore « une anthropologie du corps remarquablement documentée », basée sur une « observation des comportements corporels et plus généralement du langage corporel dans ses différents contextes : relations entre les genres, les générations, les pairs, les membres de la fratrie, etc. ».

monie, au bonheur de chacun dans son sexe et dans la rencontre avec l'autre sexe. Les deux sexes, masculin et féminin, coexistent sur la planète Terre ; il leur arrive de se rencontrer. Margaret Mead dialogue implicitement avec les psychanalystes ; elle évoque « les spécialistes de l'enfance », « le clinicien », « le divan du psychanalyste, les névrosés ». « Tout comme le psychiatre ne doit avoir qu'un seul but : guérir, l'anthropologue doit se discipliner pour atteindre un seul objectif, observer et comprendre les individus en tant que révélateurs de leur culture[1]. » Néanmoins, sa réflexion semble nourrie par les travaux des psychanalystes qui étaient ses contemporains. Elle n'est pas vraiment en affinité avec la pensée freudienne et son monisme phallique. En revanche, elle est proche des positions théoriques de Melanie Klein, Ernest Jones, Karen Horney, Susan Isaacs[2], Joan Riviere[3], c'est-à-dire l'école anglaise de psychanalyse qui remet en question la thèse freudienne de l'envie de pénis, comme déterminant la sexualité féminine.

Karen Horney, qui prit ses distances à l'égard de la psychanalyse freudienne, rejoignit, lors de son exil aux États-Unis, le courant culturaliste – dit « Culture et Personnalité » –, dont Margaret Mead, Abram Kardiner, Ralph Linton, Ruth Benedict, furent les représentants les plus notables. En 1922, au congrès de Berlin, Karen Horney s'était opposée à la conception du complexe de castration élaborée par Karl Abraham, son premier analyste[4]. Elle tentera ensuite d'élabo-

1. *L'un et l'autre sexe..., op. cit.*, p. 52.
2. Disciple de Melanie Klein, et proche de Donald W. Winnicott, analysée par Otto Rank, puis par John Carl Flugel, et ensuite par Joan Riviere, elle créa le mot *phantasy* pour distinguer le « phantasme » du « fantasme », « Nature et fonction du phantasme » (1948), in Melanie Klein (éd.), *Développements de la psychanalyse* (Londres, 1952), Paris, PUF, 1966 ; Élisabeth Roudinesco et Michel Plon, *Dictionnaire de la psychanalyse*, Paris, Fayard, 1997, p. 524, article « Susan Isaacs ».
3. Analysée par Ernest Jones puis par Freud, elle participa au débat sur la sexualité féminine en écrivant « La féminité en tant que mascarade » (1929), in *Féminité mascarade, op. cit.*, p. 197-215 ; *Dictionnaire de la psychanalyse, op. cit.*, p. 908-909, article « Joan Riviere ».
4. Karl Abraham, « Manifestations du complexe de castration chez la femme » (1920), *Œuvres complètes II, Développement de la libido*, Paris, Payot, coll. « Petite Bibliothèque Payot », 1966, p. 101-126. Karen Horney, « On the genesis of the castration complex in women » (1922), in *Feminine Psychologie*, New York, Norton, 1967, p. 38. Janet Sayers, *Les Mères de la psychanalyse, Helene Deutsch, Karen Horney, Anna Freud, Melanie Klein*, Paris, PUF, 1995, coll. « Histoire de la psychanalyse ».

rer une nouvelle théorie de l'identité féminine ; contrairement à Freud, pour qui la féminité est acquise, Karen Horney soutient que l'identification d'une fille à sa mère est innée. Les échos de cette théorie sont tout à fait audibles dans *L'un et l'autre sexe*. En outre, elle met l'accent sur le désir masculin de maternité : « Quand on commence, comme je l'ai fait, à analyser les hommes après avoir passé beaucoup de temps à analyser des femmes, on est très surpris de l'intensité de cette envie de grossesse, d'enfantement et de maternage, ainsi que celle d'avoir des seins et de nourrir l'enfant[1]. » Ce souhait s'enracine dans la phase orale où le petit garçon aurait désiré avoir sa mère toute à lui. Dans une société dominée par les hommes, cette envie serait plus aisément sublimée que celle de pénis chez la femme.

Cette thématique est reprise, presque telle quelle, dans une perspective anthropologique, par Françoise Héritier. Selon elle, ce n'est pas la femme qui est envieuse de l'organe viril, c'est l'homme qui envie la maternité de la femme.

Helene Deutsch, qualifiée de freudienne orthodoxe, nuance ses positions lorsqu'elle quitte Freud pour le divan berlinois d'Abraham. Elle présente, au congrès de Salzbourg de 1924, son premier travail sur la psychologie féminine ; ce sont les prémisses de son livre majeur, *Psychologie des femmes*[2], qui fut une référence essentielle pour Simone de Beauvoir lorsqu'elle écrivit *Le Deuxième Sexe*, publié en 1949, un an après l'ouvrage de Margaret Mead.

Les débats autour de la sexualité féminine furent fort animés entre 1920 et 1930 ; les écoles viennoise et anglaise s'affrontèrent ! Melanie Klein fit, en 1927, lors du congrès d'Innsbruck, une communication retentissante sur « Les stades précoces du conflit œdipien », en désaccord avec Freud sur le complexe d'Œdipe et le développement psychosexuel du garçon et de la fille qui traversent, selon elle, une

1. Karen Horney, *La Psychologie de la femme, op. cit.*, citée par Janet Sayers, *Les Mères de la psychanalyse, op. cit.*, p. 109-110.
2. (New York, 1944), Paris, PUF, 1949. *Psychanalyse des fonctions sexuelles de la femme* (New York, 1991), Paris, PUF, 1994.

« phase commune de féminité » ; celle-ci est liée aux mouvements pulsionnels oraux et anaux, créés par une mère qui frustre l'enfant dans les épreuves de sevrage et d'apprentissage de la propreté[1]. Melanie Klein fut soutenue par Ernest Jones, lequel tenta d'allier les tenants du phallicisme et ceux du dualisme sexuel[2].

La lecture de *L'un et l'autre sexe* donne à penser que Margaret Mead était très au fait du dossier psychanalytique contemporain sur la question sexuelle. Concernant la procréation, sa vision est claire et précise : « Engendrer, concevoir, porter en son sein, enfanter et allaiter les enfants sont des fonctions différemment réparties [...][3] », « Les femmes font des enfants et les hommes montent à cheval [...][4] ». L'homme sait « qu'il ne pourra jamais procréer un enfant avec la certitude et l'évidence qui sont l'apanage de la femme [...][5] » !

Pater incertus, Mater certissima ! Les progrès de la génétique font certes pâlir l'adage ; néanmoins, Margaret Mead affirme avec une pertinence qui va bien au-delà du biologique que la paternité est une notion plus difficile à saisir que celle de la maternité : « Les organes de l'amour apparaissent clairement au tout petit garçon, mais qu'est-ce que la paternité ? C'est quelque chose qui se passe en dehors de son propre corps, dans le corps de quelqu'un d'autre[6]. » Comment mieux dire ce qu'est l'altérité ? Margaret Mead sait aussi nuancer : « La maternité est plus facilement comprise que la paternité, mais les avantages de la virilité sont plus nets que ceux de la féminité[7]. » En des termes clairs et simples, Margaret Mead rejoint Freud évoquant l'énigme du rôle du père dans la procréation[8].

---

1. Melanie Klein, *Essais de psychanalyse* (Londres, 1948), Paris, Payot, 1967 ; *Développements de la psychanalyse* (Londres, 1952), Paris, PUF, 1966.
2. Cf. Introduction, et Janine Chasseguet-Smirgel et al., *La Sexualité féminine. Recherches psychanalytiques nouvelles*, Paris, Payot ; et Michèle Montrelay, *L'Ombre et le nom*, *op. cit.*
3. *L'un et l'autre sexe*, *op. cit.*, p. 29.
4. *Ibid.*, p. 32.
5. *Ibid.*, p. 30.
6. *Ibid.*, p. 100.
7. *Ibid.*, p. 183.
8. Dans « Les théories sexuelles infantiles », *op. cit.*

Dans la phase orale, marquée par la passivité partagée par la fille et le garçon, Margaret Mead perçoit avec une grande acuité que, dans le lien à la mère, « le petit garçon qui fait la même expérience initiale peut tout au plus l'utiliser pour comprendre le rôle de la femme et se trouve désorienté s'il essaie de s'en servir pour le sien[1] ». Comme Ernest Jones le soutenait[2], elle affirme que, pour devenir un homme, le garçon doit abandonner cette passivité première. Elle se situe aux antipodes de Freud, pour qui le destin du garçon est dans la continuité pulsionnelle et objectale, tandis que celui de la fille est tout en frémissements.

Selon Margaret Mead, l'évolution de la fille ne connaît pas les soubresauts décrits par Freud : « La fille se voit proposer une tranquille acceptation d'elle-même[3] », « Les femmes apprennent simplement qu'elles sont et les garçons qu'ils doivent devenir ». Elle définit la relation d'une fille à sa mère comme « celle d'un contact intime avec sa propre nature. Sa mère et elle répondent au même type. La mère suppose tout naturellement que leur pouls bat au même rythme et le développement de l'enfant a lieu sans intermédiaire. La petite fille apprend à se dire "Je suis". Le petit garçon, en revanche, apprend qu'il doit commencer par se différencier de l'être qui est le plus proche, sous peine de n'exister jamais quand il doit découvrir qui il est[4] ». Margaret Mead est résolument du côté des psychanalystes de l'école anglaise, et présente des affinités avec la théorie de Karen Horney. Cependant, elle s'aligne sur la position freudienne quant à la relation d'une mère à son fils : « Il se peut que, pour la femme, l'allaitement d'un fils soit la forme de rapports avec l'autre sexe qui donne le plus de satisfaction, et ce sentiment peut se communiquer à l'enfant mâle. Le petit garçon apprendra en retour que ce sont là les relations que les femmes apprécient le plus et, devenu

1. Margaret Mead, *L'un et l'autre sexe*, *op. cit.*, p. 169.
2. Ernest Jones, *Théorie et pratique de la psychanalyse*, *op. cit.*
3. Margaret Mead, *L'un et l'autre sexe*, *op. cit.*, p. 185.
4. *Ibid.*, p. 169.

homme, il s'attendra à ce que sa femme préfère continuer à nourrir son fils plutôt que de partager sa couche[1]. »

À une époque plus récente de l'histoire de la psychanalyse, Robert Stoller, biologiste et psychanalyste, propose une théorie de la sexualité qui reprend la conception de la sexualité du garçon imprégnée de féminité maternelle. Ses élaborations, qui tentent de rendre compte de l'identité des transsexuels, ont paru révolutionnaires ; elles puisent en fait à la source de l'école anglaise de psychanalyse[2] et ne sont pas éloignées de la pensée de Margaret Mead. Les voies de transmission du savoir sont toujours inattendues, surtout quand interviennent des trajets, des circuits transférentiels.

Françoise Héritier ou l'enjeu de la procréation

Dans son œuvre d'anthropologue, Françoise Héritier opère également un renversement de la perspective freudienne. Quand elle publie ses trois grands livres – *Les Deux Sœurs et leur mère. Anthropologie de l'inceste*, *Masculin/Féminin. La pensée de la différence* et *Masculin/Féminin II. Dissoudre la hiérarchie*[3] –, la révolution féministe a fait son œuvre ; les femmes ont conquis, avec la contraception, la liberté de procréer. Les progrès de la science génétique ont modifié la problématique de la filiation.

Son approche de la sexualité humaine la situe dans une opposition au dogme freudien. Elle met en exergue « la valence différentielle », artefact et non fait de nature, qui exprime le rapport conceptuel hiérarchique entre le masculin et le féminin – qui est toujours perdant. La valence différentielle est le quatrième pilier, après la prohibition de l'inceste,

1. Margaret Mead, *L'un et l'autre sexe*, *op. cit.*, p. 177 ; cf. note 16, Sigmund Freud, « Sur la sexualité féminine », *op. cit.*, p. 179.
2. Robert Stoller, *Recherches sur l'identité sexuelle* (*Sex and gender*, 1968), Paris, Gallimard, 1978 ; *Masculin ou féminin ?* (*Presentations of gender*, New Haven and London, 1985), traduit de l'américain par Yvonne Noizet et Colette Chiland, Paris, PUF, 1989.
3. Paris, Odile Jacob, 1995, coll. « Opus », 1997, 1996, 2002. Également son introduction à un volume collectif, *Le Féminin en miroir entre Orient et Occident*, Paris, CampagnePremière /, 2005, p. 15-24. Le titre de son introduction exprime clairement son argumentation : « Un scénario possible des origines du rapport inégal des sexes et comment s'en sortir. »

la répartition des tâches sexuelles, l'institution de l'union entre l'homme et la femme.

Comme en écho à la pensée de Karen Horney, elle met l'accent sur le pouvoir dans la procréation, sur l'envie masculine à l'égard de l'enfantement féminin : « Pour se reproduire à l'identique, l'homme est obligé de passer par un corps de femme. C'est cette incapacité qui assoit le destin de l'humanité féminine. On notera au passage que ce n'est pas l'envie de pénis qui entérine l'humiliation féminine, mais ce scandale que les femmes font leurs filles alors que les hommes ne peuvent faire leurs fils. Cette injustice et ce mystère sont à l'origine de tout le reste, qui est advenu de façon semblable dans les groupes humains depuis l'origine de l'humanité et que nous appelons la domination masculine[1]. »

L'enjeu entre les sexes serait de domination et non de jouissance, comme l'envisageait Margaret Mead dans sa vision de l'humanité. Pour Françoise Héritier, ce n'est pas le sexe qui fait la différence réelle entre le masculin et le féminin, mais la fécondité ; la domination masculine reposerait donc sur l'appropriation de la fécondité féminine. Ne serait-ce pas mésestimer l'instrumentalisation des hommes par certaines femmes, lorsque, coûte que coûte, elles veulent un enfant en dépit du désir de leur partenaire ? Car, pour enfanter – songeons aux cas de stérilité féminine ou masculine, ou au désir d'enfant des couples homosexuels –, une femme doit, elle aussi, passer par l'autre – un géniteur, même s'il n'est qu'un partenaire-éclair, ou par un don de sperme. En effet, jusqu'à quels extrêmes une femme peut-elle aller pour assouvir un désir forcené d'enfant ? N'y a-t-il pas également oubli que l'expérience de l'altérité est aussi, pour une femme devenant mère, une des formes de la castration ? Que de bénéfices secondaires une mère ne retire-t-elle pas à être confinée dans un rôle maternel ! Ne sait-elle pas comment tirer son épingle du jeu ?

1. Françoise Héritier, *Masculin/féminin II, op. cit.*, p. 23.

Proche de la tendance actuelle en sciences humaines, Françoise Héritier met l'accent sur l'identité de genre[1] qui lui paraît plus fondamentale que celle qui naît des rapports biologiques ou sociaux de consanguinité. Selon l'Église catholique, l'union des époux mélange leurs substances pour n'en faire plus qu'une, une seule chair, *una caro*. Pour Françoise Héritier, l'*una caro* implique également l'identité de substance des consanguins de même sexe, le père et le fils, la mère et la fille, les deux sœurs, les deux frères. Les substances des époux demeurent distinctes, c'est pourquoi chacun des époux peut transporter les humeurs de l'autre dans le corps de tous les partenaires sexuels autre que le conjoint[2].

Dans cette perspective, le critère fondamental de l'inceste du deuxième type est la mise en contact d'humeurs identiques. Il réside dans la circulation de fluides d'un corps à l'autre ; ce n'est pas l'*odor di femina*, mais « l'odeur de parenté », le cumul de l'identique qui sont dangereux pour la cohésion sociale. La prohibition ne porte pas sur une relation sexuelle directe entre consanguins, mais sur une relation à travers un partenaire commun ; l'inceste homosexuel n'est pas agi sexuellement[3]. Il est un effet.

Sur la question du tiers, l'anthropologue opère un nouveau renversement par rapport à la psychanalyse. Pour la psychanalyse freudienne, la fonction du tiers est liée au complexe d'Œdipe : le père, en tant qu'homme de la mère, sépare celle-ci de l'enfant ; il est le tenant lieu de la loi symbolique qui transmet l'interdit de l'inceste et ouvre ainsi le champ du désir ; c'est bien le désir du père qui change la mère pré-œdipienne en mère œdipienne ; elle devient l'objet perdu de la toute-puissance infantile, à jamais inaccessible comme objet

1. Nous devons à Robert Stoller, qui a distingué le sexe anatomique, biologique, du sexe socio-affectif, l'ouverture de la question du genre en psychanalyse, en sociologie et en anthropologie. Elle prendra toute son amplitude avec les *Gay and lesbian studies*, et en particulier avec la réflexion de Judith Buthler, in *Trouble dans le genre, Pour un féminisme de la subversion*, Paris, La Découverte, 2005.

2. Maurice Godelier, *Métamorphoses de la parenté*, Paris, Fayard, 2004, p. 377-391, élabore une analyse critique de la théorie de l'inceste du second type, exposée par Françoise Héritier dans *Les Deux Sœurs et leur mère*.

3. *Les Deux Sœurs et leur mère, op. cit.*

du désir. Le corollaire est que la mère, en tant que partenaire sexuelle du père, sépare celui-ci de l'enfant. L'enfant ne comble pas, ne sature pas tout le désir de ses géniteurs[1].

Dans l'inceste du deuxième type, le tiers ne sépare pas ; au contraire, il réunit deux éléments identiques. Pour Françoise Héritier, « l'inceste fondamental, si fondamental qu'il ne peut être dit que de façon approchée dans les textes comme dans les comportements, est l'inceste *mère/fille*. Même substance, même forme, même sexe, même chair, même devenir, *issues* les *unes* des autres *ad infinitum*, mères et filles vivent cette relation dans la connivence ou le rejet, l'amour ou la haine, mais toujours dans le tremblement[2] ». L'écho des propos de Margaret Mead sur la nature féminine, partagée paisiblement par la mère et la fille, est perceptible. Cependant, la perspective de Françoise Héritier dramatise ce lien homo-érotique qui, selon elle, ne devrait pas être. Rappelons-nous ce que Freud écrivait à propos de ce lien : « [...] si blanchi par les ans, vague, à peine capable de revivre, comme soumis à un refoulement particulièrement inexorable[3]. » La théorie de l'inceste du deuxième type, selon Françoise Héritier, met en évidence les fantasmes de parthénogenèse à l'œuvre dans l'inconscient et les conduites d'évitement du contact qui se retrouvent dans la névrose phobique et la névrose obsessionnelle. Les deux mécanismes du processus primaire mis au jour dans le travail du rêve sont la condensation et le déplacement, ou, en termes linguistiques, la métaphore et la métonymie. L'inceste du deuxième type joue sur le déplacement, la métonymie (la fille est une partie de la mère, les deux sœurs sont des parties de la mère, etc.). L'inconscient passe, toujours et encore, par-dessus tous les bords, en créant des circuits d'évitement et de retrouvailles de l'objet interdit !

La pensée anthropologique de Françoise Héritier renouvelle la réflexion psychanalytique sur la symbolique du corps

1. Sigmund Freud, « La disparition du complexe d'Œdipe » (1923), in *OCP. P.*, vol. XVII ; Jacques Lacan, in *La Relation d'objet* (1956-1957), *Le Séminaire*, Livre IV, Paris, Seuil, 1994 ; Jacques Lacan plaçait alors le phallus en tiers entre la mère et l'enfant.
2. *Les Deux Sœurs et leur mère, op. cit.*, p. 353 dans l'édition de 1995.
3. « De la sexualité féminine », *op. cit.*, p. 10.

en mettant l'accent sur les représentations des humeurs corporelles. Ce thème est peu présent dans la théorie analytique ; celle-ci s'attache davantage aux objets pulsionnels : le sein, les fèces. Lacan ajoutait à la série de ces objets partiels, nommés par lui objets *a*, le regard, objet de la pulsion scopique, et la voix, objet de la pulsion invocante.

Françoise Héritier s'attache à comprendre la logique des fluides qui s'épanchent hors du corps humain : le sang, le sperme, le lait, la salive, la lymphe, les larmes, la sueur. La psychanalyse accorde une place importante au lait nourricier, lequel contribue à tisser le lien entre la mère et le bébé[1] ; au sperme dont la signification, dans la copulation, intrigue le petit enfant[2] ; au sang féminin qui s'écoule selon le rythme biologique, au sang féminin, sacralisé par le tabou de la virginité ; au sang masculin qui est la marque du guerrier[3].

Françoise Héritier, quant à elle, dans une perspective originale, met l'accent sur les fluides vaginaux, potentiellement porteurs d'inceste ; c'est à ce titre qu'ils sont sacralisés. La pensée psychanalytique s'en tenait au sang et au sperme. L'anthropologue opère ainsi un nouveau renversement : ce n'est pas l'organe viril et sa semence qui sont l'enjeu de la sexualité humaine, mais les échanges entre les corps et la pénétration du sexe féminin.

La psychanalyse et l'anthropologie conflueraient-elles vers une même question : comment l'homme et la femme peuvent-ils bien vivre ensemble ? Margaret Mead répond avec l'audace superbe qui caractérise sa pensée : « Chaque sexe peut être déformé par la présence de l'autre ou trouver en lui, au contraire, une plénitude plus grande. Les deux cas sont possibles, aucun n'est inévitable[4]. »

1. « Sur la sexualité féminine », in *La Vie sexuelle, op. cit.*. ; Melanie Klein, *Essais de psychanalyse, op. cit.*
2. Sigmund Freud, « Des théories sexuelles infantiles » (1907), *op. cit.*, p. 240.
3. Sigmund Freud, « Le tabou de la virginité » (1918), *OCP. P.*, vol. XV, p. 83 et suivantes.
4. *L'un et l'autre sexe, op. cit.*, p. 420.

2- La répudiation du sexe

Pendant une dizaine d'années, j'ai rencontré, dans le cadre d'une consultation hospitalière, des patients demandant une transformation corporelle dans le but d'obtenir une réassignation sexuelle et une nouvelle identité[1]. Depuis les années 1980, plusieurs services de médecine de l'Assistance publique-Hôpitaux de Paris (AP-HP) fonctionnent comme la Gender Identity Research Clinic, fondée à Los Angeles par Robert Stoller.

Dans le protocole de prise en charge d'une transformation hormono-chirurgicale, l'avis du psychiatre est décisif, car de lui dépend le certificat destiné à changer le destin du patient. À la demande du psychiatre, dont la consultation reçoit toute une population de sujets égarés dans leur identité sexuée et dans leur sexualité, les patients s'entretiennent avec un des psychanalystes attachés à la consultation. Certains entreprennent une psychothérapie dans le cadre hospitalier ; d'autres sont orientés à l'extérieur. Parmi ces sujets, un certain nombre évoluent vers une autre approche de leurs difficultés psychiques et renoncent à se tourner vers la chirurgie. Les patients convaincus d'appartenir au sexe opposé à celui de leur anatomie demandent qu'un geste chirurgical confirme leur conviction inébranlable. Leur certitude a, cependant, besoin d'un autre, d'un interlocuteur, pour être authentifiée.

1. Je suis reconnaissante au Pr Jacques Breton qui m'a accueillie à sa consultation ; en effet, une vaste approche clinique des problèmes d'identité sexuée est rarement possible dans le cadre psychanalytique classique. Tel est le paradoxe : la médecine permet au psychanalyste d'élargir et d'approfondir son expérience clinique, mais elle parasite aussi et, souvent, hypothèque le processus psychothérapique. Bien des patients acceptent d'entreprendre une psychothérapie en vue d'obtenir le certificat médical permettant la transformation corporelle.

J'étais attentive à la mémoire figée, à la mise en exergue des souvenirs allant dans le sens du projet de transformation corporelle. Ces patients ont l'illusion que ce qui peut apparaître comme la toute-puissance médicale peut guérir leur blessure existentielle. Or, les psychanalystes ne sont pas des magiciens ; la lenteur du processus analytique, la rigoureuse patience qu'exige le déploiement d'une logique inconsciente, fût-elle délirante, ne sont pas en harmonie avec la temporalité immédiate de l'acte médical. Il est exceptionnel que ces patients consultent d'abord un psychanalyste. Ils doivent, pour les raisons déjà évoquées, avoir recours à la psychiatrie. Ils n'exposent pas un malaise pour lequel le médecin prescrirait un remède. Ils ont élaboré un autodiagnostic, à l'aide de l'abondante littérature consacrée au transsexualisme. Ils se déclarent « transsexuels » et connaissent la solution à leur mal : le changement de sexe[1].

Les entretiens avec la famille permettent d'avoir une version plus authentique de la trajectoire de ces sujets souffrant dans leur identité sexuée. Parfois, c'est le conjoint, ou le partenaire, qui accompagne le patient à la consultation. Certaines mères se font insistantes, « désirant avant tout le bonheur de leur enfant », et poussent pour que la transformation du fils en fille ou de la fille en fils ait lieu. Le rêve va enfin pouvoir se réaliser ; « l'erreur de la nature sera corrigée » ; « l'âme piégée dans un faux corps peut être libérée[2] ».

Il suffit qu'un seul sujet ait pu se faire opérer afin de changer son apparence sexuelle pour que l'espoir insensé, selon lequel il serait possible aujourd'hui d'intervertir les sexes, suscite des demandes grandissantes. Les patients ne

1. Peut-on vraiment changer de sexe ? Dans son livre *Changer de sexe*, Paris, Odile Jacob, 1997, Colette Chiland s'appuie sur les travaux américains sur le transsexualisme et elle consacre un chapitre à l'évolution des sujets opérés ; elle prolonge sa réflexion dans *Le Transsexualisme*, Paris, PUF, coll « Que sais-je ? » 2003. Patricia Mercader confronte, dans *L'Illusion transsexuelle*, Paris, L'Harmattan, 1994, les points de vue des différents intervenants dans le champ du transsexualisme, ainsi que les questions éthiques qui sont soulevées.

2. Dans *Éros aux mille et un visages, op. cit.*, p. 65, Joyce McDougall évoque la parole d'une mère faisant miroiter à sa fille la transformation sexuelle : « J'ai entendu dire que l'on pratique des opérations. Pourquoi ne te renseignes-tu pas sur la "chose" qu'on peut te greffer ? »

reconnaissent pas, malgré l'indispensable présence du psychiatre, qu'ils souffrent de troubles psychiques. Ils admettent la réalité de leur anatomie, mais celle-ci est délestée de leur âme qui, selon eux, n'est pas malade. Ces sujets sont intolérants à la bisexualité psychique. Ne serait-ce pas le sens profond de leur discordance ? Ils savent ce qu'est un homme, ce qu'est une femme. La preuve est anatomique. Elle doit donc être faite ; le corps doit être mis en accord avec l'âme. L'image interne réclame son incarnation. L'étiquette « transsexualisme » recouvre une réalité clinique diverse[1]. L'offre vertigineuse de la médecine et de la chirurgie a créé la demande uniformisée de sujets qui disent appartenir à un sexe entre deux, neutre, qu'ils nomment « transsexuel ». Ni vraiment homme, ni vraiment femme, ils se classent dans la catégorie sexuée fondée par la médecine elle-même ; c'est la raison pour laquelle je souligne le caractère iatrogénique du « transsexualisme » qui, depuis près de cinquante ans, est devenu aussi un phénomène social et médiatique. Pour exister, le « transsexuel » doit convaincre les médecins, puis les magistrats, qui accepteront de lui accorder une nouvelle identité. C'est donc tout le corps social qui est sollicité dans le traitement du « transsexualisme ». Il ne paraît pas excessif de parler d'autoengendrement, avec l'aide de la médecine et du droit[2].

L'entité nosologique « transsexualisme » est une création américaine, inventée en 1953 par Harry Benjamin. En 1949, D.O. Cauldwell évoquait déjà la *psychopathia sexualis*. En 1953, George Jorgensen devient Christine Jorgensen[3]. Un endocrinologue danois, Christian Hamburger, un psychiatre,

1. Dans son ouvrage *Masculin ou féminin ?, op. cit.*, p. 274-275, Robert Stoller critique le terme de « syndrome de dysphorie de genre », introduit par Fisk en 1973 ; il constate que le diagnostic de transsexualisme n'en est pas un « [...] le désir de changer de sexe se rencontre dans de nombreux individus présentant un trouble de genre ».
2. Sylvie Sesé-Léger, *Encyclopaedia Universalis*, édition 2008, dans l'article « Transsexualisme », je mets l'accent sur cet aspect.
3. Christine Jorgensen, *A Personal Autobiography*, New York, Paul S. Eriksson, 1967, est le récit de sa métamorphose. Quelques années plus tard, Jan Morris publie *L'Énigme. D'un sexe à l'autre*, traduit de l'anglais par George Magnane, Paris, Gallimard, 1974. Les témoignages autobiographiques se multiplient. Dans cette même veine, Catherine Rihoit et Jeanne Nolais, *Histoire de Jeanne, transsexuelle*, Paris, coédition Mazarine-Opera Mundi, 1980.

Daniel Stürup, et un chirurgien, Erling Dahl-Iversen, seront les artisans de cette transformation. À partir de cette époque, aux États-Unis et, plus tard, en France, les équipes qui prennent en charge le traitement médico-chirurgical de réassignation sexuelle fonctionnent sur ce modèle pluridisciplinaire. La décision est prise après deux ans au moins d'observation des patients.

En France, la première intervention officielle eut lieu en 1979, dans un service de chirurgie réparatrice de l'AP-HP. Cette année-là, aux États-Unis, l'Université John Hopkins abandonne son programme de « changement de sexe », et d'autres *gender clinics* font de même[1]. La France, mais aussi la Grande-Bretagne, la Belgique et les Pays-Bas participent donc encore à l'enthousiasme suscité par un progrès scientifique qui fait reculer les limites du vivant. La différence des sexes ne serait donc plus irréductible. Le socle réel sur lequel repose la communauté humaine peut-il chavirer sous le poids de la revendication du droit à la liberté individuelle de pouvoir choisir son sexe ?

Peut-être, mais c'est au prix de la chair que cette liberté utopique s'arrache. Car, homme ou femme, selon la biologie, chacun doit renoncer à des morceaux de corps pour rejoindre le corps idéal où il veut loger.

En effet, le « traitement de réassignation sexuelle » est irréversible ; c'est un organisme sain, ne présentant pas d'anomalie génétique, anatomique ou physiologique qui est mutilé. Chez les sujets masculins, le chirurgien réalise l'ablation des testicules et du pénis en conservant la peau avec laquelle il construit un néo-vagin. Les femmes subissent une hystérectomie, une mammectomie et, dans certains cas, elles réclament une phalloplastie, qui leur octroye

1. Dans un souci d'honnêteté pragmatique, Robert Stoller s'interrogeait dans *Masculin ou féminin ?*, *op. cit.*, p. 287-288 : « Peut-être n'avons-nous été témoins de rien de plus que d'un phénomène insolite, un engouement extravagant qui est peut-être en train de s'éteindre », et il ajoute, p. 290, non sans un humour attristé dont témoigne son jeu de mots, difficilement traduisible en français : « Au bout de trente ans, l'argument du « changement de sexe » est encore à démontrer : les traitements et les patients (des deux sexes) ont été, tout au plus, des mademoiselles ou presque... manquées, des *near miss.* »

une verge non fonctionnelle. Les complications urinaires sont extrêmement fréquentes et nécessitent de nouvelles interventions.

De plus, le traitement hormonal est prescrit à vie. Stoller souligne que ce sont des hormones puissantes qui « modifient la forme du corps et détruisent la capacité de reproduction ; leur utilisation pendant une longue durée a des effets non connus pour chacun des sexes[1] ». La poitrine, qui apparaît avec la prise d'œstrogènes, change de façon irréversible la morphologie du corps masculin.

Comment ne pas évoquer une forme extrême de masochisme érogène où se confond le plaisir du traitement avec la douleur d'une maltraitance qu'un sujet requiert pour des motifs énigmatiques ? Il s'agit, en tout cas, de produire un corps au-delà du biologique, un corps idéal, intemporel[2].

Un genre intemporel

Durant les entretiens avec ces patients, les repères habituels sont brouillés ; si seulement nous pouvions imaginer entrer dans l'univers des théories sexuelles infantiles !

Que se passe-t-il donc dans l'interlocution ? Comment communiquer avec ces patients, puisqu'il faut bien choisir de s'adresser à eux selon un genre ou selon un autre ? Au féminin ou au masculin ? En français, le neutre ne peut se dire dans l'interlocution[3]. Les transsexuels ne sont pas loin de fabriquer,

1. Robert Stoller, *Masculin ou féminin ?*, *op. cit.*, p. 277.
2. Catherine Millot, *Horsexe, essai sur le transsexualisme*, Paris, Point-Hors-ligne, 1983, interprète, selon l'approche lacanienne, cette problématique comme une tentative de « pallier la carence du Nom-du-Père ». Geneviève Morel, dans *Ambiguïtés sexuelles*, Anthropos, 2000, propose, à partir de la clinique du transsexualisme et d'autres troubles de l'identité sexuelle, une réflexion sur les conséquences du rejet de la signification phallique, en particulier dans la psychose. Ces deux auteurs tentent de donner une réponse à l'énigme de ce corps « coupé » de sa conséquence sexuée.
3. Roland Barthes, affirmait lors de sa *Leçon inaugurale* prononcée, le vendredi 7 janvier 1977, au Collège de France : « Dans notre langue française, je suis astreint à me poser d'abord en sujet, avant d'énoncer l'action qui ne sera plus dès lors que mon attribut : ce que je fais n'est que la conséquence et la consécution de ce que je suis ; de la même manière, je suis obligé de toujours choisir entre le masculin et le féminin, le neutre ou le complexe me sont interdits ; de même encore, je suis obligé de marquer mon rapport à l'autre en recourant soit au tu, soit au vous : le suspens affectif ou social m'est refusé. Ainsi, par sa structure même, la langue implique une relation fatale d'aliénation. »

à leur seul usage, et dans tous les domaines, une législation, un code. Leur intégration à la société ne peut qu'en pâtir, car « parler, et à plus forte raison discourir, ce n'est pas communiquer, comme on le répète trop souvent, c'est assujettir : toute la langue est une rection généralisée[1] ». Certains sujets ont construit leur grammaire ; ils parlent selon le genre adopté et nous assistons parfois à un exercice de style, à l'instar des créations d'Isabelle Eberhardt qui, à vingt ans, optait pour le genre masculin[2]. Ils façonnent leur genre grammatical comme ils le font pour leur apparence, leur façon d'habiller leur corps, de le cacher, tout en l'exhibant. Corps fétichisé autant qu'abhorré. Mais quelle est donc la grammaire contre-transférentielle ? En s'adressant à l'autre, dans le sexe qu'il revendique, l'analyste risque d'entrer dans un délire centré sur le sexe. Il n'est pas non plus exclu qu'il devienne partenaire dans un scénario pervers[3]. Lorsqu'un lapsus fait irruption, quand l'attention se relâche, le sexe réel se manifeste dans le discours, dans la syntaxe qui s'anime et ouvre l'horizon du fantasme. J'étais alors soulagée, croyant que mon écoute, ma présence, avaient pu, l'espace d'un instant, faire arrêt à la pulsion de mort. J'étais profondément sollicitée dans mon identité sexuée, dans mes identifications. Comment entendre cet énoncé : « J'appartiens au sexe opposé » ? Quelle signification recélait donc cette affirmation ? À quelle figure d'Autre tout-puissant se soumettait, masochiquement, implacablement, le sujet qui soutenait une telle assertion ?

Une identité tente de se dire à travers une voix qui n'est pas rythmée par la pulsion. « Appartenir au sexe opposé » pourrait s'entendre comme la soumission totale, érotique, à l'autre, différent quant au sexe. Mais le corps de ces patients n'est pas animé par Éros. Leur identité fragile se soutient

1. Roland Barthes, *Leçon inaugurale*, p. 9.
2. CF. supra II, Héritière ou bâtarde ?, 3, « Isabelle du désert ».
3. Sylvie Sesé-Léger, « Le pervers, le père, le médecin et le psychanalyste », in *Sur l'identité sexuelle : à propos du transsexualisme*, sous la direction de Marcel Czermak et Henry Frignet, Paris, éditions de l'Association freudienne internationale, 1996. Dans ce texte, j'interroge « le pouvoir de la perversion », tel qu'il peut être repéré, chez certains patients, quand la médecine et le droit interviennent ensemble sur le corps social.

d'une frêle enveloppe au bord du narcissisme, non construit, ou bien construit sur une assignation délirante à l'autre sexe. Pour eux, il s'agit surtout de maintenir l'intégrité de l'enveloppe corporelle, en effaçant les excitations ; surface lisse, inerte, dévitalisée, leur corps est sans orifices, hors reproduction, hors castration. L'étoffe imaginaire n'a jamais enrobé ce corps linceul. C'est la raison pour laquelle ils réclament la suppression, l'extirpation des organes vivants qui troublent l'enveloppe intemporelle.

Chez certains patients hommes, la masturbation intensive tend à la destruction ou à la mutilation de l'organe ; leur pénis est enserré entre les jambes, enfermé, neutralisé. L'érection dérangerait l'apparence féminine, mais, principalement, la tension vitale viendrait contredire le corps impassible, figé dans l'immortalité.

Il n'est pas rare, dans cette entreprise mélancolique, qu'un sujet soit mort à son sexe, pour faire revivre un mort. Les parents du patient avaient perdu un enfant et son deuil était impossible. L'enfant survivant renoncera à son sexe pour consoler ses parents, en occupant la place, laissée vide, dans la fratrie, de l'enfant mort, mythifié. Ces deuils pathologiques touchent parfois la génération précédente. Il arrive que, sur trois générations meurtries, une même histoire tragique se répète ; les protagonistes n'ont pas pu se libérer de leur sentiment de culpabilité, réelle ou imaginaire.

C'est pourquoi j'emploie l'expression « répudiation du sexe » pour rendre compte de cette douloureuse thématique. Ces sujets repoussent la vitalité incarnée de leur sexe et y renoncent pour éviter le pire. Avec d'autres cliniciens, je partage le sentiment que ces sujets, lorsqu'ils ne sont pas franchement psychotiques, ont choisi la solution « transsexuelle » comme rempart contre la psychose[1]. Ces patients conservent l'espoir qu'un jour ils renaîtront sous la forme parfaite qui apaiserait enfin leur tourment.

1. Agnès Oppenheimer soutient dans « La voix du genre », *L'Esprit des voix*, Paris, La Pensée sauvage, 1990, p. 107-116, que les manifestations narcissiques exacerbées du sujet transsexuel sont un rempart contre la psychose.

« Elle est devenue l'homme et lui, la femme… »

Le psychiatre, que consultait Daniel pour ses problèmes liés à ses pratiques sexuelles, me demanda d'avoir un entretien avec ce patient. Celui-ci se trouvait dans une grande détresse. En instance de divorce, il ne supportait ni la séparation, ni l'éloignement de son fils. J'eus trois entretiens avec lui. Il s'agissait de l'orienter pour l'aider dans cette crise grave où il était prêt à « faire une bêtise », à accumuler les passages à l'acte.

Daniel n'est pas transsexuel. Marié et père d'un enfant, sa sexualité s'exprime sous la forme d'une perversion polymorphe et masochiste. Comme d'autres hommes hétérosexuels et travestistes, il s'est effondré au moment de la perte de l'autre, de sa partenaire. Il se présente maquillé, portant une fausse poitrine, ainsi que des anneaux aux oreilles. Son apparence discordante ne favorise pas sa vie au travail ; il « oublie » de retirer le vernis dont il a recouvert ses ongles pendant le week-end ; il veut « choquer ». Par ailleurs, syndicaliste véhément et ne supportant pas d'être commandé, il est « mal vu » par son patron. Dans son métier manuel comme dans ses pratiques sexuelles, il exprime son imagination créative.

La perte de sa femme redouble celle de sa mère. Celle-ci était décédée, quelques semaines plus tôt, d'un cancer du sein qui s'était généralisé. Abandonné par sa femme et par sa mère, Daniel est passé à l'acte sur lui-même ; « il s'est abîmé », dit-il, en perçant ses « tétons », pour faire passer les anneaux qu'il porte aux oreilles ; puis il a accroché des poids pour faire pendre ses seins. Voulait-il devenir sa mère abîmée, mutilée par la maladie ? Mais ne voulait-il pas également agir sur lui-même en s'infligeant des mauvais traitements, en écho à ceux qu'il subissait dans son enfance de la part de ses deux parents ? Ne voulait-il pas nier la séparation du corps maternel que la mort avait rendue irréparable ?

Il a une sœur de trois ans sa cadette et deux autres plus jeunes. Il dit qu'il ressemble à une fille et sa sœur à un garçon. Enfant, la rivalité avec ses sœurs était importante ; on le forçait à uriner comme une fille, assis sur un pot : « Il en mettait partout », se souvient-il.

Au cours du premier entretien, Daniel exprime et me fait ressentir sa souffrance d'enfant humilié et sa rage impuissante de petit garçon rabaissé dans sa masculinité, dans sa future virilité d'homme adulte. Les parents étaient sévères, violents ; les deux le frappaient. La mère, d'origine étrangère, avait été recueillie enfant par une famille qui l'avait maltraitée. Le père également était un enfant battu. Cette brutalité sur plusieurs générations n'est pas exceptionnelle dans la clinique des troubles de l'identité sexuée. Lorsque Daniel était puni par ses parents, il se punissait lui-même en s'enfonçant les épingles de sa mère dans les cuisses. Il arrivait que ses parents l'enferment dans la cave, où grouillaient araignées, rats et souris. Ses insomnies et ses cauchemars l'assailliront à nouveau au début de son mariage. Vers l'âge de dix ans, il avait peur du noir et rêvait de bêtes qui envahissaient sa chambre. À l'époque de sa puberté, il s'exhibait et faisait du « naturisme » dans les forêts et les champs ; il commença alors à se masturber intensivement ; il continua pendant son mariage.

La violence présente dans les relations physiques entre Daniel et ses parents l'a installé dans une incertitude sur ses limites corporelles, sur l'intensité du plaisir masturbatoire et de la douleur punitive. Son exhibitionnisme n'est-il pas le sursaut phallique du garçon qui tente de s'affirmer dans la nature, à défaut d'être considéré par un regard humain ? L'univers végétal est d'ailleurs au cœur de ses fantaisies sexuelles. Au début de son mariage, Daniel fait des rêves angoissants ; il est plongé dans le vide et hurle ; son rêve s'arrête lorsque sa femme le secoue. Il aurait voulu vivre un mariage heureux, mais sa femme s'est peu à peu éloignée. Elle est devenue l'homme et lui, la femme ; son travail l'absorbait beaucoup et elle sortait sans lui, rentrant au milieu de la nuit. Il assurait les tâches ménagères et s'occupait de leur fils. Ne se sentant pas à la hauteur, il refusait de fréquenter les relations professionnelles de sa femme. Très tôt, son mariage raviva ses angoisses infantiles.

Il a commencé à se travestir au moment de l'adolescence de son fils. N'était-ce pas la remémoration de son propre travestissement d'adolescent ? Daniel a décompensé au moment où son fils franchissait le cap vers une sexualité d'homme adulte. S'est-il agi pour lui de revivre l'affrontement impossible à un père brutal auquel il ne pouvait s'identifier ? La métamorphose du corps adolescent ne fait-elle pas surgir chez le père les images d'une virilité agressive, interdite ? L'érotisation de l'agressivité était masochiste. Il se dit bon mari, soumis à sa femme, et père soucieux d'une éducation sportive et artistique pour son fils.

Lors du second entretien, Daniel n'est pas maquillé ; il ne porte pas de bijoux et son chemisier est plutôt unisexe. Il s'est prostitué au bois de Boulogne, sans prendre de précautions, s'est fait des amis travestistes, mais n'a pas donné suite, ayant pris peur quand une bande de voyous s'est attaquée à eux. Grâce à son nouveau réseau amical, il s'est procuré le médicament qui s'oppose à l'action des hormones mâles et qui porte le nom significatif d'« androcur ». Il supporte de plus en plus mal le départ de sa femme ; ses différents passages à l'acte autodestructeurs manifestent le désir de vengeance qui l'anime depuis son enfance. Sa solitude le livre à ses pratiques perverses.

Durant leur vie commune, pendant un certain temps, sa femme a accepté ses « fantaisies sexuelles » ; elle était « dans la connivence ». Puis elle s'est lassée, et Daniel recommence pour se venger. Il ressent un sentiment de culpabilité à l'égard de ses relations conjugales et juge ses comportements anormaux. Ses pratiques sexuelles mettent en scène sa relation archaïque à un sein maternel ambivalent ; il porte un soutien-gorge bourré d'une sorte de bouillie tiède, douce sur sa peau ; il remplit également son slip d'une préparation qui se répand dans la voiture dans laquelle il s'exhibe en se masturbant. Il évoque sa colère et son dégoût d'enfant que l'on forçait à manger des bouillies et des pâtes qu'il détestait ; en outre, à l'aide de légumes de forme phallique, il « maintient son pénis en érection, enchâssé dans une aubergine vidée de sa chair, tout en le maltraitant. Il s'agit à nouveau de recréer une enveloppe et des limites organiques. En perdant sa femme, qui voulait divorcer, et sa mère, qui venait de disparaître, il retrouve les perturbations graves de sa petite enfance.

Comme chez d'autres sujets dont la problématique perverse est perceptible, l'échec partiel du processus de séparation-individuation se traduit chez Daniel à travers la demande d'intervention sur son sexe, pour calmer la douleur infligée par l'abandon de l'autre, mais aussi pour se venger[1]. Il ne s'agit pas d'identification à une femme, à la mère, distinguée du père dans une perception de la différence des sexes. Celle-ci demeure dans une confusion qui s'exprime dans le montage pervers lui-même. Au moment de la découverte des sensations de plaisir procuré par ses organes génitaux, l'enfant n'a pas rencontré la sécurité physique et affective nécessaire auprès de ses parents. Garçon dévalorisé dans sa génitalité, Daniel ne pourra distinguer de façon stable le féminin du masculin ; le plaisir et la douleur se sont substitués à la différence des sexes. Dans ses agissements masochistes, l'aiguille qui perce l'enveloppe, le sein, équivaut à un sexe agressif – celui du père ? –, qui pénètre et « abîme » ; le vide qui l'aspire dans ses cauchemars le plonge dans « l'abîme ». Il s'agit pour lui de détruire l'enveloppe corporelle et de la réparer par un soin qui, dans le fantasme, rappelle le nourrissage et le portage ; la peau est la surface sur laquelle Daniel projette son monde fantasmatique, indifférencié. Il est à la fois la bonne et la mauvaise mère qui le berce contre sa peau et le maltraitait. Le drame phallique, auquel Daniel me requiert d'assister par le récit des « soins » qu'il se prodigue, fait résonner à mon oreille des accents œdipiens ; cependant, comme dans toute configuration perverse, l'accent phallique recouvre surtout la déchirure narcissique précoce.

1. Dans *La Naissance de l'identité sexuelle*, Paris, PUF, 1987, H. Roiphe et E. Galenson situe « la phase génitale précoce » dans la deuxième moitié de la deuxième année. Daniel était probablement entré, à ce moment-là, dans une souffrance relationnelle extrême dont l'issue avait été une érotisation masochiste.

Un corps momifié

Les femmes qui réclament une réassignation de leur sexe s'enveloppent dans des vêtements sans formes, unisexes. Elles tentent surtout de soustraire aux regards la présence de leur poitrine occultée par l'ampleur de leur blouson. De plus, elles bandent leurs seins ; elles s'interdisent les plaisirs de la natation. Tout ce qui « pulse » doit être effacé. Leur corps est intouchable, intouché ; il n'entre pas dans le lien érotique avec leur partenaire ; la nudité est interdite de séjour, car la vérité sexuée risquerait d'apparaître. Lorsque l'échange charnel homosexuel leur est possible, l'effondrement survient le jour où leur partenaire les quitte pour un homme, selon l'anatomie. Femmes momifiées, monolithiques, impénétrables, elles tentent souvent, auprès du corps de leur amie, de guérir une dépression maternelle.

Double Amazone...

Nathalie est jolie, son allure un peu masculine. Lorsque je la rencontre la première fois, elle me parle de son père alcoolique, des coups subis par la mère, de son frère plus jeune, et de la jalousie du père à l'égard de ses enfants, lesquels le gênent pour approcher sa femme. Lorsque Nathalie eut quinze ans, elle fit partir sa mère pour la protéger ; elle demeura avec le père et subit, à la place de sa mère, la violence paternelle. Puis elle partit, sur la route de l'errance et des conduites à risques : drogue, vols, etc., qui l'ont conduite en maison de redressement, avant de revenir vers sa mère. Au moment de sa puberté, elle fut suivie par un psychothérapeute : « J'ai arrêté parce que ça ne changeait rien à mes problèmes d'identité », déclare-t-elle. Le refus de sa féminité est apparu vers l'âge de dix ans. Il avait alors inquiété ses parents. De son côté, Nathalie était angoissée à cause de la mésentente et de la séparation de ces derniers.

À l'époque où je la reçois en face-à-face, Nathalie a vingt-deux ans. Elle est intelligente et attachante. En évoquant sa trajectoire, je me rends compte, bien des années plus tard, combien elle m'a émue. J'étais sensible à la pertinence de ses questions. Elle s'interrogeait sur son désir de changement de sexe et formait l'hypothèse qu'elle avait voulu remplacer son père auprès de sa mère. Elle ne pouvait pas envisager, ce qui fut la réalité, qu'elle avait pris la place de la mère dans la violence érotisée, infligée au corps maternel (féminin ?) par le père. Elle voulait sauvegarder sa mère, remplacer un père défaillant, Nathalie ayant toujours pris en charge les chagrins de sa mère. Elle évoquait la scène où elle s'était interposée entre le père, armé d'une carabine, et la mère qui était la cible. Nathalie se faisait, elle, bouclier du corps de sa mère.

Bien avant nos premiers entretiens, elle est allée à l'hôpital accompagnée de sa mère, laquelle soutenait sans nuances la demande, ou plutôt la revendication, de transformation de sa fille. Pendant les quelques mois durant lesquels j'ai suivi Nathalie, sa mère était à l'étranger, auprès d'un homme beaucoup plus jeune qu'elle.

Au retour des vacances d'été, elle me raconte qu'elle est allée à Casablanca voir le chirurgien réputé dans la réparation des sexes. Elle venait d'avoir une consultation avec le chirurgien parisien auprès de qui elle faisait un chantage au suicide : « S'il n'intervenait pas – quelle intervention ? –, elle se suiciderait. » Nathalie me dit, quelques semaines plus tard, qu'à Casablanca elle s'est fait pratiquer une mammectomie. L'intervention qu'elle réclamait était donc la « double Amazone[1] ». En coupant ses seins, abandonnée sur les rives marocaines, Nathalie signifie son lien de dépendance maternelle. Elle est abandonnée par sa mère qui peut vivre sans elle. Choquée par le passage à l'acte de sa fille, la mère revient en France et commence à réaliser ce qu'est ce projet de transformation qu'elle a encouragé.

Je suis frappée de plein fouet par les propos de Nathalie, comme s'il s'agit d'une des scènes violentes où la mère reçoit du père un coup dans la poitrine. Comme tous les patients qui

1. Cf. supra III, Virginité promise, 5, « Rives adolescentes » et infra IV, 4, « Dans la peau d'un homme ». Les femmes qui réclament une réassignation sexuelle revendiquent d'abord l'ablation de leurs seins. Elles veulent supprimer ces caractères sexuels secondaires qui rappellent le premier lien de vie avec le corps maternel.

passent à l'acte automutilant en se faisant opérer, ou en prenant des hormones, Nathalie ne pense plus qu'à faire pression sur le corps médical. La psychothérapie n'a pas de sens pour elle. La mutilation fait obstacle au travail psychique. Elle saborde la mémoire et neutralise les souvenirs.

Cette jeune femme me fit éprouver un douloureux sentiment d'échec ; mais elle me permit aussi de saisir la nature de la violence qui conduit à la répudiation du sexe.

Pour Nathalie, comme pour les autres patients insurgés contre leur identité sexuée, il s'agit, surtout, de survivre, de sauver leur peau, leur enveloppe intemporelle ; selon eux, on transforme un homme en femme, et réciproquement, comme un gant que l'on retourne. Dans ce renoncement à leur sexe, ces patients se soumettent à une assignation délirante qui rend impossible une incarnation sexuée. Ils réclament d'« être dit homme, être dit femme » dans le regard et la parole de l'autre. Mais c'est un énoncé qui annule leur entrée dans la vie, leur naissance d'être humain sexué.

3- K. s'est affranchi

K. s'est présenté à la consultation hospitalière qui reçoit des patients en difficulté avec leur identité sexuée, des sujets en guerre avec leur anatomie. J'ai donc suivi en psychothérapie ce jeune patient pendant quatre ans, à raison d'une séance par semaine, puis, la deuxième année, une séance toutes les deux semaines ; enfin, à un rythme irrégulier. Parallèlement, il pousuivait des consultations régulières avec le psychiatre qui me l'avait adressé. Bien qu'il en eût exprimé le désir, K. n'a pas reçu, du moins à cette époque, de traitement hormonal. La psychothérapie a sans aucun doute modifié sa position subjective et son rêve de transformation corporelle qu'il entrevoyait dans un avenir éloigné.

K. était un jeune homme de vingt-cinq ans, chinois, né au Cambodge. Il était réfugié en France avec une partie de sa famille depuis une dizaine d'années : son père, trois sœurs et un fils trisomique de cinq ans son cadet. Sa mère avait été massacrée pendant la guerre.

K. était homosexuel et, parfois, l'idée d'être une fille l'obsèdait. Il consulta, pendant au moins deux ans, un psychiatre qui recevait des patients transsexuels, également suivis par un endocrinologue et un chirurgien, avant qu'une décision collégiale ne soit prise pour une éventuelle réassignation sexuelle. K. était timide et avait beaucoup de peine à avouer son homosexualité. Il vivait avec un homme beaucoup plus âgé que lui, divorcé et père de famille nombreuse. Il était parvenu à reprendre une scolarité en France, tout en travaillant pour gagner sa vie ; il souhaitait passer le bac et entreprendre des études de lettres. K. était le seul garçon porteur des espoirs du père, puisque le dernier enfant était handicapé. Mais, pour K., transmettre le nom n'avait aucun sens ; cela provoquait de la révolte en lui.

Après quelques entretiens durant lesquels il put évoquer son problème, je lui proposai d'entreprendre une psychothérapie dans le cadre de la consultation hospitalière. Je mesurai d'emblée les obstacles liés à sa culture chinoise, qui m'était étrangère et dont je ne parlais pas la langue, mais K. parlait parfaitement le français. Il mettait un grand espoir dans la psychothérapie, car il craignait que « l'idée ne revienne ». L'homosexualité étant taboue dans sa famille et dans la culture chinoise, sa liaison était maintenue secrète. Il se considérait comme exclu, au ban de la société ; il ne serait jamais normal, il ne pourrait pas se marier ni avoir des enfants. Son père n'était pas au courant de sa situation ; ses sœurs s'en doutaient, mais ne savaient pas précisément ce qu'il en était.

Dans son enfance, K. entendait souvent ses parents commerçants se disputer pour des motifs de négoce. L'enfant trisomique, son petit frère, était, selon une superstition ancestrale, une bénédiction pour la bonne marche des affaires. Au moment de sa puberté, vers douze-treize ans, une de ses sœurs se maria ; il tomba amoureux de son beau-frère ; à la naissance de sa nièce, K. se mit à grossir, à devenir très efféminé, à imiter ses sœurs dans leur démarche, dans leur façon de parler. Sa mère l'injuriait alors ; les querelles entre les parents étaient de plus en plus fréquentes. K. ne supportait pas d'entendre leurs voix ; il mangeait tout le temps sans faim et restait enfermé chez lui à lire des contes chinois. La mère était très « puissante » au sein de la famille. Adulte, K. se travestissait chez lui ; il n'aimait pas l'image que la glace lui renvoyait et détestait les garçons efféminés. Il se plaignait aussi de son manque de concentration dans ses études.

Trois femmes de sa famille avaient péri dans les circonstances tragiques de la guerre du Cambodge : sa mère, sa grand-mère et une sœur, malade mentale, probablement schizophrène. « Je n'ai pas eu l'impression de perdre quelque chose ; j'ai eu juste un peu de souffrance ; c'était une délivrance ; si je meurs, il ne faut pas pleurer ; plutôt faire une fête », remarqua-t-il à propos de ces morts tragiques. La famille de sa mère, traditionaliste, exerçait des discriminations entre les garçons et les filles ; la mère de K., analphabète, s'était employée à faire étudier tous ses enfants. Elle habillait les filles et les garçons du même habit cambodgien : une sorte de robe cylindrique nouée au cou ; K. ajoutait un élastique à la taille pour se confectionner une jupe, ce qui faisait de lui la risée des petits voisins qui le traitaient de fille.

Très vite, dès les premières séances, la figure maternelle apparut comme prépondérante dans la dynamique familiale, d'autant plus que le père, suite à un grave accident de voiture alors que K. avait six ou sept ans, reçut une grave blessure à la jambe ; il avait même été question d'une amputation. Il partit alors en Chine, où il fut hospitalisé pendant six mois. La mère fit de même, accompagnée de son fils K. qui ne la quittait pas, « comme un chien suit les vieilles dames à Paris », car la mère avait remplacé le père dans toutes les activités de commerce. K. était très excité lorsqu'il me racontait cet épisode. Grâce à sa présence auprès d'elle, elle était respectée. Il n'eut pas été convenable pour elle de s'aventurer seule dans les campagnes. K., enfant inquiet pour sa mère, avait joué le rôle de remplaçant, de protecteur, quand le père fut défaillant. Lorsque celui-ci rentra, il était handicapé et avait gardé des séquelles de son accident. Il était devenu violent et son autorité était amoindrie. Sa femme voulait quitter le domicile conjugal, K. suivait sa mère, qui se réfugiait chez des amis ; il était toujours prêt à partir.

K. prétendait qu'il était le préféré de ses parents, mais, à son retour de Chine, le père le battait, ainsi que son petit frère trisomique. K. eut du mal à aborder sa jalousie à l'égard de son frère, objet des soins grands-maternels. Il s'estimait être le « seul garçon », puisque le frère ne comptait pas vraiment. Il affirmait ressembler beaucoup à son père ; il avait été écrasé sous le poids de sa mission auprès de sa mère. Ce rôle d'appendice de la mère, de prolongement maternel, de chaperon – une fille aurait été en danger comme la mère sur les routes de campagne – avait mis K. en position de phallus de la mère, car il avait dû occuper la place laissée vacante par le père malade.

Toutes les identifications de K. s'étaient probablement figées à ce moment-là ; la proximité constante du corps maternel avait engagé K. dans un Œdipe inversé ; le père blessé n'était plus à même de séparer l'enfant de sa mère, de tenir sa place d'homme auprès de sa femme ; K., de sa place de garçon où il était requis d'assumer un rôle viril, inadéquat avec sa situation d'enfant immature, s'était déporté du côté des filles-sœurs dans une intense angoisse vitale ; cette angoisse ne doit jamais être sous-estimée chez les patients transsexuels. La très intense culpabilité œdipienne à l'égard du père s'était manifestée sous la forme de la honte de l'homosexualité. Il était la honte de sa famille, alors qu'il devait transmettre le nom et assurer la descendance. Cette culpabilité œdipienne était liée à la phase de latence dans laquelle K. avait dû remplacer son père ; elle s'était réactivée par la violence du père lorsqu'il reprit sa place au foyer. La naissance du deuxième garçon et la jalousie qu'elle provoqua chez K. doivent également être prises en considération.

Dans la clinique du transsexualisme, les pulsions agressives liées à la possession d'organes génitaux masculins, organes qui troublent une identification féminine passive sont rarement évoquées : la castration décidée se manifeste alors dans un désir d'expiation de la culpabilité inconsciente œdipienne[1]. Dans le cas de K., la mère n'était pas complaisante à l'égard des tendances efféminées de son fils ; lorsqu'elle le forçait à sortir de la maison où il restait confiné, il se comportait, en réaction, de façon encore plus efféminée. K. découvrira qu'il s'était vécu comme un objet pour son père, lequel avait reporté tous ses espoirs sur lui.

1. Agnès Oppenheimer, « La psychanalyse à l'épreuve du transsexualisme », *Perspectives Psy*, volume 36, numéro 4, août 1997, p. 282, insiste sur le déni de masculinité qui peut provenir d'une carence, ou d'une défense narcissique. « L'angoisse de castration n'est pas symbolisable et conduit au retrait de l'investissement des organes génitaux qui représentent une menace de violence pulsionnelle. » Jean Delay, Pierre Deniker, R. Volmar, Jean-Marc Alby, « Une demande de changement de sexe : le transsexualisme », *L'Encéphale*, 1956, 45, p. 41-80, relevait ce même aspect dans la clinique du transsexualisme.

Vers l'affranchissement

C'est en regardant, dans son enfance, un documentaire sur le transsexualisme, « Shocking Asia », que K. commença à avoir les idées de transformation corporelle ; il ne croyait pas que ce fût possible.

Sa sexualité était frappée d'interdit. Enfant, il eut son premier orgasme alors qu'il dormait avec un traversin entre les jambes ; au réveil, il était mouillé et il crut que c'était l'arrivée de ses règles, comme ses sœurs. Comme souvent chez ces sujets, K. déniait ses érections et toute activité sexuelle masculine : la masturbation était condamnée par la mère et par les sœurs. À propos de la naissance – sans doute celle du frère –, sa mère lui avait raconté que l'enfant sortait par le nombril ou bien en allant aux toilettes, en déféquant ; à son air, il avait compris que la mère ne parlait pas sérieusement. À l'âge d'avoir des relations sexuelles, il avait essayé d'aimer une fille, mais cela n'avait pas marché. Dans ses envies sexuelles, il s'était toujours senti fille ; il n'avait jamais eu des idées de pénétration comme les garçons. Dans sa vie sexuelle d'alors, il avait beaucoup d'inhibitions, il dut ressentir du plaisir corporel mais non psychique. Cette affirmation indiquait bien la nature conflictuelle de son orientation sexuelle.

La première période de la cure fut centrée sur la honte de l'homosexualité, le sentiment de culpabilité à l'égard de sa famille. Ces sentiments se traduisaient par un échec scolaire, des difficultés de concentration, une grande timidité et un isolement. Une demande de naturalisation n'avait pas été acceptée et avait redoublé l'étrangeté de son existence. Pendant plusieurs mois, il se sentit déprimé et eut des idées de mort, des projets de suicide ; il absorbait des médicaments pour dormir longtemps. Il revit son isolement d'enfant et de jeune pubère quand il comprit qu'il était homosexuel. Un an plus tard, il prit de l'assurance et avouait à un ami la vérité sur son mode de vie. En même temps, la revendication de transformation corporelle s'accentuait sous forme de chantage : « Être femme ou rien du tout. » Il put évoquer ses « crises » avec son compagnon, qu'il rendait responsable de son état ; il se plaignait que je ne fasse rien pour l'aider. Le thème de la jalousie se précisait au fil des mois.

K. se sentait coupable d'avoir séparé son ami de sa famille. Cet homme était humilié, car sa femme l'avait quitté pour partir avec son meilleur ami. K. se retrouvait avec son ami dans sa situation infantile entre son père et sa mère où il était devenu protagoniste dans le drame familial. Les scènes de ménage avec son compagnon reproduisaient les scènes de son enfance où le père et la mère se disputaient violemment en présence des enfants. La mère était toujours sur le point de quitter le domicile conjugal et K. suivait sa mère. Puis il changa de cap, renonça à passer le bac et entreprit des études de stylisme, où il prit plaisir à confectionner des vêtements féminins, qu'il portait chez lui. « De quoi aurais-je l'air si je sortais habillé en femme ? » Plusieurs patients ont trouvé une issue à leur malaise dans la confection de vêtements féminins, dans le stylisme créateur : « Habiller le corps des femmes. » Fabriquer une enveloppe. Cette évolution fut importante pour K., qui arborait des tenues élégantes et masculines, une coupe de cheveux courte et allurée. Parallèlement à cette nouvelle voie, K. s'intéressa à son arbre généalogique et exprima sa crainte à l'égard de son père. Il se sentit moins déprimé, rêva beaucoup et exprima sa rivalité avec son petit frère. Il souhaitait toujours préserver son père, mais ne craignait plus qu'on sache qu'il vivait avec un homme. Son mieux-être était aussi net que sa parole est déliée. Il avait voulu mourir, il voulait vivre maintenant. Il exprimait son identification à moi en devenant le thérapeute de ses proches. Il était à l'écoute des autres et voulait les soigner, notamment son ami qui était devenu jaloux, car K. devenait de plus en plus autonome.

Durant la dernière année de la cure, le courant hétérosexuel prit de l'ampleur. K. eut des camarades féminines avec lesquelles il préparait ses examens ; son compagnon appréciait peu cette intrusion féminine ; ce qui ne déplaisait pas à K. Il exprimait alors sa fascination pour la beauté féminine de ces jeunes filles, pour leur chevelure somptueuse, mais il marquait en même temps qu'elles lui étaient inaccessibles comme partenaires sexuelles. Il était en effet peu probable que ce jeune homme devienne hétérosexuel. Au cours des dernières séances, il envisageait de prendre un logement seul et désirait effectuer un stage en province. Maintenant K. regardait droit dans les yeux et bombait le torse ; le jeune homme craintif était méconnaissable. La naturalisation, qu'il avait finalement obtenue, signait sa métamorphose. « Vous n'êtes pas vexée si vous n'êtes plus indispensable ? », m'a-t-il lancé à la fin de sa psychothérapie. K. s'était affranchi.

4- Dans la peau d'un homme

Lorsque je la rencontre pour la première fois, Dominique vit « en homme » depuis une vingtaine d'années. Aujourd'hui, transformée par un traitement médico-chirurgical, elle a obtenu la modification de son état-civil. Pour la société, elle est devenue un « monsieur ». Mais, pour elle, il s'agit d'une tout autre histoire.

Dominique désirait « ne pas mourir dans la peau d'une femme », cela étant à entendre dans son équivocité : la peau comme surface d'un contenant mortifère. Anticipant sur son épitaphe à venir, elle signifiait en fait l'identification à son père mort prématurément. Mais est-elle devenue pour autant un homme ?

Son changement corporel est intervenu par étapes. Vers l'âge de vingt ans, elle subit une mastectomie : une « double amazone » en termes chirurgicaux, mots qu'elle se plaît à prononcer. Depuis cette opération, elle « se sent un garçon ». C'est en regardant une émission à la télévision qu'elle prend connaissance des techniques de transformation sexuelle. Elle a ensuite subi une hystérectomie, mais a refusé la phalloplastie car, dans sa logique, « avoir un muscle en plus, ce n'est pas ce qui fait masculin, ce n'est pas ce qui fait l'homme ». Son apparence masculine est en effet si convaincante qu'on ne peut pas imaginer, dans la vie quotidienne, de s'adresser à elle au féminin. Son travestissement est crédible. Avant sa transformation, elle craignait d'être arrêtée par la police et déclarée en infraction pour travestissement, au cas où la police veuille vérifier de visu l'authenticité de son identité. Cette peur éprouvée en présence d'un homme en uniforme est certainement due au fait qu'elle voit en lui un violeur potentiel. Dominique établit en effet facilement le contact.

Hystérique ?

Nos entretiens se sont déroulés pendant cinq ans, selon un rythme irrégulier. Le premier entretien fut sollicité par son psychiatre dans le contexte de sa requête de changement de sexe ; les entretiens ont lieu à sa demande, dans le cadre de la consultation psychiatrique.

Lorsqu'elle me rencontre, elle manifeste sa « galanterie » en me laissant passer devant elle, et elle me salue en me broyant littéralement la main, attestant par là sa virile masculinité. Elle exprime le plus souvent le sentiment d'être dépréciée par sa famille, ainsi que la violence et l'agressivité qu'elle ressent sourdre en elle, ayant conscience de faire partie des opprimés, des exclus, des victimes du racisme. Les transsexuels imaginent en effet appartenir à une population particulière, peut-être fantasment-ils un troisième sexe. On songe à la théorie adlérienne du complexe d'infériorité, que Freud critique dans « Quelques conséquences psychiques de la différence anatomique entre sexes[1] » (1925).

Nos entretiens l'ont conduite – admet-elle – « à se respecter », à sortir du statut d'indignité. Elle aurait pu entreprendre un travail analytique si sa demande avait été entendue avant son premier passage à l'acte, avant la suppression des seins effectuée par un chirurgien qui n'a envisagé à aucun moment que cette mastectomie était une fausse solution à un conflit intrapsychique. Dominique insiste d'ailleurs sur le caractère clandestin (toujours en écho à un autre acte délictueux) de cette intervention, qui aurait pu, selon elle, être une source d'ennuis pour le chirurgien. Sans doute qu'inconsciemment elle en avait le désir. À partir du moment où un patient reçoit, sur prescription médicale, des hormones mâles avant l'hystérectomie, la possibilité d'un retour en arrière avec élucidation de sa question est exclue.

1. Sigmund Freud, *OCF. P.*, vol. XVII, p. 189-202.

L'engrenage hormonal est, pour les deux sexes, irréversible. Nous soulignons ce point. La prise d'hormones transforme la corporéité et le psychisme, alors même qu'un diagnostic psychopathologique n'a pas été établi avec rigueur. On retrouve un comportement analogue à celui du toxicomane à l'égard de la drogue. Dans le cas de Dominique, la tonalité de son affectivité, son intérêt pour la sexualité, sa mobilisation dans le transfert, son aptitude à s'interroger sur ses choix et sur ses actes nous questionnent sur sa structure. À aucun moment de ces entretiens – je l'ai vu évoluer pendant plusieurs années –, je n'ai entendu un délire pouvant laisser penser qu'il s'agissait d'une psychose.

Alors, Dominique est-elle hystérique ou perverse ? Cette question se pose chaque fois que nous écoutons une femme réclamant une transformation de son identité, par refus viscéral de son être-femme. Comme toutes les femmes transsexuelles, Dominique a exigé la mutilation de ses seins ; la plupart d'entre elles se les bandent jusqu'à ne plus pouvoir respirer et elles n'apparaissent jamais nues au regard de leur partenaire. Elle a donc revendiqué l'abolition des caractères sexuels secondaires féminins, la poitrine, la partie proéminente du corps qui est la caractéristique du féminin maternel ; elle indique par là combien le lien archaïque, prégénital à la mère, était conflictuel ; elle refuse d'être comme sa mère. Cependant, malgré l'habileté du chirurgien, cette mutilation a laissé des cicatrices importantes, qui ne sont pas seulement corporelles. Il s'agit d'une trace indélébile. De plus, son embonpoint a annulé le geste chirurgical, les kilos repris ayant fait gonfler la poitrine ; elle désigne clairement son identification à son frère opéré à double reprise d'une gynécomastie.

Dominique porte des costumes d'homme, ce qui n'est pas courant, sauf chez les homosexuelles viriles qui se travestissent sans revendiquer un changement de leur corporéité sexuée et de leur identité. Les femmes homosexuelles portent plutôt des vêtements neutres, unisexes, jean et blouson ample pour masquer leurs formes. Mais Dominique n'adopte pas une position sociale marginale ; elle occupe le même emploi depuis de nombreuses années et elle est très appréciée dans son milieu professionnel.

Le patronyme paternel fait surgir, en creux, une signification phallique. Le père est mort jeune, avant cinquante ans ; il a été amputé d'un membre à la suite de problèmes circulatoires. Il est décrit par sa fille comme un homme volage, amateur de femmes et d'une grande violence verbale. Il ne supporte pas l'allure de garçon manqué de sa fille. Celle-ci exprime de multiples façons qu'elle se venge ainsi de son père infidèle. Elle essaie de l'imiter, notamment dans sa démarche ; son père est « son Dieu », malgré les heurts fréquents et la brutalité de leurs échanges. L'été, elle porte des shorts, comme son père, et elle « adore bricoler avec lui ». Le bricolage, activité manuelle, aux résonances sexuelles, partagée avec le père, se retrouve dans la plupart des récits autobiographiques des femmes transsexuelles, comme s'il s'agissait de la seule possibilité de « faire quelque chose » avec le père, dans une identification possible. Lorsque celui-ci fut affaibli par la maladie, sa fille a senti grandir en elle des sentiments de revanche vengeresse, notamment lorsqu'il se déplaçait péniblement. N'était-ce pas aux yeux de la fille le châtiment du père pour ses écarts de conduite ?

Dominique a commis des gestes autodestructeurs, certainement par identification et culpabilité à l'égard de son père ; elle se mettait un garrot au bras jusqu'à ce que son bras devienne bleu, puis elle desserrait : mise en scène des problèmes circulatoires du père ayant entraîné une mutilation ? Elle se faisait des entailles au bras avec des lames de rasoir : simulation d'amputation, mais aussi probablement identification à la femme aimée qui s'était suicidée. Les tentatives de suicide, bénignes ou sérieuses, font partie du mode de communication des transsexuels avec le médecin dont ils attendent le feu vert pour leur transformation ; le risque de passage à l'acte comme moyen de pression pour obtenir satisfaction de leur revendication n'est pas exceptionnel.

Le père de Dominique est donc un séducteur abîmé dans son corps ; c'est un mari trompeur, un père trompeur. Sa mère est, elle aussi, décrite comme étant fourbe. Elle se jouait de son mari en traitant sa fille comme un garçon lorsqu'elle était enfant ; elle l'habillait en garçon et s'adressait à elle comme si elle était « son fils », en cachette du père qui n'entérinait pas le scénario. La mère entretenait une confusion dans l'esprit de sa fille, car celle-ci savait que le seul fils de sa mère était son frère. Est-ce la version authentique ou la version revue par Dominique qui raconte des histoires, comme son père ? Vers l'âge de dix ans, elle avait confié à sa mère son attirance pour les filles, attirance qui la tourmentait ; sa mère l'avait trahie en révélant ce secret au reste de la famille et en lui faisant honte ; elle avait attaqué les homosexuels « bons à exterminer ».

Dominique s'est sentie rejetée par sa famille ; elle a très bien compris que ses écarts de conduite constituent un appel destiné à attirer l'attention sur elle, mais aussi une sorte de vengeance à l'égard de sa famille. Elle a été placée par sa mère dans une position intenable : pour être aimée d'elle, elle devait faire le garçon et, en même temps, la mère lui interdisait d'aimer les filles. Elle devait rester sous sa tutelle, qui impose la toute-puissance de son désir au point de dévier le sexe de sa fille.

On peut évoquer ici ce que Guy Rosolato appelle la « double entrave » ; par sa mère, Dominique a été mise en présence d'une « injonction paradoxale », d'un « choix indécidable », qui touche au ressort même de son narcissisme et de son moi idéal. En modifiant la signification du double lien (*double bind*) tel qu'il a été défini par l'école de Palo Alto, Rosolato définit cette « double entrave » comme une impasse qui oblige le sujet à trouver des solutions subjectives, par la rupture, la violence, ou en ayant recours à une voie originale[1]. La transsexualisation de Dominique apparaît en effet comme une tentative singulière pour sortir de la double entrave. Le cas de « gynandrie » observé par Richard von Krafft-Ebing met en évidence la même « double entrave » imposée par le désir du père fou ou pervers à « la comtesse en habits

1. Guy Rosolato, *La Relation d'inconnu*, sur « Le narcissisme », Paris, Gallimard, 1978, p. 164-169.

d'homme », appelée comte Sandor Sarolta[1]. Le père avait travesti sa fille en garçon et son fils en fille !

Le double fraternel

Dominique est la quatrième d'une fratrie de cinq ; un frère et trois sœurs. Le frère, son aîné de sept ans, et la sœur, sa cadette de huit ans, ont sans doute joué un rôle important dans son destin. Le frère, seul fils des parents, malgré les dénégations de la mère, est handicapé dans l'enfance par son développement génital : petit, il est traité pour une ectopie testiculaire et il reçoit un traitement hormonal. Vers l'âge de six ans, donc avant la naissance de Dominique, ce problème est résolu. À la puberté, il présente une gynécomastie qui est opérée. À l'âge adulte, il subit une seconde opération de la poitrine.

L'obésité est partagée par tous les membres de la famille. Dominique est suivie par le même endocrinologue que son frère. Comme lui, sa puberté est tardive et elle devient obèse dès l'âge de douze ans. Le tableau clinique concernant le frère peut évoquer un syndrome de Klinefelter. Cependant, l'évolution de cet homme, qui put procréer, n'allait pas dans le sens d'un état intersexuel lié à une aberration chromosomique[2]. Il n'est pas rare que, dans le récit de femmes transsexuelles, soit évoquée l'existence d'un frère souffrant d'une anomalie de l'appareil urogénital. Cet aspect interroge certainement la formation du moi idéal dans le narcissisme de ces femmes qui s'identifient à un double fraternel mâle impuissant.

Dominique affirme : « L'expression "garçon manqué", signifie pour moi "garçon raté, garçon loupé". » Elle évoque sa violente jalousie à l'égard de son frère : « Je lui tapais dessus sans arrêt » ; en perpétuelle rivalité avec lui, « il fallait que je sois plus fort, plus agile, plus rusé, plus sportif », « J'étais toujours avec mon père, mon père, c'était mon Dieu. Mon frère était frustré des gentillesses de mon père à mon égard. Pendant huit ans, j'ai été le dernier de la famille. » Dominique

1. Richard von Krafft-Ebing, *Psychopathia sexualis* (1886), Climats/Librairie Thierry Garnier, Paris, 1990, observation 292 (Gynandrie), p. 550-556.

2. Cf. Sylvie Sesé-Léger, article « Transsexualisme », in *Encyclopaedia Universalis*, édition 2008.

tient des propos contradictoires concernant la place de second fils qui lui aurait été assignée par sa mère.

Rappelons la perplexité de Freud concernant le complexe d'Œdipe chez la fille : « Chez la fille, il manque le motif pour la ruine du complexe d'Œdipe[1]. » Il ajoute : « Lorsque, plus tard, cette liaison au père doit être abandonnée comme ayant échoué, elle peut céder la place à une identification au père, par laquelle la fille revient au complexe de masculinité et éventuellement s'y fixe[2]. » Dominique présente ce profil psychologique, comme d'autres femmes engagées dans l'impasse transsexuelle. Freud définit ce complexe de masculinité comme formation réactionnelle qui réserve à une femme de grandes difficultés si elle ne parvient pas à la surmonter rapidement. « L'espoir de finir par avoir tout de même un jour un pénis et par là de devenir égale à l'homme, peut se maintenir jusqu'en des temps invraisemblablement tardifs et devenir le motif d'actions singulières, incompréhensibles autrement. » Ainsi en est-il, effectivement, de la demande transsexuelle de Dominique.

L'autre formule de ce complexe repose sur le déni : « La petite fille refuse d'admettre le fait de sa castration, se raidit dans la conviction qu'elle possède malgré tout un pénis et est contrainte de se comporter par la suite comme si elle était un homme[3]. » Dominique partage ce complexe avec les patientes de Freud : « Avec la reconnaissance de sa blessure narcissique, s'instaure chez la femme – pour ainsi dire comme cicatrice – un sentiment d'infériorité[4]. » Elle aime la compagnie masculine : « Les hommes sont des copains, je suis bien avec eux, pour parler chasse, femmes et voitures. » En même temps, son agressivité à l'égard de son frère, puis à l'égard de ses partenaires, est accompagnée de provocation : « Ça lui retombe dessus. » Seul le long travail d'une cure analytique, étayé sur la dynamique transférentielle, aurait pu éclairer le lien entre ces différents éléments et son masochisme.

1. « Quelques conséquences », *op. cit.*, p. 201.
2. *Ibid.*, p. 199.
3. *Ibid*, p. 196.
4. *Ibid.*

Lorsque sa plus jeune sœur est née, Dominique a huit ans ; elle affirme avoir été trompée à nouveau car ses parents lui avaient promis un petit frère : « Cela a été une déception terrible. » Elle a revécu cette déception dans l'attente de l'opération transformatrice. Elle est à nouveau confrontée à la parole de l'Autre qui se révèle trompeuse, en l'occurrence les médecins en place d'Autre parental. Les médecins allaient la mettre au monde sous une nouvelle forme sexuée. « Rien ne vient » (pénis ? enfant mâle ?), « On ne me donne pas de date pour l'opération » ; « Ça n'est jamais ça » ; « C'est toujours reporté à plus tard ». Dans sa dépendance à l'égard du désir de l'Autre vécu dans sa toute-puissance, arbitraire, Dominique indique les composants inconscients de son désir de changement. Elle recevra une réponse à côté, celle, univoque, irrémédiable, de la médecine et de la chirurgie.

Dominique et la sexualité

C'est souvent à la suite d'une rupture amoureuse que les patientes qui formulent un désir de changement de sexe s'adressent au spécialiste susceptible de répondre à cette demande ; elles traversent donc une crise d'identité, car leur partenaire les a quittées pour un homme, un vrai ! Ce n'est pas le cas de Dominique qui, elle, a séparé ses partenaires de leur mari. Elle vit depuis une vingtaine d'années avec une femme beaucoup plus âgée qu'elle, qui a divorcé pour vivre avec elle. Cette partenaire, dont elle énonce qu'elle est « sa femme qu'elle voudrait épouser », est une femme non mère et ménopausée. Dominique veut que sa compagne porte son nom ; elle sait qu'elle a dépassé l'âge pour adopter des enfants. C'était une constante de sa vie amoureuse : ses partenaires sont beaucoup plus âgées qu'elle et représentent un substitut maternel : « Par moments, je suis le mari, par moments, je suis le bébé. » Elle évoque sa recherche de tendresse maternelle, ses comportements ludiques et alimentaires infantiles. Ces différentes manifestations prennent une tonalité hystérique. Sa difficulté à choisir entre avoir ou être le phallus (le mari ou le bébé) dans sa relation à l'Autre féminin en place d'objet maternel la laisse toujours « sur le qui-vive », car elle sait qu'elle ne l'a pas… le phallus.

Comme Sidonie, la jeune patiente homosexuelle de Freud, Dominique a une attitude chevaleresque à l'égard des femmes[1]. Pour elle, également, la femme aimée occupait la place de la Dame de l'amour courtois ; elle se met à son service, écrit des poèmes ardents, sans doute dans un désir de réparation de l'outrage infligé à la mère par le père volage, puni par l'amputation d'un membre. Elle confirme son identification à son père lorsqu'elle évoque son infidélité, « ses petites liaisons » ; comme sa mère avec son mari, sa compagne est au courant de ses frasques et en souffre. Elle lui en parle ouvertement et essaie de s'amender. La sexualité a peu d'importance dans sa relation à sa compagne. Avant le traitement hormonal et l'hystérectomie, elle se déclarait satisfaite de sa vie sexuelle ; « elle ne veut pas abîmer ça », ce qui aurait été le cas si elle avait subi une phelloplastie.

Avant de vivre avec la femme qui a partagé sa trajectoire transsexuelle, elle a eu une liaison passionnée avec une femme proche de sa famille, mariée, mère d'un fils et souffrant de troubles psychiques. Dominique s'était vouée à réparer cette femme égarée ; à nouveau, selon une stratégie inconsciente de réparation de la mère. Cet épisode, qui s'est tragiquement achevé – elle s'est suicidée – l'a probablement précipitée dans la voie transsexuelle et dans les conduites mutilatrices (tentatives suicidaires, blessures volontaires, ablation des seins) par identification hystérique à la femme aimée, le double féminin « anormal », et par culpabilité à l'égard du mari et du fils de cette femme. Elle pouvait en effet projeter sur celle-ci l'anormalité dont elle est elle-même stigmatisée par sa famille. Son amante morte, elle est renvoyée à sa propre question, dans une angoisse léthale. Ses amours dramatiques ont commencé très tôt. Avant cette liaison tragique, elle fréquentait le milieu homosexuel masculin ; « elle s'y noyait, s'y étourdissait. » Contrairement à d'autres femmes transsexuelles, elle parle

1. Cf. supra II, Héritière ou batarde ?, 2, « Sidonie et le défi du nom.

volontiers de sa sexualité infantile et du plaisir découvert par surprise : un orgasme précoce en jouant sur le dos d'une de ses sœurs ; elle reproduira ce plaisir avec son ours en peluche, puis, plus tard, avec son vélo, « son meilleur ami » ; elle dit avoir connu un plaisir sexuel avec une fillette de son âge, « d'en avoir été gênée parce qu'elle trouvait cela sale. » Sans doute en souvenir de ces émois de l'enfance, elle obtient une satisfaction sexuelle avec sa partenaire par le frottement des deux pubis, mais elle ne se laisse pas toucher le sexe.

La plupart des femmes transsexuelles refusent de se laisser toucher, car la vérité de leur manque d'organe viril apparaîtrait. Ce refus les conduit à se mettre entièrement au service du plaisir de leur partenaire, sans réciprocité, sans échange, sans rencontre véritablement sexuelle. Dominique évoque ce frottement qui représente l'union sexuelle, « une sorte d'accouplement » auquel elle donne un nom qui fait penser à un jeu d'enfants et qui renvoie à l'inconnu de la scène primitive. Cet accouplement nie la différence des sexes et la signification du coït ; la pénétration est écartée. En outre, elle a conservé l'espoir que l'on découvrirait dans son ventre la trace d'organes génitaux masculins internes : « un bout de verge ou de testicule » (comme son frère qui avait souffert d'une ectopie testiculaire) et a été très déçue par les résultats de son bilan endocrinien. Cette illusion est partagée par toutes les femmes transsexuelles.

L'épisode traumatisant qui a probablement arrêté Dominique à ce stade prépubertaire, prégénital, est le viol dont elle a été victime à l'âge de douze ans, le jour de sa communion. Ce viol incestueux lui a été infligé par un parent par alliance. « C'est lui l'anormal, puisque je suis un garçon. C'est lui le pédé », assure-t-elle. L'anormalité est à nouveau projetée sur l'autre, le partenaire sexuel. Elle a vécu ce viol et cette défloration comme une punition infligée à son allure de garçon : comme si le violeur était d'accord avec ce père qui n'accepte pas ses manières masculines (il y a donc collusion fantasmatique incestueuse : le violeur à la place du père), et avait pour mission de lui donner une leçon, de lui montrer ce qu'est être une fille.

Il n'est pas rare de rencontrer un épisode de viol avec tonalité incestueuse chez des femmes qui deviennent transsexuelles. Ce viol a été accompagné de menaces. Ce vécu sexuel agressif avec violence verbale et menaces de mort a été ressenti comme une effraction de son corps génital féminin. Cet épisode, très chargé d'affects, a corrigé sa sexualité infantile dans une version dénégative et travestie, me semble-t-il. Dénégation et travestissement du désir incestueux : « Il croyait avoir couché avec une fille », mais Dominique « sait qu'elle n'est pas une fille. » Cette séduction par un homme aux allures guerrières, au comble de la virilité, évoque la séduction du père. « Il l'a refait plusieurs fois ; ça ne m'a pas gênée » ; cette parole peut être entendue dans son équivocité. Lorsque cet homme a voulu s'en prendre à d'autres filles de l'entourage familial, Dominique a repris la menace à son compte : menace de castration du violeur. Voulait-elle garder l'exclusivité ? C'est à ce moment-là qu'elle est devenue un homme, par identification au violeur. Comme son frère, sa puberté a été retardée ; son obésité s'est installée, fantasme de grossesse ? J'ai souligné comment s'est exprimé pour elle le désir d'enfant du père à l'occasion de la naissance de sa jeune sœur et le dépit qui s'est ensuivi. Plus tard, au moment de l'attente de l'opération – l'hystérectomie –, elle évoque un fantasme d'éviscération (châtiment œdipien ?) qui masque sans doute un fantasme d'accouchement (par césarienne, non par la voie naturelle) de l'enfant mâle incestueux, l'autre face du « bout de verge dans le ventre » : « Si je pouvais, je m'ouvrirais moi-même le ventre. » C'est aussi un fantasme d'auto-engendrement du mâle en elle, fantasme que nous rencontrons chez les sujets transsexualisés. Ce fantasme est une simulation de scène primitive avant l'élément mâle qui fait effraction, déchirure, et l'élément femelle qui met au monde le précieux contenu. Ce fantasme composite indique la façon dont cette femme a vécu la pénétration vaginale lors du viol ; ce traumatisme a réactivé sa sexualité infantile et frappé d'interdit l'orifice féminin.

L'obésité fait office de carapace défensive, uniformisante – ils sont tous obèses dans la famille –, qui la protège du désir brutal de l'homme et la rive à son identification à son frère ; ses troubles endocriniens et cette obésité peuvent être entendus comme des somatisations hystériques en réponse au conflit et à la question de la séduction et à « la double entrave ». Elle a rejeté une identification possible à sa mère ; pourtant, toute son histoire clame qu'elle a été trompée, comme sa mère l'était par son mari. Son cheminement rencontre un enchaînement de scénarios bâtis sur des tromperies et des trahisons centrés sur une énigmatique « anormalité ». La force de son désir inconscient « travesti » l'a engagée dans une voie erronée, où seule primait la volonté de se venger de sa famille.

Comme la jeune patiente homosexuelle de Freud, comme Hermione, la patiente d'Anna Potamianou[1], Dominique manifeste le même dépit intense et tenace qui évoque une problématique hystérique. Dépit à l'égard de la mère qui la mettait en concurrence « déloyale » avec son frère dans une mise en scène manipulatrice : Dominique savait bien qu'elle n'était pas le « vrai » fils de sa mère ; cette mère qui avait trahi sa confiance et l'avait placée dans une « double entrave ». Dépit à l'égard du père infidèle.

L'épilogue

Lors du dernier entretien, Dominique est subjectivement décomposée. Elle attend son changement d'état-civil. Son caractère est modifié par les hormones mâles, son allure également, une calvitie signe sa masculinité acquise. Ce qu'elle considérait comme « la saleté à l'intérieur », c'est-à-dire ses organes génitaux internes, ont été retirés, l'ouverture vaginale fermée. Elle a perdu tout intérêt pour la sexualité telle qu'elle l'a vécue jusqu'alors. Elle manifeste sa surprise par ce qui vient au jour : un désir impossible tourné vers l'homme, dans une version homosexuelle, « travestie ».

1. Anna Potamianou, « Réflexions sur le transsexualisme féminin », in *Revue française de psychanalyse*, 5-6, tome XXXIX, septembre-décembre 1975, p. 1053-1064.

5- L'équivoque fertile

> « L'homme fait tout pour oublier qu'il a été conçu. »
>
> Lettre de Joë Bousquet à Hans Bellmer, *Correspondance*, 1963.
>
> « La nudité n'a pas de sexe, les larmes non plus, la transparence est l'âme de ce qui appartient à la vie sans passer par la différence des corps. »
>
> « La poésie ne naît pas : elle engendre. »
>
> *Mystique* , 1973.

L'activité créative, imaginative, de Joë Bousquet m'interroge d'emblée comme psychanalyste.

Bousquet est à la fois le psychanalyste attentif, en son enclos, aux visiteurs qu'il garde dans l'anonymat ou qu'il désigne par l'initiale de leur nom ou prénom et il est l'analysant, allongé sur le divan, qui anime son théâtre intérieur, inlassablement, dans la patience des jours, et à l'écoute d'un désir toujours avivé.

Le 27 mai 1918, sur la route de Vailly, dans l'Aisne, Joë Bousquet rencontra son destin. Il fut blessé sur le champ de bataille, dans l'offensive de Bois-le-Prêtre contre les Allemands. Il avait vingt et un ans. Une balle lui traversa la colonne vertébrale, et le laissa paralysé. Il vécut à Carcassonne, où sa famille était installée et il y mourut le 28 septembre 1950. Dans la maison de la rue de Verdun !, sa chambre aux volets clos devint, par la grâce de son esprit et de sa fantaisie généreuse « un palais des Mille et Une Nuits[1] ». Les peintres surréalistes habillaient de leurs toiles les

1. Selon Édith de la Héronnière, Joë Bousquet, *Une vie à corps perdu*, Albin Michel, 2006, p. 229, qui retrace la trajectoire du poète reclus, aux prises avec l'être du langage.

murs de La Chambre[1] : « Avec les tableaux venus de tous les coins de la faim et du désespoir, la lumière souterraine a édifié autour de moi un repaire amoureux[2]. »

« *Le Vertige dans le même de l'autre* »

Celui qui délivre les soins, son père médecin, mais aussi son jeune cousin oculiste, Adrien Gally, sont présents dans nombre de ses textes, en particulier dans *Iris et Petite-Fumée*, où soignant et soigné se confondent ; le bref texte caustique, intitulé « Exploration de mon médecin », donne un aperçu de la dérision avec laquelle Bousquet traitait la médecine et ses représentants[3]. Si des psychanalystes, comme René Allendy, se sont aussi penchés sur son cas, lui-même ne prenait pas très au sérieux les interprétations qui lui étaient proposées[4]. Jacques Lacan avait soumis à ses amis surréalistes Paul Éluard, Léon-Paul Fargue et René Crevel, les écrits de sa patiente Aimée : Joë Bousquet les « a aussitôt lus et admirablement commentés[5] ». Le poète avait su déceler « l'acte pur de l'invention poétique » dans le texte d'Aimée, « inconsciente de son inconscience, devenue le personnage et non l'organisatrice de sa folie [...][6] ». Avec cette « amoureuse de mots », il se découvrait des affinités électives. Aimée était-elle un double féminin de Joë ?

« Joë Bousquet était trop libre pour ne pas s'être psychanalysé lui-même », affirme René Nelli à propos de son ami

1. René Nelli, son ami, qui lui consacra une belle étude, la désigne avec ces majuscules, *Joë Bousquet, sa vie, son œuvre*, Paris, Albin Michel, 1975.
2. « Le livre heureux », *Œuvre romanesque complète (ORC)*, tome IV, *op.cit.*, p. 193 ; Pierre Cabanne, *La Chambre de Joë Bousquet, Enquête et écrits sur une collection*, Marseille, André Dimanche Éditeur, 2005, tente de reconstituer l'extraordinaire collection de tableaux surréalistes, (notamment de Tanguy, Ernst, Bellmer, Klee, Magritte, Dali), qui a été dispersée à la mort de Joë Bousquet.
3. Joë Bousquet, *Exploration de mon médecin* (1943), Toulouse, Sables, 1988.
4. Joë Bousquet, *D'une autre vie*, Rougerie, 1970, rapporte une interprétation de René Allendy : « Sa nature d'homme est mollement retombée sur un fond heureux. Quand il entrait à regret dans sa vie d'homme, il a été replacé dans la situation infantile. Toutes ses sensations ont été remises au berceau et rebaignées dans l'atmosphère de ses premières années. »
5. Jacques Lacan rend hommage à Joë Bousquet dans « Propos sur la causalité psychique », in *Écrits*, Paris, Seuil, 1966, p. 168.
6. Le commentaire de Joë Bousquet, en regard des extraits du roman d'Aimée, *Le Détracteur*, est publié dans le n° 1 de la revue *14 Rue du Dragon*.

qui « a puisé dans son enfance comme dans une réserve fatidique de quoi donner un sens à sa destinée[1] ». Bousquet se livre, en effet, à une tentative d'auto-analyse centrée sur un fantasme de bisexualité où la figure du double se décline en dédoublements et reduplications.

Son immobilité favorisa son activité onirique et sa mémoire. Pour avoir un corps et vivre une vie dans la vie, il dut se projeter dans des doubles créateurs. « N'oublie jamais que tu m'as appris comment on naissait. Mon sort me condamnait à une existence étroite et vaine d'idéaliste ? Tu m'as montré que l'immensité dont j'avais l'intuition avait une réalité minérale. Tu as pris sous la terre et dans le sang tout ce que mon imagination situait dans l'inaccessible », écrivait-il à Max Ernst, « ce frère d'ombre et de sel[2] » ; et dans une lettre suivante « [...] le coup d'État que tu as accompli en tirant la forme de la matière[3] ».

Cette identification à l'Autre, le vainqueur, l'ennemi-ami, Bousquet la manifeste dans toutes ses lettres à Max Ernst : « Dis à ta femme qu'elle a un ami qui te connaît mieux que personne ne te connaîtra, parce que j'ai respiré dans ton œuvre, parce que je l'ai toujours trouvée entre le désespoir et moi, parce que tu es vraiment, de toute éternité, celui qui allait passer sur la route où l'on ramassait mon corps[4]. »

Le lien à Hans Bellmer, cet autre Allemand à la puissance créatrice fascinante pour Bousquet, est également du registre de l'identification imaginaire ; Bousquet le confie d'ailleurs à Bellmer : « Avec mes pensées et mes sentiments mis à vif et devenu tout entier l'œuvre de chair et de sang, de mes amis les mieux doués, je me prends pour un des ingrédients de cet avenir, j'aspire aux hauteurs où je vois qu'il s'établit pour apparaître ici, sous vos traits et sous ceux de Max[5]. » Ce propos met en miroir l'acte d'écrire, pour lui, avec celui de peintre,

1. René Nelli, *Joë Bousquet, sa vie, son œuvre, op.cit.*, p. 22-23.
2. Joë Bousquet, *Correspondance*, Paris, Gallimard, 1969, p. 169-184, Lettre à Max Ernst du 30 août 1947.
3. *Ibid.*, p. 178, Lettre du 28 août 1945.
4. *Ibid.*, p. 177-178, Lettre du 12 juillet 1945.
5. *Ibid.*, p. 121, Lettre du 17 avril 1945.

pour ses amis : « Je ne sais pas écrire si je ne m'adresse pas en imagination à l'un de mes amis. Je ne trouve mes phrases qu'en me mettant à la place de celui qui les entendra. Longtemps tracassé par cette faiblesse, j'en accepte aujourd'hui toutes les conséquences [...][1]. »

Le même fantasme bisexuel est efficient pour enfanter la pensée. « Je veux que toute mon existence ait été de concevoir. Concevoir, au sens absolu, signifie concevoir un autre soi-même. Toutes les fureurs d'un homme se ramènent facilement à cette ambition désespérée », écrit-il dans *Traduit du silence*[2] où il fait part de « ce sentiment si particulier que l'on peut nommer le vertige dans le même de l'autre ».

« La Justification de la poupée »

L'amitié de Bousquet pour Bellmer fut aimantée par la mise au monde de la poupée[3] qui n'est autre que « l'acharnement du désir contre la réalité », selon la belle formule employée par Jean Brun pour éclairer le sens de l'œuvre de Bellmer[4].

Bousquet ressent son extrême proximité avec Hans Bellmer, l'autre, l'homme, le peintre, celui qui conçoit et donne vie à une créature étrange, la poupée ; entre eux deux, le féminin se faufile, et Bousquet prend corps, celui prêté par l'artiste : « Et je sens qu'un peu de mon avenir est dans le vôtre[5]. [...] Il faut que... vous interveniez en outre à chaque page, par votre puissante action de savant, de questionneur, d'accoucheur. Que l'on vous voie, je le dis orgueilleusement, me remettre au monde, comme Baudelaire a remis au monde Edgar Poe et, pour cela, faire la part de mon expérience, de mes hasards, de mon esprit[6]. » Bousquet s'étaye sur un double en création : « Mais est-il besoin que je vous répète

1. Joë Bousquet, « Fragment de journal », *Cahiers du Sud*, Rivages, 1971, p. 14.
2. *Traduit du silence*, Paris, Gallimard, 1941, p. 104.
3. Hans Bellmer, *Anatomie du désir*, Paris, Gallimard/Centre Pompidou, 2006 ; *La Poupée*, traduit par Robert Valançay, Paris, G.L.M, 1936, « Souvenirs relatifs à la poupée » et photographies de la première *Poupée*.
4. Jean Brun, « Désir et réalité dans l'œuvre de Hans Bellmer », *Obliques*, Paris, Borderie, 1975, p. 12.
5. *Correspondance, op.cit.*, p. 118.
6. *Ibid.*, p. 151, Lettre du 13 septembre 1945.

combien votre expérience est liée à la mienne, combien votre personne et la mienne sont sœurs[1]. » Au cours de « quelques nuits blanches », Bousquet projette d'explorer son inconscient : « Je vois ce que donnerait un texte de moi pleinement érotique et que vous feriez aboutir[2]. »

Il déroule un fil reliant la poupée à la pupille dans un jeu sur la genèse de la créature, sur sa filiation imaginaire et il en révèle le codage signifiant : « La poupée de Bellmer est la pupille de Joë [...] Bousquet et Bellmer, J. B. et K. B. » Par l'écriture des initiales, il manifeste son rapport à la fonction paternelle, à la nomination. À propos de « la Justification de la poupée », de « l'amour surhumain de la poupée », de l'œuvre commune à venir, Bousquet écrit : « [...] on pourrait, après avoir cité mon nom (car on ne peut avoir l'air de se cacher), m'appeler ailleurs Joë B. ou J.-B. (vos initiales mêmes) [...][3]. » Dans ce parcours de la lettre, dans une chaîne signifiante, se profile la filiation réelle : K. B., initiales de Hans Bellmer sont aussi les initiales d'Henriette, la sœur de Joë Bousquet. L'initiale du prénom de Bousquet se confond avec celle, identique, du prénom de son père, Joseph, qui recouvre celle de Jeanne, prénom de sa mère. L'inconscient se soutient de la lettre pour inscrire la trace, celle qui va nourrir le fantasme bisexuel et le recours à l'androgynie, pour résoudre la question du couple et de l'engendrement. Bousquet désire écrire des textes sur la poupée et il entraîne Bellmer dans une farandole sémantique : « Que dites-vous de Pupille – avec le double sens "pupille de l'œil" (pupilla [etc.] = petite fille). Évidemment, "poupée" est trop lié à votre nom pour qu'on y renonce, mais, dans un poème, pupille est bien, permet le jeu de mots "pupille de la nuit vorace" ; car, pour moi, la nuit extérieure n'est que l'ombre de la nuit laquelle n'est absolue que dans l'homme[4]. »

1. *Correspondance, op.cit.*, p. 118.
2. *Ibid.*, p. 119.
3. *Ibid.*, p. 142-143, Lettre du 7 novembre 1945.
4. *Ibid.*, p.137.

« Je suis bouleversé par le souvenir de votre femme-phallus[1]. » Bousquet, subjugué, écrit à Bellmer : « Au mur, face à moi, la poupée. Je la contemple, la nuit, dans l'instant de fraîcheur qui suit un réveil. C'est un très admirable objet, très unique, sans écho possible. Ce qui donne à la série une haute valeur d'inimaginable[2]. » L'imagination du poète s'engouffre dans les jeux de poupée qui ordonnent le manque pour mieux le dévoiler. Il regarde la créature, la scrute, lui donne souffle, la plie, l'articule et la démembre au gré du désir ; il est, lui Bousquet, cette poupée passivée entre les mains des autres : « Ma blessure m'a mis au rang des objets inanimés. Moi qui n'ai d'être que de ma pensée, je suis tombé aux mains de ce qui ne pense pas[3]. »

Cette créature apparaît bien comme le creuset de la toute-puissance infantile où la pensée magique puise son efficace[4]. Bousquet avouait à son correspondant : « Dans mes cauchemars, tous ces jours-ci j'ai vu plus d'une fois la poupée mais s'imposant d'elle-même, comme une figure d'envoûtement[5]. » Certains rêvent lui signalent qu'il est la poupée : « Cependant, je caresse la poupée de droite, étonné de son corps dodu et mou, mais frais et voluptueux, et, plus étonné encore, comme je lui ai caressé la hanche, de mouiller mon doigt d'un peu d'humeur que j'essuie à sa chemise. Stupeur en revenant à moi : cette souillure, c'est une plaie que je porte moi-même, exactement au même endroit. Ah ! ça ! Serais-je moi-même dans le sommeil d'hypnose (?) ces êtres que je crée ?[6] » Cette poupée tire, pour Bousquet, sa substance imaginaire, de la lignée des femmes qui partageaient une intimité dont il se sentait exclu ; dans *Traduit du silence*, il met en scène trois générations de femmes, une grand-mère, une fille et une petite-fille qui s'arrachent des objets, l'objet du désir, la poupée du

1. *Correspondance, op.cit.*, p. 118, Lettre du 10 avril 1945.
2. *Ibid.*, p. 130, Lettre du 1er juin 1945.
3. *Traduit du silence, op. cit.*, p. 164.
4. Cf. supra I, Freud et le féminin, 2, « Angoisse du féminin » ; dans « L'inquiétant », Olympia, la poupée automate est la face féminine de Nathanaël.
5. *Ibid.*, p. 132, Lettre du 17 août 1945.
6. *Ibid.*, p. 132-133.

caprice, et qui le laissent lui, Joë, tout seul, dans la nuit noire avec le rire de la sorcière, déchirant la fumée d'opium[1].

Les variations autour de la poupée traduisent le rapport ambivalent de Joë Bousquet au féminin qui l'anime, au féminin qu'il désire s'approprier dans l'amour et qui fait vibrer ses lettres, ainsi que les fragments assemblés par Jean Paulhan sous le titre *Traduit du silence*. Cette exaltation devait être l'axe du *Roman du frère et de la sœur* resté à l'état de projet ; quelques bribes éparses surgissent dans *Le Pays des armes rouillées* : « Un beau livre sans amour mais plein de tendresse[2]. »

Une connivence inconsciente entre Bousquet et Bellmer se dessine à propos de cet objet de fascination, de cet « objet de perspective[3] », de cette « femme-phallus » qui offre l'image d'une complétude démantelée. Bellmer s'adonnait à des jeux sexuels et sadiques avec sa cousine Ursula. Des scènes analogues ont, sans doute, attisé l'érotisme de Bousquet ; l'organe précieux était introuvable là où il aurait dû être. La fente féminine propulse le regard qui s'y engloutit.

L'horizon du père

Dans sa préface aux dessins de Bellmer, K. A. Jelenski évoque l'influence d'une représentation des *Contes* d'Hoffmann à laquelle Bellmer aurait assisté en compagnie de sa cousine ; selon le critique, cet épisode a pu être déterminant pour la conception de la poupée fétiche que Bellmer commença à construire avec son frère, dans une même haine du père. Les textes consacrés à « La poupée » et celui voué au Père sont saisissants d'outrage à la filiation paternelle. Le lien obscur entre ces écrits frôle l'énigme du féminin et de la paternité[4]. Bellmer livre des traits d'identification à sa créature : « [...] à

1. Gaston Bachelard, *La Terre et les Rêveries du Repos*, José Corti, 1948, p. 174-178, évoque « une nuit souterraine sécrétée par la terre et la nuit caverneuse qui travaille à l'intérieur d'un corps vivant [...]. Alors nous soulevons le voile noir de la nuit, pour voir, comme dit Joë Bousquet, la nuit d'outre-noir. »
2. Joë Bousquet, *Le Pays des armes rouillées, Mémoires*, Limoges, Rougerie, 1969.
3. Guy Rosolato, « L'objet de perspective dans ses assises visuelles », in *Pour une psychanalyse exploratrice dans la culture*, Paris, PUF, 1993, p. 29-52.
4. *Obliques, op. cit.* ; cf. les chapitres précédents.

vrai dire, nous avions probablement un air plutôt adorable, plus fillette que redoutable comme nous eussions préféré être[1]. » Dans l'affrontement glacé, quasiment religieux, avec « celui qui rendait haineux le rayonnement de nos jeux peut-être hermétiques », Bellmer est emporté vers une position féminine. Le phallus paternel, bafoué, se perd dans l'œuvre arachnéenne où règne la figure d'une mère phallique. C'est pourquoi, « à coup sûr les petites filles n'étaient pas rassurantes[2] » ; engendrées par des doigts qui leur creusent des orbites où l'œil reflète une Autre Scène, « elles ne savent pas ce qui leur est arrivé et elles ignorent ce qu'elles vont provoquer[3] ». Si le désastre premier demeure inaccessible à la pensée, ses effets en sont cernés : « Le masculin et le féminin sont devenus des images interchangeables : l'une et l'autre tendent à leur alliage dans l'hermaphrodite », écrit Bellmer, sous l'impulsion de Bousquet, dans *Petite Anatomie de l'inconscient physique ou l'anatomie de l'image*[4].

Malgré la complicité qui s'est établie entre Bousquet et Bellmer à propos de la poupée, la position subjective de Bousquet ne coïncide certes pas avec celle de Bellmer, et leur conception de l'androgynie est divergente.

Bousquet, lui, a écrit qu'il était « le fils d'un imparfait, et c'est pourquoi à tous les bonheurs il a manqué quelque chose. Et quand tout s'accomplissait à souhait, je manquais moi-même à la fête[5] ». Bousquet sculptait son fantasme androgyne : « Ceci posé, il faudrait, patiemment, retourner l'individu comme un doigt de gant, à partir de cette forme brûlante dont nous l'aurions intérieurement revêtu, superposer à rebours l'individu sanguin, l'individu osseux, l'individu nerveux, l'individu épidermique devenant, dans le nouvel espace déclos, le dernier[6]. » Bousquet met en scène, dans

1. *Obliques, op. cit.*, p. 71-73.
2. *Ibid.*, p. 63.
3. *Ibid.*, p. 12.
4. Hans Bellmer, *Petite Anatomie de l'inconscient physique ou l'anatomie de l'image*, Paris, Le Terrain Vague, 1957.
5. *Cahiers du Sud, op. cit.*, p. 18.
6. *Correspondance, op. cit.*, p. 12O, Lettre à Hans Bellmer du 10 avril 1945.

l'écriture, une façon de s'absenter, pour être le phallus au moment où il risque de l'avoir, dans un jeu d'évitement de la castration. Pour saisir cette syncope subjective entre l'être et l'avoir, ses mémoires posthumes, *Le Pays des armes rouillées*, sont tout à fait éclairants. « Il faut être né à côté : on se fait remarquer par les efforts que l'on accomplit pour entrer dans le rang[1]. » Le premier chapitre décrit la relation que Bousquet entretenait avec l'autorité paternelle, à travers l'épisode d'une scène d'hystérie « involontairement déchaînée » par le père ; la figure paternelle est à nouveau centrale à la fin du récit. Bousquet illustre l'énoncé lacanien selon lequel le désir de l'homme est le désir de l'Autre ; le petit humain, par sa dépendance liée à sa lente maturation, est façonné par le désir inconscient des adultes qui l'assigne à une place dans ce désir et n'offre au sujet que l'élection de son fantasme. « Il faut juger son père, écrit Bousquet, le rejuger chaque jour ; un homme nous attend, au bout des chemins les plus détournés, et c'est lui. Nous lui avons échappé, sous le déguisement le plus achevé, nous voyons un à un ses traits dans le visage du libérateur venu à notre rencontre[2]. » Bousquet exprime très bien le conflit que représentait pour lui le fait de se ranger du côté paternel ; cette identification l'aurait figé dans un choix pour lui impossible : « J'ai d'abord ressemblé à mon père : mon visage d'enfant rappelait son masque d'homme, il épiait alors mon accent, mes traits de caractère. » L'inquiétude de Joë surgit comme « vertige dans le même de l'autre ». Alors Bousquet dut briser l'image de l'Autre qui l'aurait définitivement placé dans la lignée des hommes : « Un coup-de-poing m'a cassé le nez, mes traits ont durci dans les querelles où j'affrontais justement cet homme bon et irritable qui me voulait pareil à lui[3]. »

La problématique paternelle est tout autre que chez Bellmer ; si la dimension du défi est présente chez Bousquet, elle ne nie cependant pas la différence des sexes, ni l'inscription

1. *Le Pays des armes rouillées, op. cit.*, p. 7.
2. *Ibid.*, p. 98.
3. *Ibid.*, p. 15.

du fils dans la chaîne des générations : « Ayez pour mon image les yeux que j'ai vus à mon père ; en apprenant que j'écrivais, il m'a regardé comme s'il doutait de ma naissance[1]. »

La mise en abîme

Toujours brouiller les pistes pour le lecteur, l'ami, l'Autre ! Bousquet se déprend de tout mouvement risquant de lui conférer une identité : « Je voulais m'empêcher de devenir quelqu'un, avoir le plus de réalité possible sous les espèces d'un être que nul ne pourrait définir. Je voulais être une épave[2]. » Il cherche éperdument à se saisir comme autre, dans une mise en abîme.

Ce fantasme bisexuel reproduit à l'infini la scène primitive, comme pour effacer l'événement réel, inaugural ; dans ce scénario, le sujet s'identifie au pôle masculin et au pôle féminin du couple ; en conséquence, la rencontre effective n'a pas lieu puisque la scène n'a en réalité qu'un seul acteur. La confusion des rôles sexuels, le mime du rapport sexuel et de l'enfantement sont les ressorts de la dramaturgie hystérique analysés par Freud, dans son texte de 1908, « Les fantaisies hystériques et leur relation à la bisexualité[3]. »

Le théâtre intime de Bousquet, présent dans ses mémoires, comporte certaines scènes hystériques où il explosait d'affects chargés de réminiscences. De telles scènes montrent que la figuration pantomimique du fantasme a subi, sous l'influence de la censure, des déformations analogues à celles des rêves ; elles révèlent également la condensation de plusieurs facettes du fantasme ou de plusieurs fantasmes. Bousquet était averti de la modalité hystérique de son désir ; cependant, la combinatoire masculine et féminine du fantasme demeure énigmatique. Freud insiste sur la difficulté à déchiffrer la « signification bisexuelle », car le sujet « utilise ce moyen commode qui consiste, pendant l'analyse de l'une des significations sexuelles, à s'échapper continuellement, par des idées incidentes, dans le

1. *Cahiers du Sud, op. cit.*, p. 45.
2. *Traduit du silence, op. cit.*, p. 17.
3. Sigmund Freud, *OCF. P.*, vol. VIII, Paris, PUF, 2007.

domaine de la signification contraire, comme s'il se garait sur une voie adjacente[1] ». Telle était, semble-t-il, la position subjective de Bousquet, entre l'être (féminin) et l'avoir (masculin), l'un évanouissant l'autre pour éviter l'angoisse.

L'œuvre de Joë Bousquet émerge de ces temps de *fading*. Je citerai, à titre d'exemple, un passage de *Traduit du silence* : « Comment serais-je pleinement un écrivain quand je veux être aussi un de ceux qui me voient devenir tel ?[2] » Le scénario se réduit bien à un seul protagoniste qui produit sa scène originelle. Plus explicite encore : « Je suis gourmand de moi [...]. J'ai voulu boire et manger ma vie, me boire et me manger moi-même. Appétit effroyable qui va jusqu'à abolir en moi tout ce qui ressortit à la différence des sexes[3]. » Il s'agit de dénier l'altérité de l'autre en tant qu'il peut faire défaut. Ainsi, « le fantasme agi de la bisexualité vient brouiller sous forme d'énigme visible l'inconnu irréductible de l'éprouvé corporel de l'autre sexe[4] ».

Dans l'écriture, Joë Bousquet agit ce fantasme. Sa correspondance avec Hans Bellmer le dévoile précisément. Bousquet explique à son ami sa conception des rapports entre l'érotisme et le langage dont l'articulation est la copule ; l'enjeu est bien le verbe qui le contraint « d'identifier la phrase au drame de la naissance ». « Elle naîtra de moi comme je suis né d'elle[5] » ; ou encore : « J'étais amoureux d'elle, je serai l'amant de mon regard » ; toujours dans *Traduit du silence* : « Je voulais dire que, pleurant mon amour je voyais mon amour pleurer avec moi, se plaindre en somme d'avoir été. » Bousquet « s'amuse » de la ressemblance entre l'acte copulatoire érotique et l'acte jaculatoire langagier : « Nous serons portés à retrouver dans l'acte de parler les phénomènes d'intraversion et d'extraversion, caractéristiques de la venue au monde [...][6]. » Dans sa correspondance comme dans ses récits,

1. Sigmund Freud, *OCF. P.*, vol. VIII., *op. cit.*, p. 186.
2. *Traduit du silence, op. cit.*, p. 99.
3. *Ibid.*, p. 144.
4. Guy Rosolato, « L'hystérie : névrose d'inconnu », in *Topique*, n° 41, Dunod, 1988, p. 28.
5. *Traduit du silence, op. cit.*, p. 234 et 241.
6. *Correspondance, op. cit.*, p. 124, Lettre à Hans Bellmer du 18 avril 1945.

Bousquet réécrit, sous l'emprise de la répétition, « le drame » de l'origine, qu'il tente de maîtriser dans la création langagière.

Ce fantasme trouva son écho singulier chez Bellmer ; il produisit une pensée élaborée selon une autre logique inconsciente : « Le corps est comparable à une phrase qui vous inviterait à la désarticuler pour que se recomposent, à travers une série d'anagrammes sans fin, ses contenus véritables » ; ce passage est extrait de la *Petite Anatomie de l'inconscient physique ou l'Anatomie de l'image*, que Bousquet a tant encouragé Bellmer à écrire et qui ne verra le jour qu'en 1957, après la mort du poète. Dans ce texte, le fantasme ne concerne pas la scène primitive mais plutôt la castration et la relation au manque. Bellmer le soutient à propos de l'androgyne : il faut « sodomiser le verbe jusqu'à ce qu'apparaisse, parfaite comme l'androgyne, la phrase rare qui, lue en aval comme en amont (c'est-à-dire femme et homme), conserve indéfectiblement son sens ».

Dans le palindrome de Bellmer, la « copule » est déniée en son principe créateur. Bellmer citait d'ailleurs Freud à propos du travail du rêve qui « excelle à réunir les contraires », comme les langues primitives. Celles-ci « n'ont au début qu'un mot pour les deux points opposés d'une série de qualités ou d'actions (fort-faible, proche-lointain, lié-séparé[1]).

Le Cahier noir

Bousquet eut une histoire d'amour extrême, absolu, avec Ginette, une très jeune fille : « Ta voix, ton odeur, ton esprit, c'était la présence de mon enfance, ta beauté de femme, ce que mon enfance avait rêvé de s'incorporer[2]. »

Bousquet s'invente une érotique où le regard est l'organe vicariant, pénétrant, qui parcourt et investit le corps féminin – comme il l'était avec la poupée de Bellmer – pour s'approprier l'amante, jusqu'à s'identifier complètement à elle, dans la fusion androgyne.

1. Sigmund Freud, « Du sens opposé des mots originaires » (1910), *OCF. P.*, vol. X, p. 165-176. Cet article s'appuyait sur les thèses du linguiste Karl Abel.
2. Joë Bousquet, *Lettres à Ginette*, Albin Michel, 1980, p. 213.

Le Cahier noir est le livre des obsessions sexuelles du poète, construit sur une suite de scènes répétitives de conquête, de possession, de pénétration. Cette scène érotique – remontant à un temps ancien – serait-elle un « souvenir-couverture » ? Le désir manifeste est celui de posséder une jeune fille, une vierge, fille, sœur, nièce, cousine, selon les variantes de la transgression incestueuse, du voyeurisme et du sadisme[1]. La vision de la blancheur de la croupe virginale est inaugurale ; elle provoque l'excitation qui se décharge dans la fessée avant l'outrage du sexe féminin par la sodomie.

Sade n'est pas loin. Adolescente soumise, la jeune fille restitue un corps au poète[2]. La réversibilité est toujours proche, il peut toujours devenir la jeune fille qu'il est en train de fesser. Dans son fantasme de violation sodomique du corps féminin, il désire « dématernaliser l'amour[3] » et réunifier son être : « Et moi, je me pénétrais moi-même dans cet accouplement, je pénétrais dans son image chassée de son désir, ma propre image qu'elle élevait au-dessus de son être humilié : Je pénétrais ma forme dans un berceau de terre et de vent et je me traversais du souvenir du ciel dans ce stérile et dérisoire accouplement[4]. » Il décrit à Hans Bellmer son expérience du féminin : « Je suis femme – ai-je écrit – dans ma vocation amoureuse. Doucement. Je suis cette femme dans l'insuffisante mesure où je suis, c'est-à-dire recherche et pressentiment de la femme, besoin d'explorer, par la possession, la sensualité de celle qui est en moi au secret[5]. » Joë Bousquet ne se dit pas homosexuel : « Le corps de l'homme m'a toujours éloigné. Si, dans mon adolescence, je contemplais volontiers le mien, c'était pour la joie d'y relever des ressemblances, observées par mes camarades, avec un corps féminin. (J'avais à vingt ans

1. Henri Bonnier, Préface au *Cahier noir*, Paris, Albin Michel, 1989, p. 16 « En somme, l'érotisme qui sous-tend *Le Cahier noir* n'est que la mise en scène savante, recherchée, digne d'une gravure libertine du XVIIIe siècle [...]. »
2. Bruno Geslin mit en scène au Théâtre de la Bastille (du 31 octobre 2006 au 14 mars 2007), dans un spectacle hallucinant, intitulé « Je porte malheur aux femmes », la violence paroxystique de l'érotique de Bousquet.
3. *Correspondance*, *op. cit.*, p. 149.
4. *Le Cahier noir*, *op. cit.*, p. 57.
5. *Correspondance*, *op. cit.*, p. 147.

encore des seins de gamine[1]). La guerre lui déroba son corps viril en devenir, encore si proche du corps maternel. Et il se confie à Ginette : « Un jour à vingt ans, dans les bras d'une femme j'ai senti à travers l'imperfection de mon plaisir, comment la volupté me suspendait au-dessus de moi-même, se réservait dans le sentiment que j'étais un homme, et j'ai compris : je voulais me substituer à l'être que je possédais, je me sentais me rêver au-dessus de lui, et ma réalité passait dans cette femme foulée par mon amour[2]. » Vingt ans ! Le temps d'avant... qu'il demande éperdument à l'Autre d'incarner.

Je l'appelle Iris...

La poupée Iris est née de *Petite-Fumée* ; ce texte de Bousquet à l'écriture très aboutie, emporte le lecteur dans les contrées où la drogue contribue à estomper les différences, toutes les différences.

Bousquet connut Pierre et Maria Sire en 1930. Ceux-ci publièrent, en 1931, un livre intitulé *L'Homme à la poupée*[3] dont le héros était un sosie de Bousquet. Le poète était entré dans la légende. Les villageois racontaient qu'un jeune homme, blessé à la guerre et abandonné par son amante qu'il ne pouvait plus épouser, avait reporté sa libido sur une poupée.

En 1939, Bousquet publie *Iris et Petite-Fumée* ; il n'est plus la créature passive, sujet d'inspiration pour un romancier ; il crée lui-même « [...] cette femme qui n'est pas de ce monde, mais sans elle, le monde ne serait pas[4] ». Le jeu signifiant se lit dans le miroir ; Iris est Sire, à l'envers. Le sire est en ire ! Le fantasme bisexuel centré sur le masculin-féminin androgyne insiste et le désir d'inverser le passif en actif s'exprime dans le nom propre renversé.

La poupée fétichisée de ce récit captivant entre plus tard en résonance avec la poupée tragique de Bellmer. Dans *Iris et Petite-Fumée*, Monsieur Sureau est amoureux de Paule, la

1. *Correspondance, op. cit.*, p. 152.
2. *Lettres à Ginette, op. cit.*, p. 165.
3. Édité par Lemerre ; voir l'introduction de René Nelli au récit *Iris et Petite-Fumée*, *ORC*, tome 2, Paris, Albin Michel, 1979.
4. *Iris et Petite-Fumée, op. cit.*, p. 177.

femme du docteur. Monsieur Sureau a fabriqué une poupée d'après le modèle de la femme désirée ; elle est placée, par lui, dans un cercueil, avec une combinaison, une culotte et un collier de perles dérobés à Paule grâce à la complicité de la servante du docteur.

Cette poupée représente l'un des doubles de Bousquet qui oscille entre l'actif et le passif, dans une extrême ambivalence à l'égard du dévouement d'autrui. René Nelli l'interprète avec justesse : Bousquet a voulu se peindre dans Iris, comme « le médecin du malade qu'il est ». Ainsi peut-il s'identifier à son père médecin, dans une relation impossible, où il est toujours l'un et l'autre, toujours Autre. Iris, la femme-poupée ressemble par bien des traits à la mère du poète : « Ainsi n'était-il plus séparé que par son amour de celle qu'il avait dans son âme, confondue avec la clarté maternelle qu'il appelait du nom charmant d'Iris[1]. » Toujours autre, à côté d'une identité, d'une identification qui l'amènerait à incliner pour l'être ou l'avoir, Bousquet joue tous les rôles et ne se fixe en aucun ; « il n'est ni le docteur, ni Monsieur Sureau, ni Basile, le lieutenant blessé que Bourroux, le neveu de la servante croit reconnaître, ni Blaise, le déserteur qui aurait usurpé le nom de Monsieur Sureau, ni personne[2] », il ne veut plus être que « l'homme qui aime la femme d'un autre qui doit être le même que celui qui la perd ». Toujours le même fantasme dans lequel le sujet entreprend d'exécuter les faits et gestes des deux personnes, et il se « livre à une identification multiple[3] ». Joë Bousquet réalise ce fantasme dans l'écriture qui doit « l'aider à être plusieurs, non pas sottement par l'intervention de plusieurs personnages mais par les différentes façons qu'en écrivant l'on trouve d'être soi[4] ».

1. *Iris et Petite-Fumée, op. cit.*, p. 202.
2. *Ibid.*, Introduction de René Nelli, p. 171.
3. Sigmund Freud, « Considérations générales sur l'accès hystérique », *OCF. P.*, vol. VIII, *op. cit.*, p. 246 : « L'accès devient opaque du fait que le malade entreprend d'exécuter les activités de deux personnes intervenant dans la fantaisie, donc du fait d'une identification multiple. »
4. *Traduit du silence, op. cit.*, p. 146.

La femme double

Iris retient, en son essence de fétiche, la femme insaisissable. Joë dédouble toutes les incarnations féminines parce qu'Elle échappe à la virtualité de la relation. De la série infinie émerge l'initiale d'un prénom pour mieux en occulter un autre. Myriam-Mygale ; « Vous êtes une poupée que l'on voit avec des yeux de poupée – dit-il à Mygale dans *Le Passeur* s'est endormi. Ce personnage porte le nom d'un animal terrifiant ; la grande araignée est une image du féminin noir et funeste. La femme est souvent porteuse de mort dans les récits de Bousquet, en particulier, dans *La Tisane des sarments*. Mais Mygale est aussi un double de Bousquet ; elle est le nom de la drogue, de la morphine, qui le conduit aux portes de la jouissance fatale : « C'était un soir : Mygale avait de la peine ; et comme toujours il se sentait porté à fuir son chagrin dans l'accomplissement d'une folie[1]. »

Dès l'adolescence, et bien avant sa blessure, Bousquet consomma de la drogue : « [...] à dix-huit ans déjà, sous toutes mes folies au plus obscur de mes intoxications (morphine, cocaïne, éther), je retrouvais avec la même angoisse un désespoir si grand, si irraisonné et si plein de tout un ciel, qu'il devait être la rançon de la joie véritable qui est tout ce qui ensoleille aujourd'hui mon île déserte[2]. » Cloué au langage, il dit exactement ce qu'est pour lui le stupéfiant « [...] ce produit qui me sauve et me tue. Au fond j'aime ces dangers[3] ». « Tisane de sarments », « lait noir », « pain à brûler », la drogue était pour Bousquet « [...] pénétrée d'esprit : elle représentait la vie seconde au même titre que le rêve nocturne, l'amour, la poésie et le risque[4] ».

La drogue le maintint dans l'entre-deux, entre vie et mort, comme une répétition de sa naissance à Narbonne, le 19 mars 1897. Ce jour-là, on crut qu'il ne survivrait pas : il fallut deux heures pour le ranimer[5] : « Chaque matin, éveillé dans l'an-

1. *Traduit du silence, op. cit.*, p. 118.
2. Joë Bousquet, *Lettres à Carlo Suarès*, Rougerie, 1973, p. 31-32.
3. *Correspondance, op. cit.*, p. 131, Lettre à Hans Bellmer du 17 août 1945.
4. René Nelli, *Joë Bousquet, sa vie, son œuvre, op. cit.*, p. 206.
5. *Ibid.*, p. 15.

goisse, je ressens l'horreur du naufragé. Chaque jour ressuscite le jour trouble de ma naissance[1]. » En s'éveillant, sa mère entendit son mari s'écrier : « Quel dommage : c'était un garçon ![2] » Bousquet réécrivit, inlassablement, le roman de son origine incertaine, qui trembla à nouveau quelques mois plus tard, lorsque sa nourrice mourut subitement en le tenant dans ses bras.

Décidément, la mère et celle qui la seconde, en fait, toutes les femmes, étaient peu fiables ; elles le maintenaient à la frontière de l'abandon, de l'*Hilflosigkeit*, de l'état premier de déréliction du nourrisson, dans l'extrême dépendance de l'autre. Il faillit rejoindre le néant, lorsqu'à trois ans il fut atteint d'une fièvre typhoïde ; son père était en mission et sa mère avait accompagné son mari. Joë reconnut alors le désespoir qui avait déjà recouvert d'un voile sombre ses liens d'amour.

Garçonnet rageur, à la sensualité précoce, il s'en prenait hardiment, méchamment aux filles : « Dans ma petite enfance, on m'appelait l'homme-chien : ma cruauté m'avait acquis ce sobriquet. J'éventrais les poupées ou bien je les coupais en tranches, je mordais les filles. Leur chair serrée dans l'étau de mes dents, de toutes mes forces je secouais ma tête à l'imitation des dogues qui tiennent un rat. Les hurlements de la victime rassemblaient un parterre de mères vociférantes et essoufflées. Puis toute cette basse-cour reculait en montrant mes traits durcis. Sur l'ordre de mon père, le cocher me foutait au lit. En passant devant les glaces, je regardais avec orgueil ma face livide et mes lèvres tachées de sang. *Les menaces que je proférais dans la colère ne me laissaient aucun souvenir*[3]. » Naissance d'un jeune hystérique et de son amnésie infantile ! La petite enfance est, décidément, le puits intarissable des mythologies qui traversent notre existence et contribuent à la façonner.

---

1. « Le Meneur de lune », *ORC*, tome II, *op. cit.*, p. 17.
2. *Ibid.*
3. Joë Bousquet, « Journal dirigé », *ORC*, tome III, Paris, Albin Michel, 1982, p. 325, je souligne la phrase caractéristique de l'amnésie de la crise hystérique. Cf. Sigmund Freud, « Considérations générales sur l'accès hystériques », *op. cit.*, p. 248.

Bousquet s'inspirera de ses premières défaites amoureuses pour idéaliser les femmes instables et trompeuses. Il confia à Hans Bellmer un souvenir lointain : « Tout enfant, il m'est arrivé d'échapper à ma bonne et d'aller roder, l'hiver, dans la nuit, parmi ces ruelles sordides où une porte s'entrouvre parfois sur un peignoir bleu pâle, sur une lumière enfumée. J'ai eu l'amour des bouges, du crime, de la nuit[1]. » Il se qualifiait de « voyou carcassonnais », de « ferreur de cigales » qui, adolescent, eut le goût des liaisons tapageuses. Ce « fils illégitime des troubadours » désignait ses amoureuses par des noms qui protégeaient leur identité et rappelaient les senhals de l'amour courtois : Princesse Abricot, Poisson d'Or, Abeille blanche, Rose des Blés, Saut-de-Reinette, Hirondelle blanche, Œil-de-Mer, la Blanche par amour[2].

C'est pour l'amour d'une femme « étincelante », qu'il se serait exposé à la mort : « Je l'ai adorée, mais enfin, c'est un peu de sa faute si je suis couché, et je ne l'en aime que plus, bien que toute ma vie me sépare d'elle, pour l'éclairer dans mon cœur, pour l'éclairer partout où je veux l'atteindre[3]. » Le vaudeville tourna au drame. Marthe, « la divine », était une jeune femme bourgeoise en instance de divorce. Elle lui écrivit alors qu'il était au front, qu'elle allait se suicider, et qu'il devait la penser morte au moment où il lirait sa lettre. Son père était au courant de leur liaison et Joë devait se marier avec elle. Joë tenta de la rejoindre en cherchant, comme elle, la mort. « Il me fallait ce réactif pour comprendre que j'étais peu fait pour partager sa vie. »

René Nelli analyse avec perspicacité le tournant subjectif de Bousquet : « Par un de ces revirements inexplicables que nous constaterons souvent chez Bousquet, voici qu'il tourne le dos au bonheur[4]. » Il échoua à mourir. Elle lui donna le coup de grâce en lui annonçant que ses lettres n'étaient pas de sa main car elle devait protéger ses intérêts pendant son

1. *Correspondance, op. cit.*, p. 128, Lettre du 2 mai 1945.
2. Henri Bonnier utilise cette heureuse formule dans sa préface au livre de Joë Bousquet, *Le Cahier noir*, Paris, Albin Michel, 1989, p. 16.
3. Joë Bousquet, *Lettres à Jean Cassou*, Rougerie, 1970, p. 119-120.
4. *Joë Bousquet, sa vie, son œuvre, op. cit.*, p. 35.

divorce. Déloyale et cruelle ! Joë songea à la colère de sa mère apprenant qu'il voulait épouser une femme divorcée. Il avoua dans une lettre à Carlo Suarès : « Et *puis, surtout, je n'ai pas pu*[1]. » Alors, il monta en première ligne : « Et alors j'ai compris que c'était fini et je suis resté debout[2]. » Trahi, Joë le dandy, défia l'ennemi, et fut un héros brisé : « Je ne montais cependant jamais en ligne que botté et n'ai jamais compris la raison qui me déterminait. *Les faits sont impénétrables. Ils sont le secret de notre vie, mais pas notre secret ; ils se cachent derrière l'objet qu'ils emploient pour nous fasciner* [...]. Des bottes rouges ont disposé de mon sort. Je croyais ne les chausser que par un souci d'*élégance* ; Or, je ne les regardais même pas[3]. » Sans doute devait-il échapper à l'exigence phallique, à l'exploit requis par l'instance paternelle et la vacillation entre l'être et l'avoir se résolut dans la blessure : « Dans mon uniforme d'enfant joueur, avec ma pacotille de décorations, j'étais un condamné, quelqu'un qui ne croyait pas à la vertu des projets que l'on formait pour lui[4]. »

Pour Bousquet, chaque femme finit par s'éloigner, l'amour vire à l'incompréhension : « Elle n'a pas su lire dans mon visage [...] elle vit vraiment dans un autre monde que moi [...]. Sans être vraiment désespéré, je la regarde redevenir une femme, c'est-à-dire quelqu'un dont un homme soucieux de rester intelligent doit, avec vigilance, se garder[5]. » Son ambivalence à l'égard des femmes prend racine dans son chagrin d'enfant abandonné : « [...] Lentement il se tisse entre elle et moi un voile[6]. »

La superposition des silhouettes féminines et l'évanouissement de la femme dans le prolongement incessant de ses doubles produisent un effet de mirage : au moment où une femme se profile et qu'un lien s'esquisse, elle s'éclipse, relayée par une autre elle-même.

1. *Lettres à Carlo Suarès, op. cit.*, p. 153.
2. *Ibid.*, p. 157.
3. « La Neige d'un autre âge », *ORC*, tome II, *op. cit.*, p. 368.
4. *Ibid.*, p. 152.
5. *Traduit du silence, op.cit.*, p. 209.
6. *Ibid.*, p. 209.

La femme, les femmes sont devenues interchangeables, dans le mouvement de la perte de l'une ressaisie dans l'autre. La même image féminine intérieure produit son reflet à l'infini.

Conclusion

Dans ce livre, j'ai tenté de déployer, sur différents plans, l'Autre féminin comme rencontre. Il présente une façon nouvelle d'envisager la question de l'Œdipe, en incluant le féminin comme énigme.

Ainsi est mise en évidence la place du féminin dans le jeu entre l'axe vertical et l'axe horizontal du « roc » de la parenté, dont j'ai souligné la force dans les rapports humains. « L'Œdipe vertical » oriente les relations entre les ascendants et les descendants, tandis que « l'Œdipe horizontal » nourrit les liens fraternels et les liens d'alliance. J'ai développé l'hypothèse selon laquelle, sous l'influence du féminin énigmatique, les glissements du vertical sur l'horizontal, et réciproquement, s'opèrent, en permanence, sur l'Autre scène. Dans le désir inconscient, un fils peut occuper, dans le fantasme, la place du père ou du frère. Une mère peut voir dans sa fille un sosie de sa sœur et la traiter comme telle.

Il arrive, ainsi, que l'image de la mère et celle de la sœur se recouvrent, se confondent et s'inversent. L'exergue que j'ai placé au début du premier chapitre manifeste que Freud était, à ce sujet, tout à fait clairvoyant : « [...] Pour être, dans la vie amoureuse, vraiment libre et, par là, heureux, il faut avoir surmonté le respect pour la femme et s'être familiarisé avec la représentation de l'inceste avec la mère ou la sœur. »

Il est aussi question du partage entre mère et fille, entre sœurs, du féminin, sous le regard et dans le désir de l'homme, qu'il soit père, frère ou bien fils. Le féminin ne se réduit pas à la séduction de la féminité, à la transmission du maternel. Il se pose dans la relation entre l'un et l'autre, les unes et les autres. Il se met en jeu dans l'autre de l'une et dans l'autre de l'autre. Il surgit, impromptu, et ne se laisse pas dire, enfermer, directement, dans les mots.

Cet ouvrage a souhaité montrer que le féminin, comme question centrale, traverse tout le champ de la psychanalyse.

Il en est la rivière souterraine, qui irrigue la pratique de la psychanalyse et la pensée théorique.

Pour l'étudier, j'ai laissé résonner, dans mon expérience clinique, les textes de Freud, de Lacan et de leurs contemporains ; les contributions des psychanalystes d'hier entrèrent en écho avec les travaux des psychanalystes d'aujourd'hui. Dans une lecture verticale et horizontale, j'eus le sentiment que la pensée psychanalytique, en des époques différentes, souvent éloignées, devenait féconde.

Et je me suis aventurée à lire des textes littéraires en psychanalyste. Dans le plaisir et la liberté. Ma lecture fut singulière et non exclusive. Interrogeant les textes, je m'interroge moi-même et je m'adresse à mes lecteurs, toujours dans un mouvement non linéaire et dans une temporalité circulaire.

J'ai sélectionné, dans le corpus freudien, les textes marqués de la question de l'énigme, dans la vitalité inaugurale de la pensée du fondateur. Je les ai replacés dans leur contexte historique, dans la trajectoire de l'homme Freud, dans sa pratique de psychanalyste, dans la temporalité des cures psychanalytiques, menées par lui. Il est apparu que c'est surtout dans les temps forts du transfert que le féminin devient fauteur de troubles, mais aussi d'avancées créatives. Ma lecture n'a pas écarté les options politiques de Freud au sein du mouvement psychanalytique. J'ai mis en relief ses affinités, ses amitiés, ses inimitiés, son affectivité intense, toujours en prises avec le féminin, dans son pouvoir énigmatique.

Créateur d'images et de métaphores, le féminin est inventeur. J'ai souligné l'importance du « souvenir couverture » où surgissait, sur la scène infantile, l'Autre féminin. « Couverture » produite, sous l'effet du réel, de la différence des sexes.

Comment se transmet le féminin ? Tout au long de ce livre, il est apparu, associé, comme énigme à celle de la paternité.

Je l'ai mis en évidence chez Freud, notamment dans *L'Interprétation du rêve*, en dépliant les ramifications du texte, les incises littéraires ; celles-ci animent les rêves, particulièrement celui des Trois Parques et celui de la préparation anatomique. La psychanalyse en gestation était source d'angoisse : Freud était-il le père ou la mère de la psychanalyse ? Il apparaît que les textes, s'entrecroisant, ont fait naître un nouveau tissu textuel où les différents niveaux de textes s'entrelacent. Sur la scène onirique, le désir inconscient passe par-dessus tous les bords ; il estompe les limites.

Dans « Gradiva ou la rencontre », la partie consacrée à la nouvelle de Jensen interprétée par Freud, je souligne que, sous l'effet de la Gradiva, les textes glissent de l'un à l'autre, celui de Jensen, celui de Freud, le mien et ceux des psychanalystes séduits par la gracieuse en marche. Les frontières s'abolissent alors, les textes s'interpénètrent. J'ai suggéré que Gradiva était la muse freudienne, celle qui concourt à la naissance de la psychanalyse, à son essor, toujours renouvelé. Avec la Gradiva revient, aussi, le féminin fraternel, selon Freud.

La Muse, la fée, les Moires ou les Parques. Toutes ces figures, si présentes dans l'œuvre freudienne, sont les messagères des questions délicates ou insolubles. Elles puisent leur origine dans l'altérité inévitable, pour dire la naissance, la vie, la mort, la création.

Dans « Le motif du choix des coffrets », Freud a, sans doute, tenté de résoudre, littérairement, et sur le mode métaphorique, la difficulté de la transmission de la psychanalyse. Ce texte met en valeur combien le féminin demeure efficient parce qu'il est énigme. Les images se télescopent, mère, sœur, fille, etc., pour attraper une signification. De même naissent les étiquettes, vierge, putain, sorcière, déesse, qui font arrêt au féminin. Elles finissent d'ailleurs par s'équivaloir pour apaiser la pensée déconcertée. J'ai aussi signalé comment, dans la relation à l'Autre, la réversibilité est toujours susceptible de se manifester et de faire naître l'angoisse.

Le coffre, le coffret, l'écrin, la boîte, etc. : c'est le réel qui crée le contenant s'inversant aussi en contenu. La métaphore devient alors métonymie.

Totem et Tabou et l'article « Le tabou de la virginité » m'ont semblé fondamentaux en ce qu'ils expriment l'énigme du Père et du féminin. Il est remarquable que le signifiant « tabou » fasse le lien entre ces deux écrits. L'un traite du mythe de l'origine de la paternité, l'autre du féminin dans les relations entre l'homme et la femme.

J'ai montré comment la thématique de l'honneur, cruciale dans les sociétés traditionnelles, trouvait aussi son expression dans la littérature. J'ai également souligné comment, aujourd'hui, sous l'effet des transformations culturelles, l'idéal attaché à la virginité s'était déplacé. Un glissement s'est effectué de la vierge à l'enfant, qui a pris la place de l'Autre sacré. Cependant, la clinique psychanalytique de l'adolescence révèle que ce temps de passage est toujours lié aux bouleversements de la sexualité, à la rencontre inaugurale avec l'autre sexué.

Dans l'abord clinique du transsexualisme, le féminin apparaît comme la forme idéale, désincarnée. L'Autre de la différence sexuelle n'existe pas, car l'énigme du féminin et de la paternité demeure hors jeu, dans l'univers psychique des sujets transsexuels. Il leur manque un espace interne métaphorique. C'est ce qui les conduit à opérer, sur leur corps propre, une création masochiste, une sorte d'auto-engendrement.

Cependant, l'écriture littéraire, l'œuvre de Joë Bousquet en particulier, révèle comment le féminin ne peut se rejoindre. Il est toujours tension entre le réel et le symbolique, qui devient, alors, source de création.

Ainsi, tout au long de ce livre, le féminin m'a soufflé les mots.

Notice bibliographique

Ce livre prend sa source dans plusieurs articles qui ont été profondément remaniés, à l'exception de quatre chapitres totalement inédits (I-1, I-2, I-3, II-2).
Antigone Freud : « Sigmund et Anna : le pas du féminin », *Sigila,* n° 6, 2000 et « Anna Freud, l'analyste d'enfants », *Les Lettres de la SPF*, n° 17, 2007 ; Isabelle du désert : « L'Autre du désert », *Sigila*, n° 13, 2004 ; « La Vierge e(s)t l'enfant », in *L'Extrême Droit*, Paris, CampagnePremière /, 2002 ; « Freud et le castillan », *Europe*, octobre 2008 ; « Don Juan et le Nom-du-Père », *Figures du désir dans la littérature de langue espagnole, Hommage à Amadeo López*, Centre de recherches ibériques et ibéro-américaines, université Paris X-Nanterre, 2007 ; « La fille du Commandeur », *Figures de la mort dans la littérature de langue espagnole, ibid*., 2008 ; « Rives adolescentes », in *Le Malaise adolescent dans la culture*, Paris, Campagne Première /, 2005 ; « Transfert et mésalliance », *Cahiers internationaux de sociologie*, volume CXXIV, PUF, janvier-juin 2008 ; « La répudiation du sexe », *Revue française de psychosomatique*, n° 18, 2000 ; « Dans la peau d'un homme » : « Remarques cliniques à propos d'un cas de transsexualisme féminin », in *L'Identité sexuelle, à propos du transsexualisme*, Éditions de l'Association freudienne internationale, 1996 ; « K. s'est affranchi » : « Du désir de changement de sexe à la métamorphose subjective », *Perspectives Psy*, vol. 36, 1997 ; « L'équivoque fertile », *Revue des sciences humaines*, n° 241, 1996.

Ce livre a été imprimé en décembre 2018
en France par **ICN**

Zone Industrielle des Saligues
98, rue Louis Rabier
64300 Orthez

05 59 69 77 80
icn@imprimerie-icn.fr

Dépôt légal : septembre 2008

BVCert. 6374991